拯救悲傷的一年

追憶後治癒，
我這樣找回了
我自己。

安妮・吉斯雷森
Anne Gisleson

《拯救悲傷的一年》帶大家追尋重大的意義，用充滿愛的細節呈現出一種美，給我們尋覓的答案。從自殺到電影佈景、午餐的派到死囚室，從腐敗的永恆到紐奧良複雜的重生，這本書謹守書中的寶藏，也就是持續懷疑。最後，爆個雷，結尾有煙火，以及不可錯過的好書清單。

——路易絲．厄德里奇（Louise Erdrich），著有《拉若斯》（*LaRose*）

一本令人煩擾又很重要的書——如果正義真的存在（也一定要有正義），應該被選為年度最佳作品。書中的傷害宛若大海，但吉斯雷森航行通過，向我們證明在痛苦的海洋裡也有美麗的東西。喜歡存在主義文學的人會把《拯救悲傷的一年》列入必讀書單。

——戴夫．艾格斯（Dave Eggers），著有《直播風暴》（*The Circle*）

颶風卡崔娜侵襲後，紐奧良人變成恢復力的專家。安妮．吉斯雷森在《拯救悲傷的一年》中成功抓住那種精神，這本書探索我們如何從悲劇中掙扎回日常生活，在其中找到意義。她讓我們看到，不論是社群還是個人，我們都可以牽著手一起向前。

——華特．艾薩克森（Walter Issacson），著有《賈伯斯傳》（*Steve Jobs*）

嗜酒、出色、美麗、悲劇，而且感染力很強。《拯救悲傷的一年》是本年度我最喜歡的回憶錄。

——潔美・艾廷博格（Jami Attenberg），著有《長大成人》（*All Grown up*）

這是一本優美的書，講到重要的課題——愛、死亡、悲傷、憤怒、懊悔、更新、智力的生活、心的生活、有關你周遭的生活。安妮・吉斯雷森很勇敢，又有天份，在只能被不確定性填滿的存在裡，她有智慧，能接納同情心和連結，當然也能接納智力上的好奇心。我真希望能加入她的讀書會。

——山姆・利普賽特（Sam Lipsyte），著有《問》（*The Ask*）

我真的很喜歡《拯救悲傷的一年》，非常棒的個人回憶錄，記述了失去和恢復力，深深令人感動。這本書會讓你感動流淚、開懷大笑與滿心歡喜——也會讓你再度充滿敬畏，敬畏生命給你的每一個意外禮物，找到像《拯救悲傷的一年》這樣的好書也算一個禮物。

——妮娜・桑科維奇（Nina Sankovitch），著有《最悲傷的一年，閱讀療癒了我》（*Tolstoy and the Purple Chair*）

獻給

約翰、克莉絲汀、蘇珊、索倫、艾咪、蕾貝卡和瑞秋

和最特別的

母親和父親

若未陷入人生的平淡無奇，每個人都會起身追尋……當察覺到追尋的機會，就有了真正的機會。反之，則會喪失信心。

——沃克・柏西（Walker Percy），《影迷》（*The Moviegoer*）

序言

在橫濱港遊船的甲板上，我看著全世界最大的時鐘在六月初的細雨中慢慢淡去。宇宙時鐘21是鑲在閃著五彩燈光的巨大摩天輪中間的數位顯示螢幕。時間就是遊樂場的設施。時鐘消失的同時，遊船帶著我們進入鹽濱運河燈光閃爍的夜間領土，運河上的煙霧和鋼鐵構成錯綜複雜的天際線，在周圍黑暗的水面上映出顫巍巍的倒影，低垂的烏雲更增添了對比。我丈夫布萊德跟我搭乘的是工廠夜景巡迴遊輪，船上還有來自紐奧良、移居日本的兩個朋友，我們好幾年沒見面了。船沿著隅田川疏浚過的運河，行經煉油廠、供油港和煉鋼廠，穿越交錯的運河與人工島嶼。旅行社小冊上裝飾的黃色標誌，把日文字的筆畫轉成風格特殊的輸送管、機閥和煙囪。字體構成了一座煉油廠。

船上的工作人員送上免費飲料，綠綠的，看似毒液，名字譯成「加深記憶的夜晚」。布萊德開玩笑說，這很像我們會在ECRG準備的飲品。濕潤的空氣帶著鹽味，在海風中拉緊帽子跟外套，我們告訴其他人，六個月前，在年初的時候，我們跟家鄉紐奧良的幾個朋友構想並成立一個「存在危機讀書會」（Existential Crisis Reading Group，ＥＣＲＧ）。眾人的回應混合了困惑、欣賞、懷疑。在那超凡的夜景中，周圍由文明推動的巨大機械在蒸汽和鈉燈構成的詭異氛圍裡若隱若現，感覺很適合提起ＥＣＲＧ。ＥＣＲＧ已經變成我們與世界的一個聯繫，讓我們能藉此用各種方式報告我們的生活與體驗。

布萊德走向甲板下的大廳，看看能不能再來一杯「加深記憶」，朋友圍住艦橋附近的船員問問題，因為導覽廣播的日語過分熱情、充滿雜音干擾，我們其實不知道介紹了什麼。不過我不在乎，迷失方向甚至讓我覺得自在，我看著身穿整潔開襟衫的女生緊抓欄桿，壓著她們的短裙對抗騷擾的海風，在龐大而極具威脅感的東和煉油廠前面搖搖晃晃地擺姿勢拍照。遊船停滯不前，傾斜著讓情侶和笑嘻嘻的年輕女性衝上右舷拍照，背景是綿延數哩的桁架和有角度的管線，在光線和蒸汽下顯得動人。

離家半個地球的距離，ＥＣＲＧ剛滿半歲，在這逐步上升的時刻，我滿心驚奇與懼怕，感覺到追尋的拉力，也留意到自己的感受。隅田川上這場古怪的旅程似乎是這趟以災難與新奇體驗座主題的日本之旅最適合的結局。我來這裡參加學術性的災後會議，地點在東京的一所大學，來自紐奧良的朋友在那裡教書。在會議上和去酒吧的時候，來自世界各地的學者提出理論、分析和再體驗形形色色個人和區域性的災難，包括天然的和人造的，同時把焦點放在大家如何順利度過災難的後果，繼續活下去。而急切分享想法與發現、全心集體關注毀滅與生存、飲酒，也都是我們在ECRG會涵蓋的範圍，只是規模不一樣，而且在不同的大陸上。

更深入船舶航道，很容易陷入眼前的不真實，心思偏離繞道。朋友到船尾來找我。在日本鐵路公司的能源中心，巨大的高架起重機動也不動地站在水邊，周圍的煤堆看起來簡直像糞便。朋友說起重機讓他想起守衛地獄大門的三頭犬（Cerberus），另一個朋友說像長頸鹿。我覺得看起來像充滿期待的史前生物，在光潤的夜色裡抬高了頭。然後我們靜默不語，繼續沉醉，迷失在自己的詮釋裡。

十二月的時候，我們的朋友克里斯冒出了ECRG的構思。他個性狂熱，很有自己的想法，常突然出現在我們家門口，存在焦慮永不停歇地圍繞著他，就像史努比漫畫裡的乒乓（Pigpen）總帶著一團塵土一樣，他有時候也像袋獾一樣頻頻轉圈，急急忙忙地令人暈眩。但他並非是卡通人物或只有平面性格，只是很生動很實在，多了點深層、來自內心的活潑。克里斯是愛爾蘭裔，來自波士頓，受過不少折磨，成年後幾乎都住在紐奧良，當過演員、脫衣舞俱樂部的主持人、非營利組織的管理人和建築工人。我們家很歡迎他特別注入的激動靈魂，尤其在我煮晚餐和自艾自憐的時候。克里斯能同情我，但我們各自碰到的困境不一樣。我寫作、教書、有夫有子，日子被「責任」緊緊綁著。克里斯則像個特使，來自多年前我離開、有時候還會依戀想起的土地，以奇特、令人厭煩的故事訴說當地的習俗——頻繁的、輕率的邂逅，徹夜飲酒作樂，以及最新流行事物，例如情慾簡訊和臉書上的爭執。最近他問我，要不要跟他一起讀書，坐下來一對一暢談哲學問題。我立刻說不要，我的個人生活已經被義務填滿了，但我倒願意成立團體讀書會，也算是開展一種社會企業。

因此，在耶誕節前的幾個星期，布萊德跟我一同前往市郊的購物中心，在「熱鍋」自助餐廳裡，我們在餐巾紙上著手擬定參加的人選。我們坐在人造樹下，樹枝伸向大帆船形狀的吊燈，風帆都是樹脂材質，我們討論有哪些人會對存在危機讀書有興趣。我們的兩個兒子，那時分別是十二歲跟五歲，來來回回去了好幾次吃到飽的供食區，那兒冒著蒸氣、閃亮的食物給人立刻的滿足。名單上有些人十拿九穩，有些人需要辯論，幾個最後刪掉了。兒子們回來，盤子裡凌亂無比：切片披薩、壽司捲、果凍塊，還有幾隻需要肢解的全蝦，（因為我們住在路易斯安那州的南邊）。

列出人名的時候，我們發覺，在朋友間提出這樣的構想確實有其必要。變動已成常態——離婚、丟了工作、找到工作、生小孩、考慮生小孩、持續不安的經濟狀況，以及意外之財……等。二〇一一年的腳步放慢，大家緊張不安，而二〇一二年似乎會帶來影響。克里斯寄給我們的手工明信片，上面是馬雅曆的蝕刻盤：來吧！二〇一二也要努力不懈。這會是一場瘋狂之旅。另一個朋友凱斯有天來我們家，前臂刺了一句訓誡：二〇一二，肯定一切。（Yes in 2012.）

對我個人來說，時機也很恰當。父親兩年前得了白血病，而且情況愈來愈糟。我常常得去醫院看他。停車計時器、寒冷的走廊、跟長期懷著怒氣的老爸聊天、從癌症病房搭電梯下樓時心中的恐懼、穿著手術服的人員忙碌來去。同時我每個星期都會跟母親吃早餐，她需要有人聽她講話。孩子愈來愈大，養育需求更加複雜。我發現自己不知不覺已落在中年的支點：要在身體、頭腦和家庭之中，取得青春與老去的平衡，同時理所當然地找不到平衡，只有輕微的衝突，幾乎每天都在出現。

此外，成年後我的人生一直遭到危機打擊。爬出一道壕溝後，又被踢進另一道裡。快三十歲的時候，我念完研究所，正想著我要開展更有成就的人生，同時也起碼已經擁有了學歷的證明，我最小的妹妹蕾貝佳自殺了。過了一年半，我才開始覺得恢復正常的時候，她的同卵雙胞胎瑞秋也走上絕路。我們全家原本有八個人。現在剩下六個，四姊妹和兩兄弟，直接少了四分之一。失去手足是很嚴重的打擊，尤其在年輕的時候，失去我們共有的過去和DNA，也撕裂了身分。舊有的故事四分五裂。新的故事尚未成形，只有困惑與痛苦。而且是兩倍。

然後，最難熬的傷痛過去，人生再度啟程，我遇見了布萊德，他的個性和善幽默，深具創意，還長得很英俊。布萊德也有自己的創傷。他的伴侶前一年死於腦瘤，得年三十三歲，留下三歲的兒子給他獨力照顧。我們兩人都經歷過悲傷，但依然熱愛生命。我們認識不到一年就結婚了。從墨西哥蜜月回來之時，行李還沒整理好，颶風卡崔娜突現，毀滅了我們的城市，逼得我們離家。驚慌失措地逃亡途中，依靠著難民的自由和讓我們抓得緊緊的愛，我們的新家庭在路上成形。終於能回家的時候，我們的新生活不只有毀滅，還有創造，因為我們發現在墨西哥蜜月時，在瓦哈卡的某處，喝下一瓶又一瓶梅斯卡爾酒之際，我也懷孕了。暴風過去的那幾年，我們進入求生模式，養育幼小的兒子，決定公民生活的優先順序，參與重建的累人工作。

到了二〇一一年，生活安頓下來。孩子很好，我們的工作很好，城市用其不完美的方式逐漸復原。有很多愛，有時候甚至也有快樂。最後，災後的生活裡有了一個可以凝思的空間，可以推想。在這個空間裡，我感受到一種持續的、沒有一日停歇的、令人不安的懼怕。在收銀櫃台，我變得茫然，看著剛買的東西一樣樣掃過條碼，或在車陣中覺得迷亂，而孩子們就在後座，我模模糊糊地感到，一切都錯了，包括這條路線、我養育孩子的方式、人性。後來，透過ＥＣＲＧ，我學到了描述這種情況的說法：形而上的宿醉。克里斯來找我討論讀書的時候，似乎也同時幫我得到治療。

那天在熱鍋餐廳寫完名單後，布萊德跟我在閃亮的大帆船下付了帳單，肚子飽飽的，看來整個下午都會覺得消化不良。名單上的人有些共同的特質：常流露出一絲難過或緊張不安的內省傾向、善良、有幽默感。有些人習於流連邊緣，但有幾位則酷愛吸引注意。大家似乎都在找什麼，只是在不同的地方。而且很多人彼此不認識。我們對這項計畫很小心，或許別人覺得做作、愚蠢，也有可能覺得很有必要。在接下來的那個星期，我們親自去找名單上的十二個人，也把電子郵件寄給其他人。

我們的態度有些羞怯，所以回應的熱情完全出乎意料之外。對著我們雜亂無章的介紹，有些人不到幾秒就說好，有些人則很謹慎地提問。「存在危機」是什麼意思？你知道的，一個緊迫的時刻，心存疑問，想去尋找意義或目的。這會有多令人消沉？完全不會。存在主義其實牽涉到樂觀主義和投入，不是沮喪……我覺得啦。要怎麼進行？每個月都有人負責選讀物，然後希望下個月的讀物在討論中自然浮現，讓對話每個月都能向前推廣。集會的名稱也紛紛冒出來——萬事皆空明星團、存在主義者匿名團體，以及萬事皆空論者（這是我的最愛）——但我們一直沒有定名，後來只稱我們是「存在危機讀書會」。一名成員問有沒有特殊的握手法。好啊，當然要。我們決定要誠懇地緊握、凝視對方過長的時間，然後深深嘆一口氣。

搭完遊船的第二天，我們就要返回紐奧良，那個晚上更有一種告別的感覺。遊船之行快結束時，船長要乘客舉手表決喜歡哪一個顏色的燈光，紅色或白色。白色贏了。他很高興，談論起白光跟白煙的心靈療癒能力。朋友翻譯了他的話，我們有幾個人皺起眉頭，心存懷疑。在旅途上，同樣在路易斯安那南部長大的朋友一直說眼前的景色跟家鄉有多像，I－10公路旁的沼澤裡和密西西比河旁升起的一叢叢燈光和火焰，就像密集的小城市。同樣遙遠的、不時出現的煙囪，同樣刺鼻的石油味，改變了風的氣息。這確實會加深記憶。

但是心靈療癒，有可能嗎？

「到處都能找到心靈療癒。」布萊德說。「而且，這像夜間的旅行。只有晚上才會出現轉變，脫離平日的生活範圍。」他指的是幾個月前ECRG的讀物。

一如往常，我對著黑暗探索，布萊德朝著光亮挖掘。一如往常，他說對了。那次旅途確實帶來改變——在日常生活中看到的形象，我們現在用不同的方法重新看見，採用不同的角度，接納新的思維和影響，給ECRG的這一年夢境般的比喻。這趟日本行，我本來以為能幫我們脫離過去六個月以來的痛苦和壓力，實際上卻更凸顯了這半年的感覺，證實這個時候最適合讓生活更深刻，也更該質疑人生。

明天，我們就要飛越國際換日線，匆匆忙忙地回家，給兒子一大堆禮物，翻閱拍好的照片，把我們體驗到的驚奇都想辦法傳達給他們。布萊德讓我們幾個高中同學在滑溜溜的甲板上拍照，後面的結構看起來像準備噴發的火箭發射台。我突然想到，自從在市中心的飯店傻呼呼地拍下高三舞會的照片，像要去參加化裝舞會的時髦成年人後，我們已經二十多年沒見面了。而我們現在正在日本東部令人目眩激動的船舶航道上。我有種忽隱忽現的驚喜感受，人生的錯綜複雜，讓我們在意想不到的時候突然分支，與過去重逢。

旅程結束了，吹飽了風的我們回到碼頭，回到橫濱閃閃發光的辦公大樓和高樓飯店，回到宇宙時鐘21摩天輪那眼花撩亂的、壯觀的倒數。

一月

凡事都是虛空

大家幾乎都準時到了，這和紐奧良的社交習慣很不一樣。朋友們或把車停好，關掉大燈，或把腳踏車鎖在我們年代久遠的鐵欄杆上。木質門廊收集了他們的腳步聲，再加以擴大。多芬街角附近的教堂鐘塔響起了走調的鐘聲，為七點三十分的集會打開序幕。幾年前，教堂把名字改成「神聖方濟沙勿略賽羅斯教堂」（Blessed Francis Xavier Seelos），紀念內戰後照顧黃熱病患者而病死的本地神父。儘管對教會而言，他幾乎就是聖人，但梵蒂岡的官僚制度尚未認證他傳說中神蹟的合法性。紀錄證實他善行無數，稱得上聖潔，但他真有神奇的力量嗎？

酒瓶聚集在客廳的茶几上，每個人的身體也各自坐上了沙發和地板上的大靠墊。我們的計畫似乎讓大家帶來了幾瓶很好的蘇格蘭威士忌——一項崇高的人工產物，讓人類證實了自己的價值——布萊德跟我也買了一瓶單一全麥亞伯樂威士忌。我們對第一次的聚會沒有確切的目標，更沒有確定的議程，因此大家都不知道該怎麼開始。

酒倒出來了，我們十幾個人開始互相自我介紹。我妹妹蘇珊和克里斯除外，我的雙胞胎妹妹離世的那幾年，我很陰鬱，也在那時認識了克里斯，其他人則是我跟布萊德八年前認識後陸續交的朋友。我們跟他們有不同的交集——工作、藝術、小孩。先不論克里斯五花八門的履歷，在場的人還包括幾位作家兼老師、詩人兼音樂家、兩位視覺藝術家、營造業的經理、經驗老到的水管工，和一位心理學教授，他還在外面開了私人診所，並一向稱自己是「存在主義的水管工」。

克里斯先開口講解了一下背景資訊。他選了一開始的讀物，因為他想回到過去，聽聽古人說的話，回到存在思維的根源——起碼是西方的根源——他選了西元前三世紀希臘哲學家伊比鳩魯寫給梅諾凱斯王（Menoeceus）的信，主題是「怎麼活得好」，還有據說寫在不久之後的舊約聖經《傳道書》。布萊德跟我掃描了文字之後，用電子郵件寄給所有人，所以大家都可以印出來做筆記，有幾個人則放在手機裡，上下滑動螢幕來找段落。克里斯繼續說下去，伊比鳩魯跟《傳道書》有矛盾之處。有些學者宣稱，《傳道書》可能有好幾位作者，因此有許多不一致、矛盾、語意不清的地方，說話的人，也就是傳道者，一般認為就是老所羅門王，大衛的兒子，回顧一生並分享他學到的東西。伊比鳩魯的名聲是類似邪教的領袖，與跟隨者一起躲在他的群體花園裡，提到他的名字，大家會聯想到奢華的享樂主義，其實錯了。事實上，他提倡節制，勤儉生活，這樣在富足的時候才更懂得感恩。他追求的愉悅並非過度的感官享受，而是避開疼痛。

克里斯大聲讀出伊比鳩魯所寫的段落，叫作〈研究哲學的重要性〉，很有自信地用他的波士頓口音強調出韻母。他本來就很習慣在群眾面前用麥克風講話，這時為了配合聽眾的人數，稍微抑制了他的表演性格：

「那麼，年輕人和老年人，都一定要從事哲學研究。老年人可以品味生命中的好事以及過去事件的豐富體驗，就算年紀漸老也能保持年輕。年輕人面對即將來到的則能無所畏懼，就像年長者一樣。」

透過哲學能保持年輕，這個承諾很吸引我，因為我幾乎每天都會發現年輕的自己正逐漸消失的徵兆，而覺得很無助。如果能捕獲和滋養自我的心靈，或許更容易放棄肉體，接受無可避免的後果。我們之中年紀最大的凱文，就是那位留著鬍子、談吐簡潔的存在主義水管工，似乎在全心投入形而上的研究後，就已經達到一種冷靜的不老狀態。我們兩家的兒子是最好的朋友，如果我們一起去參加五歲兒童的生日派對，我永遠不用擔心被逼著與其他家長討論共乘和特許學校的問題；我可以仰賴凱文輕聲與我討論尼采或權威的建構，遠離其他人的紛擾。

在場最年輕的兩個人是奈特和莎拉，他們彼此不認識，兩人都是二十多歲的作家，來紐奧良不久，正要邁入成人時期，但我回想起自己在這個年紀的時候，發現他們似乎比我成熟多了，就人生的選擇和軌跡而言，也比我更無畏。在我遇過的人裡面，只有奈特來自懷俄明州，他上過我在本地大學開的社區寫作課程，表現非常機智熱情，有一堂課我幾乎都把時間讓給他評論喬治・歐威爾（George Orwell）。他是作家也是編輯，住過的地方和體驗過的人生，以他的年紀而言太多彩多姿了，二十出頭就享受了傳奇般的冒險經歷，他曾在布宜諾斯艾利斯當DJ，也曾在鹽湖城當說唱詩人。莎拉則沉默而包容，在人群中很低調，就像她在藍調樂團一直穩重地擔任著貝斯手一樣，她二十四歲就取得碩士學位，對詩有很深的期待，也期望詩能在她的生命中佔有一席之地。

颶風卡崔娜摧殘後的紐奧良，變成了千禧Y世代的蹦床，他們在此獲得動力和「體驗」，然後一躍而起，到其他比較過得去的城市抓住更好的機會。我們看到一群群熱心的年輕人來來去去，參與有人贊助的臨時災難重建專案和非營利工作。沒想到奈特和莎拉卻留下來了。我不知道他們怎麼會在這麼年輕的時候就走得這麼前面，莎拉甚至坦承自己碰到了青年危機，她告訴我她很高興能受邀參加讀書會。我不太了解青年危機的概念，因為在那時候，我整整十年都仍在面對剛萌芽的「成形危機」，不是泡在酒吧裡，就是因為感情而痛苦。我有點嫉妒他們這麼年輕就能從ECRG中獲益。讀書會能幫他們更順利步入未來嗎？我只希望能幫我順利度過這個星期。

我們從混沌中起步。《傳道書》和伊比鳩魯都走說教路線，教導人怎麼活，但也提到了感官查知不到的空無，也就是死亡。克里斯說，有些人推測《傳道書》的精神或許受到伊比鳩魯和其他希臘思想家的影響，他們想要抓住現實的本質，也就是當下，不重視靈魂的永恆存在，也想對抗人類境況中的神祇角色。《傳道書》和伊比鳩魯深深影響後來的哲學家，在當時被視為很激進，甚至到了危險的地步。伊比鳩魯過世很久後仍被當成魔鬼。但丁把他和跟隨者放入第六個地獄裡冒著火焰的墳墓中，那是專給異端者的地獄。有人認為《傳道書》結尾的

「人的本分」是後來才添加的——想讓這本書近乎虛無主義的訊息符合聖經其他章節的教導，謹遵上帝的法則。

讀書會成員都沒想到，大家都不太熟悉《傳道書》；這本經書是舊約聖經裡最常被引用、文學界也最常劫掠的對象。梅爾維爾在《白鯨記》裡反覆引述。海明威從此剽竊出《太陽照常升起》（*The Sun Also Rises*）；亨利．詹姆斯（Henry James）的《金鉢記》（*The Golden Bowl*）；伯茲合唱團（The Byrds）整首《轉！轉！轉！》（*Turn! Turn! Turn!*）：「萬物都有季節……出生有時，逝去亦有時」。每個人都有「油膏裡的蒼蠅」（意指美中不足之處），也會說「盡情吃喝玩樂」（Eat, drink, amd be merry.）。在天主教齋戒期開始的聖灰日（舉辦懺悔節嘉年華會的理由之一），神父用拇指將粗糙的灰燼抹在我們發疼的額頭上時，也口說「都歸一處，都是出於塵土，也都歸於塵土」，強調我們的生命有限。《傳道書》裡我最喜歡的箴言則似乎沒什麼文藝或其他方面的牽引力：「與一切活人相連的，那人還有指望，因為活著的狗比死了的獅子更強。」

《傳道書》從頭到尾都提到「凡事都是虛空」，時而威嚇，時而惱怒或認命，這句話也是這本書最終的句點。聚集在客廳裡的有些人發現這種虛無主義帶領著一切的教誨不斷刺激讀者，有些人則覺得得到釋放。不論如何，當晚大家一直拿「凡事都是虛空」來打趣。承認空無，就可以用空無來開玩笑。才過了一個小時，大家似乎都找到一點控制絕望的力量。大多數人看起來放鬆多了，紛紛急著參與精彩的對話。但也有幾個人很少開口，似乎在用心閱讀印出來的資料，或許，他們心裡其實不想理會這場活動？

我提起詹姆斯．喬伊斯（James Joyce）的小說《阿拉比》（*Araby*）的結尾，十多歲時第一次看到「虛幻」兩字，就印入了我的意念。年輕的敘事者愛上了曼根的妹妹，她住在街尾，喬伊斯表達出二十世紀初一名都柏林青少年的癡心，合併天主教的裝飾品和浪漫的慾望：「我捧著聖杯，順利穿越一群仇敵。我唸著奇怪的禱文和讚美，不明白是什麼意思，而她的名字卻在此時跳到我的唇上。」從小在天主教城市的天主教家庭裡長大，我對此深有體會，每個星期天早上我都和我的七個兄弟姊妹擠進教堂的長椅，我們彼此之間最多不會差到八歲——約翰、克莉絲汀、我、異卵雙胞胎蘇珊和索倫、艾咪、同卵雙胞胎蕾貝佳和瑞秋。我跟家人一起跪在上帝面前，但低著頭的我們大多正因為荷爾蒙暴漲和星期六晚上的狂歡餘韻而暈頭轉向。

在《阿拉比》裡，飽受折磨的敘事者有個任務，要去阿拉比市集幫曼根的妹妹找一件奇特的禮物。叔叔答應要給他錢，卻忘記了，也很晚回家，敘事者到市集的時候，幾乎要休市了，攤商在數錢，他站在大廳裡，燈光都滅了。故事最後有個頓悟：「抬頭凝望黑暗，我看到我自己是個被虛無驅動和嘲弄的生物；苦惱和傷痛燒熱了我的雙眼。」十幾歲的時候，不需要學習，音樂和意義的輪流猛擊就能感動我，引入詩意。成年後，青少年才有的憂鬱和自我厭惡仍濃烈到令人擔憂，讀到這幾行，我心想：「天啊，這就是我，依然一無所有，依然凝望著黑暗！」

起碼，到了現在，黑暗變得熟悉，成年人的責任感和體驗限制了黑暗，但這些陰影的輪廓仍殘存著，代表渴望、挫折和質疑。在第一次舉辦ＥＣＲＧ的那個晚上，我重新發現，冗長地討論如何追尋意義，最後無可避免地一定會通往「慾望」，那富麗堂皇的立體投影，因此對話集中到這個主題上的時候，會產生恐慌，例如：

「我們都有種恐懼，擔心我們的慾望得不到滿足。」

或

「我們活在恐懼裡，就怕失去慾望。」

或

「歡愉是慾望的終點，歡愉也是歡愉的終點。」

或

「你只是飢渴的鬼魂，只有精神和慾望；你得不到滿足。」

或

「那人工的慾望呢？廣告的世界一直告訴我們，我們想要什麼。」

我們講話愈來愈像法國人了，但不論討論變得有多令人興奮，似乎一定會提到唯物主義，彷彿我們的靈魂沾滿了「物」的問題。身為二十一世紀的第一世界國家居民，困在虛無的漩渦裡，我們要怎麼做才能得到釋放？

凱斯做過營造業的經理、作家，也是經驗豐富的水管工，他一直提起前女友對一雙鞋的情緒依附，那雙鞋被暴雨毀了，讓她很哀傷。凱文說這不算無理取鬧，因為痛苦是主觀的，這種主觀性也很合理。但凱斯說他過不了那一關，儘管她外表火辣，但在颶風卡崔娜侵襲後，整座城實質上的損失比這個嚴重多了。

在ECRG的成員裡，只有幾位是我認識布萊德後才碰見的，那時我們還沒結婚，凱斯就是其中一位，他似乎每隔一陣子就會經過一次紐奧良，足跡遍及各地，他在密西西比念研究所，青少年時期住在美國西南部，小時候在阿拉斯加。但颶風卡崔娜侵襲後，凱斯留下來了，把智力、藝術天份和體能都投入重建工作，他做其他事情也這麼投入。去別人家修理的時候，他偶爾會把詩句和故事寫在房子下面的欄柵上，他稱之為「水管工瑜伽」。

凱斯投入重建時，在空空如也的城市裡，他、布萊德、我妹妹蘇珊跟我成立了非營利組織，從事社區活動——讀書會、藝術展覽等等。在那段瘋狂而充滿希望的時期，我們也認識了凱斯的新女友妮娜，她也有自己的藝術專案，主題是精心製作的花車和巨大的雕刻木偶，地點是廢棄的大型學校建築，另外還有幾十位藝術家也在那裡。妮娜有著刺青跟一雙藍眼睛，長長的金色捲髮讓她看似強悍，她跟凱斯並肩坐在沙發上，凝神瞪著讀書會的資料。其他人一直想把話題從火辣前女友和鞋子上移開，但這件事就像迴力鏢，凱斯一直把對話拉回來。

《傳道書》和伊比鳩魯都警告世人唯物主義帶來的懲罰，現在也的確為地球和人類帶來了危機，我們的朋友凱斯也不例外。從大家不再漫遊、安頓下來，並開始用懸崖邊的黏土造出罐子來放東西的時候，似乎我們的靈魂就碰到了同樣的問題。身兼傳道者的國王特別「生氣」，宣稱就算一輩子都有物質——房子、金銀、「君王的財寶」、果園、葡萄園、男僕和女僕、唱歌的男女——都沒有意義，「凡事都是虛空」，因為他反正要死了，等他死後，他的勞碌成果都會留給後來的人。「我來告訴你。」基本上，他說。「根本不用費心了。」

妮娜已經夠緊繃了，《傳道書》這種高人一等的口吻更讓她怨恨。她很獨立，會到世界各地追隨自己的興趣和抱負，我常覺得好奇，不知道她跟凱斯的關係怎麼樣。「幾千年來，老人一直告訴我們怎麼樣對我們最好——真的很煩很無聊。我們不會寧可不聽，自己去找答案嗎？一罐銀子、男僕或歌手、幾棵果樹，就算這些東西能緩和死亡的打擊，值得嗎？」

蘇珊聽著妮娜的話，點頭表示同意。邀請妮娜加入ECRG時，她熱烈贊成，因為她剛經歷艱難的離婚過程，還有其他遲遲不肯結束的人生創傷。她很少透露她的難過，我常覺得她的高興都是裝出來的。我們一起長大，年齡相近，在這裡能有一個不說話就能心靈相通的人，讓我覺得很安慰，我們有同樣的血緣、童年時期一樣異想天開、永久失去了兩個妹妹，還有父親的病，讓我們月復一月焦慮無比，有時小心翼翼抱著希望，有時則充滿恐懼。

「或許傳道者國王有的太多了。」蘇珊說。「伊比鳩魯對梅諾凱斯王說的話也是這個意思。重質不重量，才有真正的愉悅。」

那是伊比鳩魯對愉悅的定義，他覺得愉悅就是「靈魂沒有苦惱」，而艾倫有問題了。艾倫是藝術家，有時候會跟布萊德合作繪製電影的佈景板，她的輪廓鮮明高雅，一口阿拉巴馬州南方的口音，把她說的每個字拉得好開，彷彿融入不同的意義。「但沒有苦惱真的好嗎？我們真的想要丟掉『所有的』苦惱嗎？」有幾個在場的人，尤其是熱情而尖酸的艾倫，都緊緊依附著苦惱，覺得身為人類，要處理人際關係，苦惱就是很恰當的回應。我說，沙特（Sartre）等存在主義者宣稱：「極度的痛苦是人類自然的感覺。意思是：專注在自己身上，並發覺他不光是自己選擇要成為的那個人，同時也是立法者，要為全人類跟自己做出決定，便一定會感覺到深刻而絕對的責任感。」

我大聲讀出《存在主義詞典》（*A Concise Dictionary of Existentialism*）裡的引言，薄薄的灰色精裝本，一九六〇年出版，書頁已經發黃，變得很脆弱。在討論的時候，我有時無法明確表達我的想法，或智力不夠發達，或腦子跟嘴巴中間的連線因為葡萄酒而減弱，這時就靠這本詞典來支撐我。還沒念研究所的時候，我去法國區幫忙一間快垮掉的老店大拍賣，找到了這本書。我翻檢被濃煙燻壞的舊書，雇用我的律師相信這些書都受到詛咒，因為已經過世的主人是名聲不太好的書本收藏家，他不是好人，而且這些書去哪裡，哪裡就有壞事，最近一次則是附近的儲藏室莫名其妙起火。收藏家據說有幾個年輕的男性愛人，會扮成學生的樣子，到附近的大學圖書館偷取有價值的舊書。律師說，收藏家開槍殺死了其中一名年輕人，堅稱他以為對方是強盜。每次翻到三、四百年的卷冊，厚厚羊皮紙書脊下方如果被剪了一個歪七扭八的三角形，像是去除了索書號標籤，我就會幻想這本書是否跟那個被害死的偷書賊愛人有關係。

《存在主義詞典》裡按字母順序的第一個條目是「美國主義」——「神話、價值、公式、口號、符號、儀式的龐大複合物……快樂、進步、自由、成功母性的偉大神話；有寫實主義、樂觀主義，也有一開始什麼都不是的美國人，在這些龐大雕像間成長，盡其所能解脫自己」（沙特）；最後一條則是「青春」——「青春是生命效率和情慾提升最高的時期，也是一般而言最多人想要的生命類型。人類只看功能時，一定是很年輕的時候；如果青春結束了，他仍會努力展現出相似的模樣」（亞斯培〔Karl Jaspers〕）（也可參考：老年、過去和現在）。

偶然性讓沙特苦惱，我們個人的行為也會反映在所有人身上，克里斯把這兩點連接到伊比鳩魯「不朽的善」。伊比鳩魯把這個說法定義為真正地活著，把注意力放在別人和周遭的世界上，也依此行事，他主張這就是人類所能期待的最好境界。看起來都很合理，似乎也做得到，儘管在今天，距伊比鳩魯和門徒悠閒躺在花園裡已經過了好幾千年，我們和「不朽的善」之間令人分心的事物仍多到無窮無盡。

布萊德幾乎整個晚上都沒說什麼話，他很安靜、持續聆聽、擔起主人的角色、管教一直劫走客人帶來零食的兒子，並帶他們上床睡覺。但他卻指出，當晚的讀書會抓住了另一項基本的價值：透過單純的共同參與來享受人生，人生短促宛若蜉蝣，這可說是利用時間最好的方式。

在客廳高高的天花板下，間接光源提供著照明，繞著低矮的金屬茶几，上面的酒瓶、酒杯和零食充滿了磁力，隨著時間過去，對話愈來愈有內涵，大家都同意，這個晚上沒有白費。茶几的藍，或許可以用神話般的愛琴海來形容，雖然其實是泛出虹彩的藍色，像馬里布的海，布萊德從汽車噴漆的型錄選了這個顏色，走西海岸的大馬力改裝車風格，客廳充滿著二十世紀美式風格設計，安定我們的心神，即使我們的頭腦和對話彷彿已經脫離了時間和空間的限制。

當晚的步調漸緩，似乎有什麼萌芽了，給人一種滿足的感覺，大家都在審查這堂夜間的課程，也同意按著所有人的奇想來排出每個月的課表。因為這一晚的談話太抽象，有人表達了不滿，即使一開始這就是聚會的理由，有些人則渴望能講更多故事，凱斯建議下次的聚會討論塔杜施・博羅夫斯基（Tadeusz Borowski）的《各位先生女士，毒氣室這邊走》（*This Way for the Gas, Ladies and Gentlemen*），顯然想鼓動我們面對極端的現代社會禍害。一位波蘭作家兼記者在戰後出版了美麗而殘酷的文集，他入獄後被送到納粹集中營工作，出獄後把一切都寫下來，而後在二十八歲時自殺。但當然，我們一起聳聳肩表示同意，這是衝動的年代，深謀遠慮和耐心等待的容忍度愈來愈低，凱斯敲敲他的iPhone，在網路上眾人分享的人類知識海洋中找到連結，在我們聊天喝酒的同時，奧斯威辛集中營的恐怖立即直接送進了每個人的收件匣。

我們輕手輕腳拿著堆滿麵包屑的盤子和酒杯通過走廊，經過兒子們在裡面熟睡的房間，來到廚房。空酒瓶輕響幾聲，落入水槽下的垃圾桶裡。腳踏車從柵欄上解下，屋前的停車位空了出來。為時已晚。布萊德跟我把盤子隨意堆在流理台上，準備早上起來再處理，躺上床後，我們的心思嘈雜而快樂，沒想到讀書會進行得這麼順利，感謝所有的朋友。

追尋的過程開始，給我一種肯定的感受，也很有樂趣。身為母親、女兒、妻子、老師，我一整天幾乎都在滿足別人的需要。對，我可以擠出時間來讀書寫作，為頭腦和靈魂增添燃料，但ECRG有額外的好處，這裡提供了許多人的觀點，能振奮我自己的閱讀體驗，也少了我在學校裡常有的競爭感和不安全感。那個晚上，我們對照伊比鳩魯的主張（獲得知識，個人才有「靈魂的健康」）和傳道者國王的警告：「因為多有智慧就多有愁煩，加增知識的就加增憂傷。」我習於憂傷，甚至不在意憂傷，但若能混合出「對靈魂有益的憂傷」，感覺很有用。眾人一同探索生存，感覺很有幫助，也很有必要。我把鬧鐘定得很早，關掉了床旁的燈，躲進被褥裡，有種得到慰藉的感覺。

再過幾個小時，一月六日的早晨，妮娜將會離開凱斯。「可惡的存在危機讀書會！」妮娜邊咒罵邊收著東西。之前我們曾察覺到他們之間的緊張，顯然一整晚討論意向性和前女友讓她爆炸了。那天稍晚我跟布萊德都同意，對ECRG的起頭來說，這不是什麼好預兆。可是，這也提醒了我們追尋可能會帶來形形色色的結果。一月六日也是主顯節，慶祝東方三博士發現馬槽裡初生的耶穌，上帝之子，是天主教月曆上很重要的一天，在紐奧良的月曆上也很重要，因為嘉年華會開始了，砰一聲爆開了這一年的瓶塞。我小時候很愛家裡的主顯節慶祝儀式，因為代表會有更多的禮物，長大後則喜歡這個節日的意義，也就是慶祝發現與希望。喬伊斯在文學作品中，把天主教的「主顯」變成世俗的用法，一般人則各自因為自己的理由選用這個詞，來命名那些稀少、閃爍的啟示，有時候啟示會來自很遠的地方，來改變我們對這個世界的理解。

主顯節的那一天早上，在同一個星期做過化療而幾乎沒有免疫力的父親開車到很遠的安哥拉監獄，在路易斯安那州的河灣裡，靠近密西西比河的邊界，他去拜訪將接受死刑的免費客戶，回程就病倒了。我們的大家長幾天後在圖洛醫院病逝，所有還在世的孩子隨侍在旁，禱告神奇地把我們連結在一起，即使我們大多數人的宗教信念都已經消耗殆盡，只在有需要時才訴諸信仰。他早就失去意識，只能等動物機器跑完（笛卡兒對動物生理功能的比喻），草草結束，疲憊無比。

📖

過了幾天，父親的五個孩子暫時放下喪禮的準備，前往「肋眼屋」牛排館，坐在父親專屬的五號桌，與他才離開肉身的鬼魂共飲。我們曾一同傷心過，但是這次感覺很不一樣。過世的是父親，軸心偏移了。妹妹的自殺令我們震驚恐懼、深深自責，她們的死緊緊綁住了我們，而父親的死帶來隔閡，讓我們頓時失去了重心。

午餐時，《紐奧良皮卡尤恩時報》的記者打電話給大哥約翰，他繼承父業，也是律師，從匹茲堡匆匆趕來見父親最後一面。記者說他們要為傑出市民寫一篇訃聞，想問幾個關於父親的問題。約翰和當時從政的大姊克莉絲汀把電話傳來傳去，輪流回答記者的問題，配著午餐的馬丁尼為他們的答案塗上模糊的讚美，其他幾個人則憋著笑。我坐在他們對面的沙發椅裡，在中間感到窘迫，邊喝著我的英人琴酒（父親常喝的飲料），邊用口型說「別鬧了」。

從我們的青少年時期，父親就在五號桌招待客人，至今已經二十五年了。這家餐廳幾乎沒變。穿著褐紅色外套的服務生不斷把裝在紙包裡的溫熱法國麵包放到白色的桌布上。外面有陽台擋著的窗戶，讓午間的陽光變成金黃色，燭台跟吊燈上的裸裝燈泡讓光線變得更美。跟教堂一樣高的天花板上有仿都鐸式的長椽，牆壁裝飾了有紋理的綠色和黑色大理石，連接到鋪了石板的地面。常見的建築風格——富麗堂皇，宛若古代的特權，維繫於地質學上極有價值的東西。十九世紀仿古壁燈高高掛在「肋眼屋」的牆上，上面用黑色印出了密西西比河畔的鎮名：瓦謝里、霍瑪、維瑞特。五號桌在貝拉查瑟和貝悠古拉之間，前者在十九世紀早期由法國人命名，意思是「美麗的狩獵」，後者則是印第安部落的名稱，他們從西元前就開始在密西西比河三角洲上用長矛獵鹿。我喜歡「美麗的狩獵」，但不是因為來美國的歐洲人對這塊豐饒土地的敬畏，然後很快就無可避免地變成剝削，而是追求一輩子美麗狩獵的意涵，與父親在五號桌慢慢吃午餐時，我總會想到這件事。

我一直不太了解父親為什麼這麼喜歡這家餐館。我只能假設他每個禮拜到訪的儀式是給自己白手起家的獎賞，一個來自衰落地帶的難民，十歲在雜貨店找到第一份工作，十九歲在鑄造廠操作研磨器械，二十九歲時成為司法部最年輕的打擊犯罪部隊主任。在童年和青少年時期，他有嚴重的口吃，為了克服，在進入聖母大學以後，他在鏡子前花了無數個小時練習演說。當他年紀輕輕就當上聯邦檢察官時，他邀請祖母到法庭看他做開場陳述，並表現得無懈可擊，後來每次提起這件事，她總是眉開眼笑。

不過，除了作為獎賞，這同時也代表他辛苦在社會上贏得了位置，工人階級的自由派中西部居民，夾在紐奧良富裕的上流階級中（或起碼看起來是那樣），就像故意對體制說聲「幹」，他反抗所有的體制，尤其是跟他有關的。包括他的知名法律事務所、政府、天主教堂。雙胞胎死後，排行第六的艾咪變成小妹，她一直不喜歡「肋眼屋」牛排館，也從來不去，她說她屬於父親的藍領人生，而「肋眼屋」是他的白領雄心。她也以行動表現對藍領的支持，成為紐奧良的警察，在美國最危險的街道上工作。

還有，父親蘊養怨恨的方式，就像培養迷你盆栽，照料和塑形，維持微小而永久的完美。一九七〇年代擔任聯邦檢察官的時候，他想在「肋眼屋」請客，慶祝司法部的勝利。但他只是窮困的政府雇員，要養八個小孩，結果結帳時，他的信用卡刷不過，當下羞辱的感覺就此揮之不去。最後他放棄熱愛的司法部工作，轉而為私人企業辯護。成為「肋眼屋」的常客，或許算是對此的安慰獎吧。接下來的二十年內，他一直從玻璃上刻了「吉斯雷森」的馬丁尼罐倒出英人琴酒，然後付掉五號桌的帳單。

與父親在「肋眼屋」吃午餐，總少不了質問、辯論、揭示、裁決和說故事。父親以相當正式的態度對我們展現他的權威。五號桌是一個可塑性很高的空間，可以縮小到幽閉的程度，讓人在裡面告解，也能擴大成一間戲院或法庭，父親得以對著遠方的觀眾或陪審團盡情表現。

在「肋眼屋」還有一項小常規，入座後的半個小時內，我們連菜單都不能看一眼。熟識父親的服務生都知道，除非他開口，不然他們不會拿菜單過來。我們要先聊天喝酒約莫一個小時，才能點餐。食物和時間通常是界定午餐的要素，父親的做法證實這兩個要素在五號桌只是偶然，幾乎沒有關係。另一個在「肋眼屋」的傳統則是追憶在菜單上消失多年的餐點。例如洛克菲勒焗生蠔、什錦印度煎餅和閃亮易碎的烤布蕾。在紐奧良長大有個圈套：我們常常心心念念已經失去的東西，又要抓住偉大而坑坑疤疤的現在——有破壞、有幻想、有市民規律的奮鬥，而一切一直都在建設中。

也是在這張桌子，我跟他最後一次正式談話，兩個星期後他就過世了。我告訴他我跟布萊德要成立存在危機讀書會，我想他會很喜歡，因為他念過聖母大學的名著選讀課程。午餐快結束的時候，他凝望皇家街，看著另一頭法院大樓的白色大理石台階，他曾在那裡擔任檢察官，審過大案子。我很久以前就發覺，他看著窗外的姿態代表在對話中講話的人其實是在對自己說話，這是很誠摯的旁白，只是有些做作。

「妳媽在我們約會的第一年做了剪貼簿，妳看過嗎？」他問。

我記得小時候確實看過，也可能是在十幾歲的時候看過，剪貼簿放在擁擠的書架上，夾在人造皮封面的相簿中間，而相簿裡則是八個孩子相似的童年時代，有些人的相簿比其他人完整。爸媽在一九六二年相遇，都在念大學二年級，父親在聖母大學，財務十分緊迫，但雙修的數學和哲學則表現亮眼。他把書裝在放農產品的箱子裡，從南伯洛伊特搬到南灣，那些箱子由米克和迪克·齊克提供，父親高中時代一直在他們的黑鷹雜貨店打工，他只能在心裡羨慕別的學生用的皮箱和成套的行李箱。母親來自紐奧良，在聖瑪麗學院主修基督徒文化，該校的女生要守宵禁和穿制服，穿越校園前往網球場時，還要披上外套蓋住貼身的網球服。

母親跟她的爸媽去佛羅里達的華爾頓堡灘度假時，因為曬傷只能留在別墅裡，就趁機做起剪貼簿。有趣的是，身為華爾頓世家的外祖父母，就連度假也選擇到同名的華爾頓堡灘，母親曾告訴我，華爾頓（也是我的中間名）的意思是「用牆圍住的小鎮」，正好就是外祖父母的寫照。他們很疏遠、不親切、很少跟我們見面，但母親不一樣，她比較像灑滿陽光的草地上的茅草小屋——真誠、盡情表達的愛讓她容光煥發。除了名字，我也繼承了華爾頓人謹慎、客觀的含蓄態度。我不知道溫暖大方的母親是怎麼逃離堡壘，然後搭乘紐奧爾良市火車的普通車廂回到學院裡，將完成的剪貼簿拿給來自中西部的男友看，讓他開心。自我有記憶起，母親即使身邊一直有小孩在打轉，也持續用剪刀、白膠、漂亮的字跡和令人愉快的寬宏大量，創造並留下紀念。

「我都忘了，一忘就是四十年。」父親說：「她不知道從哪裡拿出來。妳看過第一頁嗎？第一頁上面寫：『瑞克來自伊利諾州，但我對他知道的不多。他很神祕。』我看著這幾個字，心裡想：『妳知道嗎？四十年了，我還是一樣。她還是不太認識我。別人也跟我不熟。』」

約翰和克莉絲汀掛掉記者的電話後，我把這件事告訴大家。我們都同意這件事很有趣，就是爸的風格，混合了戲劇性和真相。不論如何，埋葬一個謎似乎比埋葬一個我們以為很熟悉的人更難以承受。用權威的口氣回答記者的問題看似荒謬。但話說回來，他的死也很荒謬。

大約十年前，也是在五號桌，父親不准我寫下跟蕾貝佳和瑞秋之死有關的事情。他的體型、智力和絕對的父權讓我心存懼怕，他說如果我寫了，他永遠不會原諒我。如果我侮辱他，他會帶著侮辱離開人世。因此，那些年來，我真的沒有寫出任何關於她們的事情，只有偶爾吞吞吐吐地提起。我只寫了一篇很短的故事，登在默默無名的期刊上，他應該看不到，說老實話，全世界都看不到。我照他的話做，因為她們兩人的自殺對家人已經帶來足夠的傷害。儘管感覺不合常理，卻是我願意承擔的不幸。

但在這裡也有很強烈、很不公平的矛盾，他在這個地方鼓勵我質疑權威，用批判的方式思考，也同樣在此要求我不要用生命中最傷心的體驗來創作。更精確地說，我可以在日記上隨筆亂寫，但我不能跟別人分享。我認識的一位作家把這個現象稱為只嚼不吞。

到了下午，「肋眼屋」金黃色的光線慢慢變冷，桌子和柱子的陰影拉長了。餐廳裡的客人已經散去。服務生換掉桌布，開始準備晚餐的桌子，排好餐具，把餐巾白色的頂峰摺到中間。我想到我有義務要尊敬先人的遺願。在這座城市裡，逝者也能佔有不少資產，包含實質的和心理上的。但不明事理的亡者呢？

我啜飲著英人琴酒，發覺父親其已把命令帶進了墳墓，我現在想寫什麼就可以寫什麼。我有種內疚的震顫，輕快多了。我覺得我有點卑鄙。我怎麼能跟兄弟姊妹坐在這裡，因喪親之痛而悲傷，卻同時想著這項禁令的解除？是不是糟透了？這股對逝者仍保有的微弱報復情緒，處理起來十分棘手，如果沒有確切的目標，那麼不是被內容的毒性反噬，就是將其全數釋放。

午餐結束後，我們這群活著的狗向死去的獅子敬酒。這群受傷的兒女，以巴洛克式的悲傷戲劇為外衣，穿著深色的合身衣服，前往法國區，到父親喜愛的酒吧喝酒──「哈利的街角」、「海圖室」、「老苦艾酒館」──回顧和挖掘舊有罪惡和過往冒險的陰冷痕跡，走進喪父後叢林般的混亂。

那天晚上，孩子們都睡了，家裡有種特別的寧靜。我雙眼矇矓，精疲力竭，從廚房的水龍頭直接接水喝。我看到克里斯的馬雅曆明信片，塞在牆上全新的土星酒吧月曆上。二〇一二也要努力不懈。他說的沒錯。瘋狂的旅程已經開始了。

二月
石造的世界

在嘉年華季哀悼老父，感覺很奇怪。儀式和混亂之間的緊繃狀況，是嘉年華會的重點，悲痛不也如此。此外還有一個很像的地方，嘉年華會打破日常的節奏，增進人與團體的接觸。「狂歡節」（Carnevale）的原意是「告別血肉之軀」，活動延續數個星期，從主顯節到懺悔節嘉年華會，也就是懺悔星期二。同樣的遊行隊伍按著同樣的順序，在那個星期同樣的晚上往前行進，持續了好多年；大家會指定某些日子辦派對，或者去參加派對。也有些家庭會固定在嘉年華會那個星期出城；畢竟，不是每個人都喜歡擁擠的人群、交通、放縱。紐奧良大多數的學校，不論是天主教還是非宗教性，在嘉年華會那個星期都會停課，或至少休息幾天。常規業務暫停，除非你的工作是服務業或執法。

卡崔娜颶風過後的那個嘉年華會頗具爭議，舉辦時城裡依然殘破，幾乎無人居住，我們家有個非正式的口號，來自劇評家約翰．拉爾（John Lahr）：「輕鬆享樂是人類拒絕受苦的方式。」父親過世後，放棄那年的嘉年華會感覺是明智之舉，但我依然投入。我並不是為了拒絕受苦，我很需要受苦，我只是想讓慶祝活動滲入我的悲痛，也讓我的悲痛滲入嘉年華會。父親的死，依然感覺不真實，記憶猶新，我們一舉一動都蒙上了不自在而真實的尖銳。有些場景常朦朦朧朧，被行動所掩蓋，而死亡將無法承受的清晰度加諸於上。我們一群兄弟姊妹帶著孩子去參加遊行，搶著撿珠子跟小裝飾品，派對也按計畫舉行。我們穿上正式服裝，去聖查爾斯大道上的蓋利爾大廳參加市長的舞會，這棟宏偉的建築物建造於十九世紀中期，採用塔卡霍大理石，走新古典主義建築風格。在南方，雙排巨柱配上彎曲的愛奧尼亞大寫字母，則是一種常與壓迫和權勢扯上關係的建築風格。那天晚上，在蓋利爾大廳的台階上，我們在特別搭起的包廂裡觀看飛馬遊行隊伍走過，市長和市議會的成員都在包廂裡，包括我大姊克莉絲汀。

一場小雨溶進了那天下午我花錢弄的頭髮，我把髮夾一根一根拔起來，邊喝香檳邊丟到街上，落到俗豔的紙漿碎片和樂團之間。那天晚上我讓自己改頭換面——髮型設計師的渾身解數結合了大自然的力量。我們跟戴了面具的騎士要珠子、起身跳舞，直到遊行隊伍與本地的高中生樂隊依傳統停在市長的包廂前，穿著燕尾服的市長宣布最近有位大家都認識的人去世了。樂隊演奏出帶有莊嚴敬意的曲調，有些儀隊女隊員跟樂隊成員在街上哭了起來。這些孩子當中有太多人正承受著這座城市歷史災難的衝擊，他們身穿顯目的金色和藍色亮片連身衣、有流蘇的靴子和透明的雨衣，拿著各自的樂器和旗幟凝神佇立著——卡崔娜颶風摧毀了他們原有的裝備，一位知名的好萊塢女星捐錢給他們買了新的。而我們這些穿著燕尾服和晚禮服的大人，手拿塑膠的香檳杯，脖子上戴了許多廉價的閃亮珠珠，在那一刻感覺與這些孩子緊緊相繫，然後他們繼續前進，我們繼續在美國內戰前就蓋好的門廊下作樂。這世界突然讓我感到悲慘與羞愧，我把香檳杯藏在觀景台的彩旗跟夾板下，等他們走過去才拿出來。在這種時刻，你的靈魂感覺像個拳頭，握緊了各種迥然不同的細繩，分別拴著經驗、時間、情緒之類的東西，把它們全握在一起，然後又一次全部放開，任它們再度分離。

在嘉年華季節召集ECRG感覺也很奇怪。克里斯不確定有沒有必要，因為嘉年華會本身就能撫慰存在的傷痛。身分得到超越，常態也被越過，然後在聖灰日，回到《傳道書》，額頭上帶著灰色的污跡，提醒我們人生有限。「都是出於塵土，也都歸於塵土」，我們迎來一直都很受歡迎的四旬期。

但我們最後都同意，讀書會更為重要，因為這個月的集會裝滿了失落。父親的死讓蘇珊、布萊德跟我悲傷不已，聚於一室的朋友們既順從又溫柔。凱斯跟妮娜都離開了，第一次聚會的那天晚上他們分手了，但是因為凱斯已選了讀物，也寄給了大家，因此這次討論將無人帶領。ＥＣＲＧ已經偏離軌道了嗎？他選的《各位先生女士，毒氣室這邊走》是很強烈的作品，房間裡有種抑制不住的能量，大家不斷伸手拿酒瓶，並倒滿自己的杯子。

這篇塔杜施．博羅夫斯基於一九四六年問世的自傳式短篇故事，內容基本上就呼應了標題：人所能承受的邪惡，以及面對這種邪惡的文明騙局。《各位先生女士，毒氣室這邊走》講述一名囚犯自願把「乘客」帶到集中營裡，等被害者被塞進火葬場或工作營裡，留下的食物和衣物就是他的獎賞。情節在燠熱的夏日展開，用令人緊張不安的現在式敘述。

他跟其他人在月台上所遭受的恐怖，他們相信為了生存而必要採取的行動，我不覺得有需要在此重述。書中敘述逼真鮮明，宛若夢魘。故事裡小孩的可怕遭遇也一樣。在這本短篇故事集的引言中，為博羅夫斯基寫傳記的楊・科特（Jan Kott）稱這本書是「關於人對人的處置最殘忍的證詞，人類所承受行為的冷酷裁決」。

這一晚好漫長，我們談論不同系統中的共謀、文明的實驗、暴行的範圍。共謀讓我想到我一生都在進行的天主教計畫，在既定情況下要派給我自己多少罪，我坐在地上聆聽、沉浸在想法中、認真思索。

「但你不順從的話，系統就無法運作。」

「我們在討論責任分配。」

「不能信任群眾的道德性。」

「歷史脫離束縛的那一段……」

「在經過調整的世界觀裡形成的殘骸和悲劇。」

「那就是為什麼在第二次世界大戰後，現代的存在主義興起。質疑有了富饒的基礎。這都來自受苦和目擊。」

我妹妹蘇珊很在意事物的物質意義，她提出：「我覺得凱斯選這個故事是因為那些鞋子。囚犯留下來的鞋子。敘事者需要從新來的人那邊得到新鞋子。」

未出席的凱斯還選了另一篇讀物給我們，取自喬治・柯特金（George Cotkin）《存在主義的美國》（*Existential America*）的簡短摘文，顆粒粗糙的黑暗壕溝出現在模糊不清的複印頁面上。柯特金在〈法式存在主義的時代〉裡，確定存在主義的重要作家——齊克果（Kierkegaard）、沙特和卡繆（Camus）——以及一些主題，例如主觀真理、疏離、存在和虛無、存在的焦慮與虛無、存在與死亡等。

難怪酒瓶一直開，一直倒空，把桌子都擠滿了。我們中間有個空缺——在博羅夫斯基的故事裡，在法國的存在主義學家裡，在父親的死裡。我在我的《存在主義詞典》裡找到一段引言，大聲讀出來，這一段的標題是〈虛無〉。

「虛無盤成一團，存在生物的心裡，像一條蟲」（沙特）。（也可參考：懼怕、未來、過去和現在、自殺、超越）

接著起了一陣簡短的辯論，要在意心中盤著的這條蟲有多大，還是在意蟲子的貪婪。大家都覺得你跟蟲的關係比較重要。你會忽視它、接納它，還是滋養它？

「我的蟲絕對定義了我是誰。」艾倫慢吞吞地說。「好的方面。沒有蟲，這個世界就不會這麼有趣了。」

對話繼續，我遵循勸告翻到「也可參考：自殺」，因為在這一類型的討論裡，我總會想到蕾貝佳和瑞秋。在那個標題下只有一條，亞斯培寫的：「個人即使無法了解，也至少應該能辨別自殺是一種積極接近虛無的方式。」（也可參考：戰爭、世界）

胡說八道，我心想，但我了解他為什麼這麼說，自殺在此被視為個人對存在之荒謬性的最終意願主張，並決定把虛無握進自己的手裡。但這樣一來，又要如何面對不可知未來的存在理想呢？對別人的責任呢？如果個人的行為都跟全人類有關，自殺不就是種族滅絕的行為嗎？自殺後對別人造成的傷害，難道不足以讓存在主義者責難這種行為嗎？（事實上確是如此，一些有名的存在主義者因著這些緣故，最後也譴責自殺。）

但雙胞胎的自殺不是高雅的哲學陳述，我想很多案例都不是。可能是一時衝動、腦袋不清楚、或因為深陷混亂。儘管她們的死隔了一年半，所用的方法（上吊）和毒性（體內有古柯鹼跟酒精）卻彼此呼應。在外人眼中，這個充滿愛的大家庭少了兩個活潑美麗的女兒，原因一定很難理解。稍加深究的話，大家也許比較知道蕾貝佳的問題。瑞秋則有被牽連的危險，也有共謀的罪名。對家裡的人來說，她們的死是最後踏錯的一步，終結了之前所有的失足。或許，在死前那一刻，這也她們的願望，而我們永遠不會知道答案。她們神祕莫測、很難溝通，身為雙胞胎，又是家裡最小的孩子，她們主要只跟彼此對話。蹣跚學步時，她們就有專屬於彼此的語言，使用很難發音的聲調或創造出我們都聽不懂的字詞。這個家把教育和成就當成理所當然的理想，但她們兩人連高中都沒念完，只在最後拿到了高中同等學力，蕾貝佳十六歲的時候冒用了父親的支票，受法庭命令管束。我們也很驚訝她們連口音都跟全家人不一樣，比較鬆散，像來自另一個地方，另外她們交友廣闊，總有人送她們東西，從日常用具到昂貴的眼鏡都有。跟大多數雙胞胎一樣，她們很努力要區別彼此的外表和興趣，也會彼此嫉妒和提防。她們在我們眼中是個謎，但是話說回來，我又盡了什麼努力去了解她們呢？她們中學時開始惹麻煩，而我在外地念大學。我記得回到家會買書送她們當耶誕禮物，但現在我不確定那樣的鼓勵中是否沾染了我的優越感。

「桌上的瓶子都像座森林了。」克里斯指出。我們清掉空瓶子，排在牆邊，繼續談話。我們必須繼續面對那條蟲。畢竟，對存在主義者來說，虛無要你採取行動，要你費心，而不是失望喪志。對他們而言，我們的誕生沒有意義，必須創造出自己的「本質」。有些人覺得這項工作不是每個人都可以公平看齊。伏爾泰（Voltaire）告誡我們，每個人都要「照顧好自己的花園」，西蒙·波娃（Simone de Beauvoir）回應說，這個勸告沒有幫助，「有人想耕種整塊地，而有些人覺得光一個花盆就太大了」。想到雙胞胎時，我常有這種想法，在某種程度她們受到妨礙，被困境所淹沒。她們忘了給自己漂亮的盆栽澆水，照射適量的陽光。

凱斯要我們讀柯特金的文章，打下一點存在主義的基礎，也證實存在主義其實在美國從未起飛。一位美國的存在主義思想家拉爾夫·哈柏（Ralph Harper）制定出更令人愉快的「動態存在主義」，本質上屬靈性，甚至有宗教的意味，來調和這個運動在眾人心目中的嚴酷和虛無主義。他受到的影響主要來自法國神學家皮耶·盧瑟洛（Pierre Rousselot），這位耶穌會教士一九一五年在英格蘭過世，死於戰爭，年僅三十六歲。他擁戴「有愛的唯智主義」，重點在於愛、關懷與覺知。這種覺知含有「心甘情願（慾望、能量）、著魔（智力）和感覺（情感）——所有三者」。

讀書會的成員都瞧不起哈柏和盧瑟洛，覺得哈柏太寬厚，讓一般的存在主義教條變得低落，但我滔滔不絕地說我因此充滿了希望，因為這種對覺知的定義、這種對生存的看法。我也很欣賞這種分解的方式，讓我可以好好思考。所有三者：心甘情願、著魔、感覺。這種三位一體我可以支持，我不需要敬拜，但可以選擇實踐。

奈特想回到博羅夫斯基，先不管「有愛的唯智主義」，他問大家對故事裡戴著金錶的金髮女孩有什麼看法。

「金髮女郎！」大家咕噥著翻動紙張，尋找她的蹤影。常常默默沉浸在文字中的奈特喜歡大聲朗誦，抓出重點，調整意義：

向前推進的人群如河流一般，被看不見的力量推動，突然之間，出現了一個女孩。她輕巧地下了火車，跳到碎石上，面帶疑問地環顧四周，彷彿有點驚訝。她柔軟的金色頭髮如洪流般落在肩膀上，她不耐煩地把頭髮往後一甩。接著很自然地用手撫過上衣，隨意地拉平了裙子……在這裡，我面前站著一個女孩，有著一頭迷人的金髮，美麗的胸脯，穿著棉質上衣，眼中有種睿智、成熟的神情。她站在這裡，凝望我的面孔，等待著。那兒，是毒氣室：共同的死亡，噁心而醜陋。在另一個方向則是集中營：剃光了頭髮，在極度悶熱中的厚實蘇維埃長褲，骯髒潮濕的女體令人作嘔、腐壞的氣味，動物的飢餓，不人道的勞動，之後是同一間毒氣室，只是死得更醜陋、更可怕……

她為什麼要帶來？我心想，注意到她細緻手腕上的漂亮金錶。

她直接問敘事者眼前的情況；敘事者無法回覆。

「我知道。」她甩甩頭，聲音裡有種驕傲的藐視。她踏著堅決的腳步，向卡車走去。有人想拉住她，她大膽地推開他，跑上了階梯。

暴力、卑鄙和墮落皆有直率的描述，我們的存在主義水管工凱文說金髮女孩散發出「符號」。什麼的符號？麥可，一位敏銳的古典寫實主義插畫家和研究愛倫坡（Edgar Allan Poe）的學者，已準備好要回答這個問題。麥可獨自住在一棟兩層樓的大房子裡，位於法國區種滿橡樹的街道上，日常的制服就是畫家會穿的白色亞麻襯衫和卡其褲。甚至連他不知從何而來的悲傷也給我一種過時的感覺，來自另一個世紀的煩擾，有不同的色澤和質地，但總是顯而易見，跟他的幽默感與教養一樣明顯。

「在藝術裡。」他說：「真相、美麗和光線通常彼此關聯。她看到當時的真相，她的金髮和金錶反映出光線，讓她脫離了所有的黑暗。」房間裡四處彈射出更多的可能性：文化、青春、美德、西方文明、慾望、色慾、勇氣……故事裡其他人幾乎都很悲慘，只有她不一樣，勇敢有尊嚴；讓故事更亂的則是她的亞利安特徵，納粹頌揚的對象。

克麗絲婷是個菸抽不停的歷史學家和作家，喜歡煽動和督促，一頭厚厚的紅髮剪成鮑伯頭，身上濃烈的廣藿香味有種異國風情，在客廳裡留下的餘香會一直綿延到第二天早上。她總讓我充滿好奇，幾年前我認識她的時候，她在至福樂土大道上一家態度粗魯、老舊的五金行工作，後來有一天，我在本地著作選集上看到她寫的短篇故事，寫得真的很好。我們總需要這樣的提醒，不論在哪裡，每個人都有各自完整且令人驚奇的生活，而不是只會說「這裡是您的零錢」而已。她說，金髮女郎讓她想起《李爾王》裡美麗的女兒寇蒂莉亞，對年老的父親展現出了堅定的忠誠，她拒絕和姊姊比賽，看誰能夠用最奢侈的表達方式說出對父親的愛，結果被斷絕父女關係。她說出真話的聲音「非常輕柔、溫和與低聲」，讓她的上吊而死變得更有毀滅性。在這兩個故事裡，美德與真相都是大家想要的美好事物，深深影響周圍的角色，將可敬而吸引人的光芒照在人性上。但這兩名年輕女性都把美好的外表和尊嚴帶進早逝的墳墓，構成了故事裡無情屠殺的一部分。

「有人看過博羅夫斯基的傳記嗎？」艾倫問。她特別好奇他在自殺前跟一名年輕女孩的關係。艾倫對男女關係很有興趣，但她本人似乎不相信戀愛關係，也很享受她自己的社交自由。每次在派對上看到她，附近似乎都有遭她拒絕的追求者。她覺得，或許那名「年輕女孩」跟金髮女郎有某種關聯？

博羅夫斯基一生的故事跟他的作品一樣令人感嘆，也讓某些人把他跟其他的作家並列，他們的傳記不光屬於「文學的歷史，也屬於文學本身——也就是有象徵性的人類命運」（引述自傳記作家科特）。在納粹佔領的波蘭，博羅夫斯基在華沙猶太區的地下大學裡攻讀文學，冒著生命危險出版小冊子跟自己的詩作，後來在集中營裡耗盡了體力與靈魂。在那段時間內，他體驗了史詩般的戰時羅曼史：地下陰謀、納粹陷阱、逮捕、分離、書信。他跟心愛的人一起被分配到奧斯威辛集中營，在他修理女子集中營的屋頂時，偶爾會看到她剃光的頭和滿是疥瘡的身體。更長時間的分離，戰爭結束時費時數月的絕望尋找，懇求她從瑞典返回波蘭的信。重逢，婚後的第一晚則在遣返營中度過。

他被視為戰後世代的波蘭文學希望，最後卻變成共產黨的記者，然後對共產黨幻滅，對朋友坦承他「扼殺了自己的聲音」。自傳中有個很奇怪的地方，其實比較像個裂縫，柯特寫道，就在他死前，他「與一名年輕女孩有了聯繫」。某天下午，他去醫院探望了他的妻子與才出生三天的女兒，他們的第一個孩子，也是唯一的孩子。那天傍晚，他把自己鎖進廚房裡，打開爐子的瓦斯閥。

為什麼要在生命的新階段開展時用自殺終結？為什麼兩個妹妹在家庭情勢改變後不久就上吊？為什麼寇蒂莉亞必須上吊自殺，而不是被絞殺？莎士比亞到底想凸顯什麼？我妹妹想凸顯什麼？在那個「虛無」的條目裡，「自殺」跟「超越」並列，為什麼會讓我這麼苦惱？博羅夫斯基想從「跟年輕女孩的關係」中得到什麼？為什麼金髮女郎、寇蒂莉亞或甚至雙胞胎的死突然給人犧牲的感覺，世界的蠻橫毀滅了青春和美麗？但犧牲是為了什麼？為了加強其他人的痛苦？

我的問題從未進入與眾人的對話，只存在我自己的腦子裡，像齒輪一樣連在一起，一直咔咔作響，讓我精疲力竭。我在聚會時常會想到一些不錯的話題，單獨思考或閱讀時就想不到，這一點讓我心存感激。我也很欣賞與不同的意識和體驗互動時所產生的驚奇。但我再怎麼努力讓自己不要陷入討論，仍無法消解我解決不了的畏懼，尤其是針對博羅夫斯基德斯的。我想到他可憐的妻子，她會有什麼感受，才經歷過生產的肉體榮耀與創傷，卻要面對相反的情境，丈夫親手結束了自己的生命。我不知道她的反應像不像我姊姊克莉絲汀在瑞秋死後的模樣。她立刻停止幫六個月大的孩子哺乳，不是她的選擇——而是乳汁就這樣消失了。這一直讓我覺得很神奇，也很難過，悲傷居然會這樣干涉身體的自然循環，防止身體製造營養。兩個妹妹過世的時候，我還沒結婚，尚有時間把心思放在我自己的傷痛上，放任自己沉浸在離奇的悲劇裡：兩個妹妹都自殺死亡。但父親過世時，我第一次以人母的身分體驗喪親之痛，必須更慎重，不能在晚餐餐桌上想哭就哭，免得嚇壞孩子，也必須讓孩子體驗悲傷，又不能讓他們覺得沉重。

整個晚上，我的小兒子奧圖穿著他的樂高黑武士連身睡衣，在走廊上走來走去，從桌上偷拿餅乾，坐在我腿上聽我們聊著沉重的話題。他不在意我們的對話，我抱著他結實緊繃的小小身軀，在他大嚼餅乾時親吻他的金髮，感覺到一種想保護他的疼痛，想防衛他不要碰到這個世界上最可怕的事，又要讓他準備好面對最糟糕的情況，但我知道兩者都做不到。

或許是巧合，或許是家人的默契，正在讀《各位先生女士，毒氣室這邊走》的那段期間，某天下午，坐在車子後座的奧圖問我：

「媽咪，我可以買樂高的納粹人偶嗎？」

「應該沒有這種東西吧。」

「有，真的有。有一個網站可以買訂製的樂高積木。」

「還是不行。他們真的很壞，是大壞蛋。」

「但是他們的制服很酷。」

「那也是一個問題。」

這是我第一次聽到小男孩說出「納粹」二字，來自線上樂高社群的廣大平行宇宙所獻上的禮物。這有很多衝突：他渾然不懂「納粹」的意思，以及相關的絕對邪惡、玩具的背景和拿大屠殺的兇手來玩，以及虛擬世界中成人與小孩之間有時會引發困擾的聯結。此外，在邊開車邊從後視鏡隙縫中看他對著我的後腦勺講話的情形下，我還沒準備好討論納粹跟罪惡的問題，身為現代的母親，必須大幅改進自己的認知與聯想，但我做不到，而且網際網路也凸顯了孩童時期與成人時期之間的界限有多模糊。

與此同時，樂高積木就像麵包屑一樣，從車上一直散落到前門，也四散在老家每一個房間裡，這棟房子跟緊密的樂高結構或丹麥設計完全相反。離密西西比河只有兩個街口遠，建造於一八五〇年代，當時的木匠蓋房子是用雙腳量出距離，把手削出來的釘子打進拆解平底船後回收的木板裡，有時候則用玉米芯填滿平底船的木桿在厚木板上留下的孔洞。在這個家裡，我想，應該連一處直角也沒有。大王松地板、門檻和護壁板都有縫隙，硬硬的小塑膠方塊、長方塊、頭、武器就這樣被塞進去了。童年就是創造與破壞的無限循環，最後只會留下回憶。

我的兒子沉浸在這股創造和毀滅的衝動裡，在網路上搜尋了「樂高」，幾百萬種產品呈現出來，有些是官方廣告，但大多數是自製影片、學校的作業、劇情短片、無數的戰爭，發布的地點從捷克到泰國都有。內容和產值各有不同。有些加了特效，有些直接在床單上拍攝，家裡養的狗就在旁邊嗅嗅聞聞。兒子找到的樂高內容什麼都有，從金氏世界紀錄到三一一日本海嘯和福島第一核電廠的爐心熔毀。樂高積木細細描述了完整的世界，例如康尼島、倫敦、地理資訊完全正確的菲律賓群島，以及有會議室那麼大的十九世紀聯建住宅，呈現被炸毀後的傾倒狀態，建築碎裂成一片片完整的樂高積木，還有大約三英尺高的雙子星大廈，剛被飛機撞但還沒倒塌，冒著黑煙但依然保持直立。這些作品在技術上都很出色，但缺乏重心。有人跟我說，他看過用樂高建構的紐倫堡審判，但我在網路上沒找到。既然有用樂高重現的二次世界大戰情景，我希望奧圖提到他很想要的納粹人偶只是外型逼真，沒有其他的意涵。

但網際網路變化多端，一個手勢就能決定光芒或變得黑暗，我們不一定能隨時抓著滑鼠、抓住孩子的手，引領他們遠離危險。跟我們小時候比起來，他們有更多的世界可以巡航與合成，而且每個都複雜得不得了，不但模糊不清，同時瞬息萬變。某天下午，奧圖像隻水蜘蛛般滑過YouTube，滑鼠一直按，片子一直換，過不了多久我就聽到刺耳的電子音樂，有人在唱：「咱們喜歡的女孩要有能用的陰道。」我趕緊去搶滑鼠，螢幕上出現的是金髮的樂高女孩，在樂高脫衣舞俱樂部裡跳鋼管舞，她少了一條腿，因為歌詞說女孩不需要兩條腿，只要她們有那個，你知道的……我寧可希望這些東西都不會滲入他吸收力超強的大腦。影片很蠢，不色情，但讓人不快。我對脫衣舞這件事特別敏感，因為兒子的阿姨蕾貝佳死前就在俱樂部跳舞。我們的文化怎麼會來到這個地步，五歲大的兒子、他最喜歡的玩具、女性貶抑、脫衣舞和我妹妹令人傷心的自殺，全都融合到同一時刻裡？

父親過世前幾天，奧圖向我展示一個綠色的樂高十字架，「向大爹爹致敬」。他用自己想到的方法表達鄭重，想安慰傷心的母親，或許做個東西也能給他安慰。即便稍後十字架已經拆了拿去做別的東西，或掉在客廳的粗毛地毯裡，提醒我們秩序的假象很容易破滅，在這座城市裡我們早已經歷過無數次幻滅。

這也提醒我們，孩子們也在哀悼，也在思考死亡。大兒子西拉努力安慰我，他用大人的口氣說，對，我們會想念大爹爹。他笨拙地抱抱我，給我獨處的空間。父親過世後的第二天，奧圖說：「對了，今天是大爹爹在天堂的第一天。妳覺得他會看到影子跟多芬街那隻小貓嗎？」影子是他們堂兄弟的狗，不知為何死在後院，被樹葉蓋住，沒有明顯的傷痕。而幾個月前，在原本很愉快的上學路途上，我們看到路中間有隻被輾過的貓，我根本來不及摀住他的眼睛。範圍不大但挺可怕。從那以後，他不知為何提過許多次那隻被壓爛的貓咪，所以我知道他還記得很清楚，累積著徵兆，或許會變成接下來幾年內不時跳出的基本回憶，無法控制，包括光澤的黑色毛皮和內臟。

同樣地，我想著雙胞胎，心想或許父親在世的最後一刻，就跟她們團聚了。一群群的神經系統會瓦解和崩潰，或許人類最有力的回憶仍會留存，變成碎片，漂浮在迅速開展的黑暗中。還是他們的精神真的聯合在一起了？或許他們現在在虛無中重逢？奧圖所想像的情景似乎更容易令人想起：大爹爹在天空中的躺椅裡，平靜地撫摸很可愛、恢復原狀的貓咪，影子在墊高的腳凳上打瞌睡。然後我想起來，父親其實不喜歡貓，他對貓過敏。

那天晚上在ECRG，關於金髮女郎、「關係」和上吊身亡的問題仍在我腦海中旋轉變暗，我慢慢退出討論，把兒子緊緊抱著，或許抱太緊了，我很內疚，發覺我希望他柔軟、純粹的無知能給我安慰。這感覺不太公平。我思索成人需要從孩子身上得到的東西，以及童年的標誌，都是有些成人比較匱乏的。就在那一刻，我想迷失在絕對的母性生理連結裡，等無法停息的憂思軟化了我，再回到對話裡。

布萊德可能覺得奧圖太黏人，讓我無法專心討論，提議他要把小孩送上床，給我一點空間。我很感激他的用心，但我卻主動告退，表示要去念睡前故事跟幫忙蓋被子，我先去看了大兒子，他正在廚房的桌子上認真寫功課，對大人在客廳裡的話題毫無興趣。我躺在兒子們關了燈的臥室裡，走廊上的光線照亮了高處的氣窗，我們可以聽見走廊那頭屬於大人的聲音，有高有低，有女性有男性，口音從麻州東部到阿拉巴馬州南部都有。房子裡古老的擋風板牆和沉重的檜木門讓說笑聲變得隱隱約約，聽不清楚的對話流出了我的聽力範圍。每個月在客廳裡的對話，不知道奧圖會記住多少（西拉是否刻意不聽我們在說什麼）？現在我想我有答案了。躺在他的床上，聲音、光線和意義都四處發散，彷彿那晚的聚會已經變成未來的回憶。模糊的聲音，時而急迫，時而帶笑。在這些晚上，他們要討論什麼？

在哄小孩睡覺的時候，恐懼和愛有同等的重要性。小孩子穿睡衣就是可愛，在你旁邊又軟又暖，那種連結很完整，為身體帶來滿足，他們的睡意愈來愈濃的時候，講的話也很讓人驚奇，哲學的不合邏輯推論、遊樂場事件的片段，然後他們睡著了，不說了。你鬱悶地躺著，被一整天的重量壓著，處於虛空的陰暗心煩中。更糟糕的是，再過十個小時吧，另一天又要開始。你那甜甜裹在被子裡的孩子不能給你安慰，有時候還反道而行。雙胞胎死後，我哥哥約翰會看著睡著的女兒，在她們年輕的臉上試圖尋找蕾貝佳和瑞秋的痕跡，彷彿遺傳的鼻梁斜度或顴骨，會成為自我毀滅的徵兆。

但有時候你能在身旁的其他地方找到安慰。在許多晚上，讀完了故事，還沒睡著前，我的目光會被吸引到門上發亮的氣窗。門框厚重的手工邊飾是老房子的建築細節，不知多少次帶給我撫慰，還是該說是安心呢？一百五十年前，有人覺得該從密西西比河撈起漂浮的封簷板來蓋房子，原本的材料可能來自印第安納州或俄亥俄州某人砍下加工的樹木。在這棟房子裡，歷經數代把小孩送上床的父母親，就算我不太懂生存的理由和方法，別人也找到了活下去的理由。在安靜的時刻，我可以感覺到背後有股集體的推力，要我繼續向前。

博羅夫斯基似乎也感覺到這種人性的無名推力給他的安慰，但我猜對他可能不夠吧。準備當晚的討論時，我重讀他的《各位先生女士，毒氣室這邊走》故事集，最後一個故事〈石造的世界〉給我的衝擊特別強。故事一開始描述大家都熟悉的時刻，無限的焦慮，在可能凌晨三點，你脫離了日常的活動後，就來找你了：

已經有好一陣子，就像子宮裡的胎兒，我內心很可怕的知識愈發成熟，也用害怕的預感填滿我的靈魂：無限大的宇宙以驚人的速度膨脹，就像一個荒謬的肥皂泡。每次當我自己思索宇宙可能會滑進太空裡，就像水流過合起的手掌，我就無法脫離守財奴那種尖厲的焦慮感——或許就在今天，或許要到明天，或許要等好幾光年——才會永久溶解到空虛裡，不是以固體物質構成，而只有轉瞬即逝的聲音。

他想讓自己離開這種獨自恐懼的狀態，集中精神去觀察周圍的人做了什麼事。經歷過戰爭的痛苦和殘暴，大家繼續文明的工作，建造、修復、烹煮、清掃。他召喚盧瑟洛的三位一體：心甘情願、著魔和感覺。所有三者驅使他用自己的創作來記錄和了解他在這個星球上的時刻。博羅夫斯基的命運讓敘事者的努力特別讓人心碎。〈石造的世界〉結尾如下：

既然在今天，世界還沒被吹走，我拿出新的紙，俐落地擺在桌上，閉上眼睛，想在心中找到溫柔的感受，給敲打欄杆的工人、帶著人造酸奶油的農婦、裝滿商品的火車、廢墟上褪色的天空、下邊街上的行人和剛裝好的窗戶，甚至也給我在廚房餐室裡洗碗的妻子；我用盡了智力，想抓住這些事件、事物和人物的真實意義。因為我想寫一部不朽的偉大史詩，才配得上這個永久不變、從石頭中鑿出來的艱難世界。

敘事者尋覓愛情，想與其他生命建立關聯，讓我很感動，但我也有點困惑，到最後，他似乎認定世界已靜止而僵化，但他之前一直在描述生命的流動和動態。這個「從石頭中鑿出來的世界」有什麼「永久不變」的地方？我們對彼此的暴行？我們造出一切，只為了看著一切再度遭到毀滅？愈來愈大的肥皂泡怎麼了？

最後那種困惑的感受讓我想起我爸，那段時期，特別讓我感動的事物，尤其是ECRG讀書會，都會讓我想起父親。他對人生似乎也常有類似的衝動，但又會互相衝突。就在他過世前幾個月，一天下午，他帶了幾袋藍蟹和蝦子回家，他突然看到一家之前從沒注意過的小海鮮店，一時興起就進去了。他進了廚房，把螃蟹倒在流理台上的托盤裡，面色蒼白但口氣熱烈，說起海鮮店裡好得不得了的那家人，還有剛清潔過的油布地板，甚至說到燈光，一臉興高采烈。他讓我們看到，只要你願意付出注意力，抓住機會，人生依然充滿驚喜。

這跟他平日的陰鬱和滿口宿命論完成相反，他老覺得他的世界就是一塊石頭。我想，雙胞胎死後，他心裡有些東西硬起來了。他更常黏著他的躺椅跟遙控器，治療自己的方法有超大杯的琴湯尼跟體育節目，還古怪地迷上了《命運之輪》（*Wheel of Fortune*），他本來很瞧不起這個節目。現在我也邊工作邊帶小孩，我完全了解你必須把腦袋放到空檔，讓自己迷失在閃爍的、不必花腦筋的方寸螢幕表演中。一百九十公分高，仰臥在躺椅裡，就是我對他從小時候到他過世時的主要印象。那是神聖的領域，不需要多言，還好，過了好多年，躺椅沒那麼醜了：最早是可怕的、湊合著用的塑膠格子圖案，到褐紫紅色的諾格海德（Naugahyde）人造皮革，再來是澎澎的天鵝絨，然後則是他的最後一張躺椅，很有品味的佈道院風格棕色皮椅。

他一向很自豪他的大房子，但在這些房子裡，少有跟他的個人品味或偏好有關的東西。那些都屬於母親，她從其他大房子繼承來的古董、她刻意尋覓的家具，以及從二手商店或車庫拍賣修復的家具。除了躺椅，他在家裡另一個不可侵犯的地方就是巨大晚餐桌的主位，在全家必須團聚的週日晚餐，辯論和盤問的份量超過了餐點。八〇年代的精選討論主題有女性權益、死刑、核能以及正在路易斯安那州娛樂大眾的政治馬戲團。「肋眼屋」的五號桌則是家長三聯畫的第三幅，即使離開家庭的界限，也都按他的條款來運作，不管理飢餓、任性的族群，也不用跟母親妥協，母親從來沒到過「肋眼屋」，也不知道他在這裡待了多久時間。「肋眼屋」就是他雙面人生的基石。

我們都串通好，不告訴母親我們跟父親吃午餐的事情，相信我們同時保護了他的隱私和她的無知（另一個艾咪不肯去「肋眼屋」的理由）。那時候感覺很正常，也無傷大雅。那畢竟是父親的特權，在世界上有自己的空間，而母親的時間與心力則完全開放，任人取用。早上跟下午她都在家裡，幫忙做作業、參加家長會跟帶孩子看醫生。我從未想過母親也需要隱私，她似乎沒有私我。祕密的午餐讓我們有機會親近更為神祕、常常不在家的父親，得到他的喜愛與信任，以充滿魅力的方式進入馬丁尼、法庭戲劇和政治的成人世界。現在一切似乎都沒有必要了，因為母親超越父親的想像，變得更能容忍，更了解父親對自由的需要。我們其實沒發覺，我們幫忙隔開了雙親的平行生活。就算長大了，確實發覺了我們造成的隔閡，但因著習慣和對父親的順從，最後還是沒跟母親說清楚。

但在我看來，我與父親的關係中，「肋眼屋」是一個轉折點，就是那次在五號桌吃了很久的午餐，他問起我的寫作，我提到我要寫有關蕾貝佳和瑞秋的故事，或許時機不對，太早了。父親突如其來的兇猛立刻生效，這是他要我們閉嘴的方法。他靠過來，下面是白色的桌布和餐點間各種高雅的聲音，西裝筆挺的他令人生畏，態度緊繃，有訴訟律師的專注感，他說，我不該寫她們的事，因為她們的死絕對無法帶來好事。她們的死無法用藝術轉換成正面或積極的東西（自殺、超越），他宣布，如果我敢寫，他永遠不會原諒我，我真的寫了，他到死也不會原諒我，我並不懷疑他在說假話。

不管為了什麼理由，父親希望她們的死凍結為不會改變的悲劇。或許那樣對他來說，會比較容易掌握她們的回憶和死亡。當然也更容易接納相關的恥辱和痛苦。有一次我去他的辦公室，看到牆邊一組架子上排滿了乾燥花，大惑不解。對一個不在乎裝飾的人來說，會選這樣的裝飾似乎是很奇怪。離開的時候，我注意到一盆花上的慰問函。那是一年多以前，眾人在瑞秋死後送來的花，他居然不肯丟掉。很奇怪，秘書也沒有動手。很久以前蒸發掉的水在玻璃瓶底部留下棕色的圈圈。這個悲傷的場面他或許再也沒注意到，就這麼融入他的辦公室和他的人生，跟其他的雜亂混在一起。

我知道他很不理性，命令我不准寫雙胞胎的事，但有兩個女兒自殺，也很難讓人保有理性。我記得，我不知道該怎麼回應，只漲紅了臉，伸手拿我的酒，看向窗外，並默默接受他的命令，沙發椅和黑色大理石的牆壁突然把我壓制住。我覺得卡住了，只想趕快離開。還好，午餐吃完了，東西按著午餐的規律節奏出現了。必要的蜂蜜香甜酒裝在一口杯裡，也已經送上來，在桌上投下搖晃的琥珀色影子，沒過多久，帳單來了，父親看也不看，就交還帳單，無聲表達對侍者的信任。下午我們各有去處。我知道父親常去法國區的那些酒吧，就避開他，去我家附近我熟悉的地方。

父親過世後不久，我偶遇一位前男友，他算是歷時很久的錯誤，也讓我困惑了好幾年才能釋懷，他告訴我，他在高爾夫俱樂部無心聽到幾個男人回憶起傳說中的「肋眼屋」時光，以及午餐後的飲酒作樂。一個男人說，他常接到任務，要跟好吉斯雷森，因為他很容易突然不見人影。

三月

鯨魚的肚子

早上帶奧圖去學校時，有時候會經過一家二十四小時營業的酒吧，敞開著門迎接日光。門框裡經常有個坐在凳子上的顧客，通常是年紀比較大的人，可能手上拿著菸，可能已經待了一整晚，或一大早就來了。他身後是掛在低低的天花板上灼熱到泛紅的燈具，電子撲克遊戲機不斷閃動的畫面，酒瓶上懸著的耶誕燈飾，看似可愛又令人畏懼。久未使用的收銀機上放了大小剛好的抹布，蓋住了按鈕。

有時候碰到塞車，我們正好停在酒吧前，會看到裡面的顧客向外凝望。我會揮揮手，也有人會回應我。有一次奧圖問我為什麼要揮手，我說：「我只是跟他們打個招呼。」心想，在把孩子送到幼稚園的路上，向悲劇平面致意。

因為三月的ECRG讀物摘自亞瑟・柯斯勒（Arthur Koestler）一九六四年的

著作《創造的行為》（*The Act of Creation*），我也了解了人生的悲劇平面和瑣事平面。《創造的行為》探索生命中創意的本質和目的，柯斯勒是小說家兼記者，支持廢除死刑，最後自殺結束一生，他相信存在有兩個基本平面：瑣事和悲劇。在瑣事平面上，「慣例的控制」壓住了我們，自我超越的可能性減弱了。而完全連結到愛、失望與死之類的形而上的力量時，就會體驗到悲劇平面，但如果花太多時間在「鯨魚的肚子」裡，很容易「擾亂所有邏輯運作」，我們就會迷失。

崔斯坦選了柯斯勒的作品，他出生的地方是阿姆斯特丹運河上的平底船，以前賣過書，當過編輯，現在是木匠。颶風卡崔娜肆虐後，我們的非營利組織跟美國國民兵在半荒廢、極需藝術的城市裡辦了一場倉庫裡的繪畫馬拉松，他第一個來參加。我們都不認識他，而他二十四個小時幾乎都待在那裡，第二天早上還幫忙清理亂七八糟的場地。之後他常來參加我們的計畫，也成為我們慷慨的朋友。那天晚上他告訴我們，二十年前，他在南極洲工作過九個月，在麥克默多工作站的牆壁上繪畫，這是屬於美國的研究中心。平均溫度總是在零度以下，站內只有大約一百個人，在白色的大陸上，大陸繪圖小組穿著白色服裝，在白牆前工作。他說，感官與情緒的孤立感很強烈，但他學會用手勢和步伐辨認同事，他們是一群勤奮的鬼魂，他從他們拿筆刷或橫越營地的方式來感覺他們的心情。終於能去紐西蘭的基督城度假時，日常生活的強度讓他無所適從——顏色、聲音、人臉上的表情——他覺得自己像個新生兒，什麼都是新奇的體驗，於是最後含著淚水在街上遊蕩。

柯斯勒假設，要活得充實，悲劇和瑣事平面都不可或缺，透過兩個平面彼此的接觸，才能真正抓住這兩個平面。兩者間的裂口（或險境）是人類創意存在的地方；可能是個人的、藝術的或科學的創造力。悲劇平面餵養我們的頭腦和靈魂，瑣事平面則提供創造和運作所需的「社會與智力穩定度」。

幫某個狀況取名字的確有好處，知道自己不是唯一的一個，會覺得安慰。讀過柯斯勒的文章，我開始用悲劇和瑣事來評估自己的日子，計算每天花多少時間在各個平面上。我可以用圖表畫出來，跟心電圖一樣。一大早困在瑣事平面，餵飽每個人，讓他們準備好去他們該去的地方；近中午的時候，如果在寫作，就進駐悲劇平面；剛過中午在教課時間，兩個平面相扣在一起；下午，安全返回瑣事平面，接小孩、做家事、晚餐。不過，下午五點時，我常覺得有人走過來，把鐵砧掛在我脖子上，或許這就是我選這時候喝雞尾酒的緣故。然後大家拖著腳，睡眼朦朧地進入夜間的無意識狀態。如果運氣夠好，那天有足夠的自我藥療，我就不會在凌晨三點嚇醒。但生命中總有這種二分法行不通的地方。對我來說，就是照顧小孩和丈夫，關愛壓過了家庭雜務，讓我做晚餐和摺衣服也愛意十足。在三月的ECRG，我們討論到要順利穿越兩個平面有多難，比方說，你在超市購物，卻同時深陷在焦慮或沮喪裡，又碰見認識的人問你近況，你只能微笑著撒謊，緊抓著瑣事平面的邊緣，直到指節發白。我們討論有些認識的人似乎堅決停駐在某個平面裡，也討論到那些徹底墮入悲劇平面的人，把其他人跟他們一起拉下去。我心裡想，在潛意識中，蕾貝佳和瑞秋知道嗎？她們的自殺授予兄姊們悲劇平面的終身會員身分，在最後準備和墮落的時刻，在全然的黑暗中，是否只有怨恨？或許答案是否定的，但她們一向因著悲痛而緊緊相繫。我們覺得她們被寵壞了，爸媽養大六個小孩後已經筋疲力盡，疏於管教，不在意她們幾點回家，金錢上也相當放任。雙胞胎覺得，在這個吵雜而精力旺盛的大家庭裡，最小的孩子只能拿到別人不要的。

柯斯勒的文章指出，戰爭和自然災害等災難會把整個社群重新安置到突發的悲劇平面上。我們同意，也討論到卡崔娜過後，城裡的人遭到猛烈打擊，非常脆弱，但也充滿挫折和決心，能住在這裡實在很不尋常。在第一年，大家無瑕閒聊，只想跟彼此連結，分享悲傷而瘋狂的故事。因為繁重的工作與擔憂，每個人無時無刻都覺得累慘了。除了最真實的人類互動、希望和寬宏大量，朋友的移居、許多長者提早過世、形形色色的貪婪人物、自殺和離婚，都是悲劇平面的特點。

柯斯勒也說，但這些社群「立刻成功讓悲劇變為陳腐，在混亂中繼續運作」。也是。這座城淹掉了八成的地方，之後才過了兩個月，十月時重新開始營業的餐廳並不多，而我姊姊克莉絲汀堅持要在法國區一家不錯的餐廳幫丈夫慶生。餐廳不論是五星還是一星，能供應的餐點都有限，只能用紙、塑膠或保麗龍餐具上菜，因為自來水系統還沒修好，餐廳人手也不夠。克莉絲汀無法忍耐，她痛恨用塑膠杯喝葡萄酒，就從家裡帶了一箱酒杯去餐廳給我們用來喝酒，然後再帶回家清洗。

那天晚上，布萊德跟我旁邊坐了一個我認識很多年的人，他因為卡崔娜失去了父親、住所和工作。他臉上有種當時很常見的表情，當你的人生變得亂七八糟，又用不完美的方法拼湊起來，就會有那種散漫疲憊的感覺，妻子小孩突然被硬塞到一棟小公寓裡，在一個你不喜歡的區域，只因為那裡躲過了水災，為了薪水，只能做自己不喜歡的工作。波本屋宏偉的餐廳裡散發出黃褐色的光芒，我們的塑膠餐具在保麗龍盤子上發出嘎吱聲，就像這座城毀滅後，我們初次回來，幫紅十字會的貨車排好容器時，也聽過類似的聲音，但我們抓著纖細的杯腳，用姊姊的酒杯向姊夫敬酒，也向這塊混亂區域的力量致敬。

在悲劇平面上待了這麼久，會改變你跟世界的關係。你會感受到之前從未體驗過的執著與模式。一九九八年，蕾貝佳死去時，我第一次在悲劇平面上待了很久的時間。我們把她埋在半倒塌的拉法葉一號墓園裡，那座地上墳墓是別人給我外曾祖父的，當作還債。拉法葉一號墓園跟其他墓園一樣，只是一塊不動產，因此已經埋了一家子陌生人。我外祖父跟前面五代都埋葬在濱海大道聖路易斯二號墓園的克里奧爾區，我外祖母也在濱海大道上出生。蕾貝佳死前六個月，外祖父剛下葬，根據紐奧良的某條拉丁埋葬規定，要等一年才能重開墓穴上封住的磚頭和灰漿。我母親便詢問當時還在世的外祖母，能否讓蕾貝佳葬在備用的拉法葉一號墓園。

那座墳墓已經一百多年沒打開了。走在鋪了碎牡蠣殼的小道上，我們經過幾座刻了「死於黃熱病」的墳墓。來到將成為家族墓的墓地，好奇心暫時蓋過了悲傷，因為我們即將見證歷史。我哥哥捧著蕾貝佳的骨灰罈，我們往裡面探頭，覺得很驚訝。墳墓自一八八四年起就封著，陰暗處仍留存當時土窖裡的冷空氣，以及兩個小小的密封鐵棺，母親心煩意亂地說可能是黃熱病患者，因為日期相符，死於黃熱病的的富人也常用這種埋葬法。

在接下來的幾個月，想到蕾貝佳跟十九世紀的黃熱病患者埋在一起，我就覺得煩躁，我用一種自己不明白的方式修飾了我的悲傷。隱喻的連結不夠工整：黃熱病是一種非主觀的疾病，自殺則純屬個人。一種已經根除，另一種可能永遠無法消失——不論在哪裡，都永久連結到我們的狀況。但兩者都牽扯到無助，把人交託給侵入的力量。兩者都是公眾的突發狀況，因此有可能對社群造成破壞性極強的效應。

某天下午，我仍陷在悲傷裡，想到了一本跟黃熱病有關的舊書，我在那場受詛咒的大拍賣找到《存在主義詞典》，也一起買了這本書，於是就在家裡找它的蹤跡。蕾貝佳過世時，我在下花園區的費莉絲蒂街租了一間很便宜、很宏偉的公寓，二十世紀末，這座城面臨衰落，很多大宅被改成公寓，有雙客廳、高天花板、髒污的小浴室跟小廚房，以及一個我早該離開的男人。我最後在衣櫃裡找到煤渣磚大小的這本書，放在發出霉味的硬紙板盒子裡，養了不少蠹魚。我坐在地板上，小心翻開書，皮質書脊的碎片掉了下來。它其實是一八八二年路易斯安那州衛生局的年度報告，含有脆弱的插頁圖表、圖形和詳細記錄公共健康問題的地圖，也有最新的醫學研究、統計資料、觀測、通訊以及與天花和黃熱病有關的檢疫工作。那年顯然有六十名嬰兒死於「出牙」，從北移到南的嘉年華會和愈來愈興旺的棉花交易則帶來天花。報告責怪「有色人種」不願接種數種疾病的疫苗，導致傳染病持久不去，但誰能怪他們不肯信任拿著針的白人醫生呢？經過港口的幾千艘船也是疾病滋生的溫床，從世界各地進口造成威脅的微生物。

我很快就帶著書從衣櫃前的地板移到空氣流通的客廳裡，舒服窩進我跟同居男友買的沙發裡，幾年後我頭腦終於清醒了，才丟下他，跟幾乎房子裡所有的東西。年度報告的年份差不多就是拉法葉一號墓園的墳墓上次打開的時間，我專心尋找跟紐奧良黃熱病有關的資料。花了二十七年研究黃熱病的約瑟夫．瓊斯（Joseph Jones）醫生寫了一篇很長的文章，開頭寫「一種致死的熱病，持續而特別，一開始發展於美洲的熱帶和島嶼區域；受限於明確的地理界限，仰賴其起源，傳播時需有一定的溫度，能在船隻和城鎮裡傳輸和增殖」。瓊斯醫生因此分類出下面的症狀：

頭部和背部劇烈疼痛、眼睛充血、循環快速、體溫升高……神經和肌肉力量下降，一般與毛細血管循環、黃疸、閉尿、腸胃／鼻孔／舌頭／牙齦／子宮／陰道／膽囊和肛門被動出血，情況嚴重時，眼睛、耳朵和皮膚也會出血；黑色嘔吐物；抽搐；精神錯亂和昏迷。

整頁的可怕手繪圖片上有一個穿著有領睡衣的年輕人，蓋著很好看的綠色毛毯，展示不同階段的黃熱病。首先：黑色的細緻捲髮下是泛紅的前額和雙頰，以及灰色、無神、充血的眼睛。幾頁後來到最終的階段：黃色的眼睛，眉頭深鎖，彷彿專心想著煩心的事，黑色的嘔吐物弄髒了枕頭、睡袍和床單。在第一張圖裡，枕頭上像朵雲般的陰影現在變成鋸齒狀，更有緊迫感。陰影的角度暗示床邊放了燈籠，用來照亮畫家的速寫簿，讓他仔細畫下毛細血管、捲髮和嫩綠毛毯的蔓藤花紋。

瓊斯醫生寫道：「在紐奧良，熱病階段的嚴重性和持續時間有更多的變化。」真的，我心想，又回到陰鬱裡。在蕾貝佳去世的那個年紀，我陷入我自己漫無目標的熱病階段。我住在法國區的奧爾良街一棟很老的克里奧爾房子裡，建於一八三〇年代，天花板上會落下一塊塊的灰泥，裂開的隙縫裡有蜘蛛網，長春藤從牆壁下爬進房間裡。那時我很苦惱，總有點發熱，熱到讓人徹夜未眠，快到中午時必須痛苦而昏沉地掙扎著回復意識。日子過得混亂，搞不清楚時刻。我在雞尾酒吧當服務生，之後則在街角的飯店櫃檯工作。我的化妝台上通常會放一瓶帝王威士忌，每天晚上都有機會做出一百個差勁的決定。但慢慢地，到最後，運氣變好，開始向前走，我突破了一切，申請到碩士班，開始教書（只是感情上的決定依然很差勁）。為什麼蕾貝佳不能突破她那一段黑暗的混亂？她少了什麼資源？那麼多自殺不成的人都能感激他們的第二次機會，因此自殺防治也有了這樣的一般常識：如果脆弱的人能熬過這些黑暗的時刻，他們到另一邊就沒事了。但一千個人裡可能有一個人做不到。

我為什麼要把黃熱病跟蕾貝佳的自殺併在一起？如果墳墓裡的其他住客的確死於黃熱病，我為什麼要專注研究症狀和他們死去的恐怖狀況？那些影像，和痛苦？我是不是想為她的死找到有歷史紀錄和有感情的東西，拯救她脫離虛無？試著救人脫離虛無，用隱喻似乎不錯。建立連結的滿足感，感受變得敏銳。儘管在極度悲慟的初期，實在很難專心讀書，從我內在的混亂仍能形成排列好的文學模式，幾乎擋不住。

在瑞秋死後，情況很類似，我又被推進悲劇平面。春天時，我跟母親在戶外咖啡廳吃午餐，兩人仍在一開始的痛苦狀態，我看到在一片茉莉花藤蔓中，一枝新生的捲鬚捲回到自己身上，扭成完美的絞索。我看得出神，幾乎聽不到母親說的話。就連大自然也參與共謀，讓兩個妹妹的死法一直出現在我眼前，永遠存在於世界上的某個地方。那次午餐後，有一段時間，我到處都能看到絞索，或可能變成絞索的東西：東方地毯、皮帶、項鍊、彎曲的字母、電線、雜物抽屜裡打結的麻繩。

絞索變成我不能看不見的主題，而蕾貝佳死後那年，墳墓上不時出現的黃玫瑰花束更增強了黃熱病的隱喻／關注。可能是她的前男友M放的，大塊頭、金頭髮、遲鈍的、粗暴的脫衣舞俱樂部老闆。我早就懷疑他會打她，她死後在一場派對上，我的懷疑得到證實，一個認識的人來表達慰問之意，卻突然透露他跟妻子曾短暫住在蕾貝佳跟M隔壁，常聽到應該是我妹妹被打的聲音。掌摑、重擊、哭喊等等。我心裡一涼，問他為什麼不叫警察或告訴別人。他說他很怕M，跟他那兩隻巨大的羅威納犬。我不記得對話怎麼結束，但我記得我立刻離開派對，憎惡和悲傷讓我頹喪無比。M並未受邀參加葬禮，在迷宮般的墓園裡也很難找到正確的墳墓，但我猜花是他放的，因為蕾貝佳下葬後過了幾天，我跟姊妹們闖入他家，發現了一樣東西。

聽到蕾貝佳死訊的那天晚上，瑞秋跟我從紐奧良開車穿過龐恰特雷恩湖堤道，那時熱帶風暴法蘭西絲剛開始肆虐（蕾貝佳死於九月十日，正是颶風季節的高峰期），我們要去蕾貝佳跟M住的地方。堤道長二十四英里，是全球最長的橋樑。但法蘭西絲把它變成黑暗的隧道，橋上的燈光對著擋風玻璃和傾盆大雨不斷發出小小的爆炸。路途很可怕很嚇人，目標也很可怕很嚇人。我覺得我們隨時都會從橋上落進湖裡，不費吹灰之力就被吸進悲慘的夜晚。

我覺得蕾貝佳不該從城裡搬到郊區。她沒有駕照，完全要靠M接送，因此更遠離家人和朋友。我那時也沒有駕照，所以我只能坐在瑞秋卡車的副駕駛座，她邊開車邊哭邊嚷，罵蕾貝佳，罵她卑鄙的鄰居，說他們可能正在偷拿蕾貝佳的東西，罵M是個大混蛋。她叫嚷著說，那天下午她在餐廳工作時，等著幫客人點餐，她的喉嚨不知道為什麼突然收緊了，說不出話來。後來沒事了，她仍覺得心神不寧，直到她接到了電話。

蕾貝佳跟M同住的房子位在陰沉的沼澤地，旁邊是劣等的牧場住宅，街道則取了貴族風格的英國名字，像西敏寺路和托特納姆廣場。他們在那裡只住了幾個月，我從來沒去過。一名年輕而有同情心的州警把車停在車道上，但我不確定為什麼。幾個小時前，驗屍官已經帶走了蕾貝佳的遺體。警察陪我們進去，告訴我們M的媽媽在裡面，這倒奇怪了。她在打掃，幾乎沒跟我們說話，忙著清潔客廳。我猜她已經養成習慣，老要幫兒子清掉亂七八糟的東西。我們在開放式客廳裡看了一下：黑色的皮沙發，兩旁都有黑色塑合板架子的大電視，架子上擺滿幾十捲沒有標記的VHS錄影帶，就像沒有白色琴鍵的鍵盤，只有升半音和降半音的黑鍵。餐廳裡的餐桌上鋪了玻璃，上面是黑色的餐墊。所有的窗戶都用深色的浴巾蓋住，沒有窗簾。有一條海灘巾是密西西比比洛克西的紀念品，寫著「祝你在比洛克西玩得開心」。

蕾貝佳選擇的家庭生活總是不完美，對象也錯了。她之前跟另外一個錯誤的對象住在城裡的馬倫戈街，有一次經過時，我看到人行道旁的草地上有台摔壞的電視，他們在三樓的客廳窗戶也壞掉了。那時我才剛給了她一座我不用的鏡子，因為她想要多一些家飾。後來我打電話給她，她沒接，我也一直不知道為什麼電視機會摔在草地上。

M的母親看來還沒清到廚房，因為裡面很亂，爐子上有一鍋沒吃完的橘色乳酪通心麵。那是蕾貝佳的最後一餐嗎？似乎就是了。急急忙忙煮成，未經深思。旁邊有一盒用化學物騙人的卡夫乳酪。

我不記得瑞秋要找什麼，但我跟著她進了臥房，裡面一片殘破，那凌亂得悲傷的就是蕾貝佳的人生，她的衝動。還掛著吊牌的衣服跟髒衣服混在一起，堆在豹紋沙發上。那是舞女的衣櫃——幾乎每樣東西都有高比例的彈性人造纖維，帶著某種程度的閃光，不牢靠的高跟鞋跟漆皮靴子從衣櫃裡滾出來。年輕的州警也進了臥房，說這裡亂到他們不知道是平常就這麼亂，還是被人翻過。那時我覺得兩者都有可能，蕾貝佳常亂翻自己的房間，驚慌或憤怒地用長長的彩繪指甲把衣服從衣架上剝下來，所有的選擇突然都讓她不滿意。

州警一定感覺到他不該進來發表評論，就默默離開了，我很感謝他。蕾貝佳拿來當床頭櫃的橘色塑膠容器特別給人沮喪的感覺，更可怕的是上面放著用了一半的某種「親密」產品，如果我計畫要自殺，我絕對不會讓別人看到這種東西。天啊，身為姊妹，真的克制不了評斷和比較。但她沒想到我們會看到她生活中下賤的一面嗎？她有想到我們嗎？她真的有那麼迷失嗎？

一片混亂中有座攝影機，鏡頭對著沒整理的床鋪。我本能地湊向取景器，又立刻退縮，不是因為我看到了什麼，而是因為我這個姿勢可能跟某人一樣，M可能就這樣看著取景器。然後我想到客廳裡那些沒標籤的錄影帶，周圍的黑暗似乎又擴大了。

接下來的幾天內，我告訴姊妹們攝影機跟錄影帶的事情。我們並沒有真的討論錄影帶的意義，就一致決定必須再次開車過湖，把錄影帶拿回來全部毀掉。據說M已經跑了，因此我們可能需要強行進入。

到了約好的那天，我們其實沒那麼緊張。我們五個還活著的姊妹覺得蕾貝佳的死給我們防禦，有正當的理由以及悲慟也是我們的保護。悲劇平面給我們許可。這天晴朗無雲，我們搭克莉絲汀的休旅車過湖，穿過兩邊都是松樹的不熟悉道路，前往M家。我們把車停在前面，一個人抬起沒鎖的車庫門，其他人則監視沼澤地安靜的街道，都是同樣的磚造房子和塑料凸窗，以及車道和傾斜的人行道。M的草坪亂蓬蓬的，兩棵死掉的蕨類植物掛在小小的混凝土門廊上。

我們彎下腰進了車庫，立刻關上門。裡面有一堆瘋狂的男性玩具——充氣的軍綠色的橡皮艇、四輪驅動車、各種運動設備、巨大的空獸籠。克莉絲汀的媽媽包裡裝了幾支螺絲起子，她手法熟練地移開門上的裝飾板條。

「爛得要命的新房子。」她喃喃自語，同時撬開了鎖。

在日光下，那棟屋子有種完全不同的哀傷。M的母親把房子清理成一種靜止狀態——家庭活動的痕跡幾乎都消除了。我上次跟瑞秋來的時候，沒注意到落地滑門，這兩扇門框住白色的塑膠躺椅，蕾貝佳可能以前都在這裡曬太陽（她一向曬成完美的小麥色），除草機卡在院子裡，被叢生的亂草打敗了。我們的第一要務就是把所有沒標籤的錄影帶塞進大姊的媽媽包裡，以便快速離開。然後我們在房子裡躊躇地繞了一下。臥房已經清乾淨，攝影機不見了。儘管主臥房清好了，蕾貝佳珍愛的昂貴化妝品仍在層壓板檯面上灑了閃亮的雲母粉。馬桶後面也有一盒衛生棉條。

在空空如也的客房前，我們停了一下，M就在這裡發現她。這間房間最近才散發出絕望和恐怖，但現在已經消失了。米色的牆壁、單人床和未被擾亂的地毯，讓這間臥房跟平常一樣不醒目。我們細看裡面的吊扇，跟房子其他地方一樣，感覺很脆弱，裝在八英尺高的天花板上。蕾貝佳是我們當中最瘦小的，但那座吊扇似乎承受不了她的體重。我們都不明白，為什麼要在這裡？為什麼不在主臥室裡？她沒有留下遺書。上吊就是她的訊息，房間則是信封。

多年來，關於她的死因，吊扇繼續散播出懷疑。既然她跟M的關係涉及暴力，說不定也可能是謀殺？M就這麼消失了，很巧，之後都沒有人聽到他的消息。父親找了私家偵探去調查，但沒有成果：私家偵探之前是FBI探員，跟父親在打擊犯罪部隊認識。幾年後，在一場晚宴上，大家不知道為何聊起被改造成看起來像自殺的謀殺案。我表現出異常濃厚的興趣，同桌有個人正好是驗屍官，她向我解釋，上吊自殺很難假造。我誠實告訴她我為什麼這麼有興趣，她立刻轉成堅定的專業面孔，充滿同情，直視我的雙眼。她說，驗屍官的決定應該沒錯。兩個妹妹訃聞上的死因最後都是「不明原因」，葬儀社、報紙、家人和社會共謀，避開自殺這個禁忌。現在看到訃聞裡寫「在家中去世」，我就猜到內情了。

我們進了一間房間，應該是M的書房，裡面只有一張桌子跟一台笨重的

ＩＢＭ電腦。桌子的一個抽屜裝滿鮮豔的糖果。另一個裡面有幾支勞力士錶，應該是仿冒品。我突然犯罪心暴增，想拿走一支，但我還是把抽屜關上了。更衣室看起來是空的，開了燈才知道不是。炫目的百瓦燈泡照亮了衣櫃三面牆上很高的架子。架子上擺了一束束放在玻璃花瓶裡的黃玫瑰，乾燥狀態各有不同。這是什麼？贖罪的庫房？愛意的庫房？有人需要記住某件事，或需要提醒（對，幾年後，父親辦公室裡的乾花擺設確實讓我想起今天看到的東西）。不論如何，他們的關係是團謎，這些花似乎是謎題的答案，蕾貝佳死後大約過了一年，謎團又不時出現在拉法葉一號墓園的墳墓上。墳墓上出現的花束讓我覺得很噁心，很不滿，我知道我必須讓Ｍ表達悲傷，但我只想把黃玫瑰都丟掉，因為他跟蕾貝佳都沒辦法丟掉這些花。我們把裝飾板條敲回原處，鎖上了通往車庫的門，然後去附近的中國餐廳吃飯，想弄清楚那棟房子裡的事，但最終宣告失敗。我們決定那天晚上要把媽媽包裡的東西丟光，計畫去克莉絲汀家邊喝酒邊把錄音帶抽出來，然後才能丟棄。帳單來的時候，我們坐在紅色沙發椅上，不願打開附上的幸運餅乾。餅乾跟帳單一起放在托盤上，包在塑膠袋裡，看起來都是凶兆，裡面藏了提到未來、智慧跟胡說八道的小紙條，等著被人掰開。過了一年半，瑞秋死了，我們必須去處理她的遺物，悲劇平面和瑣事平面再度猛力撞擊在一起。到她家的時候，只剩下四名姊妹，整個過程像是消沉的重播畫面，街上丟了一盞燈，帶著過於講究的義大利風格，有上了色的金屬花朵和水晶掛件。她就是把她的浴袍腰帶綁在這盞燈上。她的現任丈夫D把她解下來後，狂亂地把燈從天花板上拔下來，丟到人行道上。

瑞秋家是另一種混亂。她跟D還有D的小孩才剛搬進來，D是消防員，幾個星期前，他們在拉斯維加斯結婚，她還在拆箱子，裡面裝了廚房用具、CD以及她跟五歲兒子創作的藝術品，有一幅用了回收的瓶子跟舊窗框，特別好看。有些是她從瑣事平面上帶來的殘餘物，但也是她的特徵，展露她的品味和選擇。她開始了新生活，重回學校讀書，跟其他的母親一樣深愛自己的兒子。我們都以為她得到了很好的機會。

我們選了幾件要給母親的首飾，把瑞秋的衣服塞進垃圾袋裡，之後再找時間整理。她的風格比蕾貝佳保守多了，反映出一位注重舒適但也在乎外表的年輕母親。在一件相當過時的棉襯衫口袋裡，我找到剪短的吸管（用來吸古柯鹼的長度），上面有一點白色粉末。我為什麼會以為瑞秋毀滅性的習慣會跟著蕾貝佳的死一起消失？我們常覺得蕾貝佳是讓人墮落的力量，從外表上就能看出來，但她們兩個當然擁有同樣的衝動。我不知道，可能蕾貝佳死後，縱情於這些衝動會讓瑞秋覺得兩人還連在一起。

衣櫃門把上掛了一個帶子很長的簡單黑色編織包。裡面只有瑞秋的皮夾，跟沒打開、沒用過的眼影盤，包在來德愛藥局的收據裡，我拿起來細細看了很久（除了跟世界告別，自殺也是一封邀請函，要別人來看你的東西，這種鑑識翻查可能會延續好幾年）。她自殺前一天買的。為什麼？我想。從藥房買八色眼影盤，隔天用浴袍腰帶上吊？或許是亂買，一時衝動，想讓自己覺得開心點，更漂亮一點，也正是這種衝動推動了數十億的化妝品產業。

我仍留著那盤「封面女郎」眼影，這種物品吻合虛榮常用的定義——想要讚賞，尤其是對外表的稱讚——以及《傳道書》裡的徒勞。凡事都是虛空。十多年來，我一直想把眼影盤送出去，逐出我自己也很擁擠的梳妝櫃，但我做不到，我也不想打開來用。眼影盒同時變成死的象徵，也是提供告誡的護身符，不要把心思都放在增加自己的吸引力上，不要像蕾貝佳那樣，瑞秋有時候也會，尤其在我年紀漸長的同時，市場競爭變得惡毒，利用我的不安全感和老化的細胞來推銷。

我真心相信外表美麗掏空了雙胞胎對自我的評價，使她們容易屈服於各種糟糕的狀況，特別是跟男人有關的。

這盒眼影盤於二〇〇〇年三月中購於拿破崙大道的來德愛藥房，是「封面女郎」品牌的專業增強眼影，名叫「索諾瑪的日落」，法文則是Crépuscule Enchanté（意思是陶醉的暮光，包裝上也有每種顏色的法文翻譯，聽起來當然更迷人，讓人覺得更有希望），裡面的顏色有：秋之薄霧、銀澤水貂、新鮮青苔、薄荷嫩綠、粉桃花蜜、法式香草和醉人香檳，一半是霧面，一半是霜狀，輕軟芳香地融合了自然與風味。小小的泡綿棒過了這麼久，已經碎裂，離開了小小的藍色塑膠柄。我也留著瑞秋和蕾貝佳真正穿戴過的東西——牛仔褲、襯衫、耳環——但這盒眼影還在塑膠封膜裡的純粹狀態，讓人有購買慾，但從未使用，買來之後便遭到忘懷，跟所有變得無用無關的東西一樣，因為她放掉了兩個平面，就放掉了一切，除了她的浴袍腰帶以外。

二〇一二年一月父親去世時，墓園裡滿身灰泥的教堂司事揭開了舊傷和更舊的磚頭，把它們再度攤在陽光下。刻了雙胞胎名字和日期的大理石板從墳墓的入口移開，也搬走了大約四平方英尺的磚頭，空間僅足以讓哥哥把父親的骨灰罈送進去，放到裡面狹窄的架子上。家人緊緊圍著墳墓，後面有一小群人，也有情緒很脆弱的克里斯，他戴著呢帽，身穿西裝外套，在非家人的ECRG成員中，只有他跟父親熟識，這時神父為父親的安息祈福，提醒我們，我們來自塵土，也將歸於塵土。一股風吹倒了墳墓旁邊的巨大劍蘭花盆，我們開玩笑說那是給外公的，因為在餐桌上我們如果讓食物濺出來，他會大發雷霆，但在我們的成長過程中，他幾乎每天晚上都會因此發脾氣。我們輪流把花擲進墳墓裡，默默道別。輪到我的時候，我往裡面一探，尋找雙胞胎的骨灰罈，很像，但不完全一樣，就像這對雙胞胎本人，但在陰冷的開口內我看不到她們的骨灰。瑞秋下葬時，我一眼就能看到墳墓裡蕾貝佳的骨灰罈，我摸了摸那冰冷的瓷釉，然後把手放在瑞秋的骨灰罈上，後者還帶著三月陽光的溫度，但一下子就冷掉了。

看不到她們的骨灰罈，沒關係。畢竟，教堂司事必須把東西往裡面移，才有空間容納更多的逝者。在屬於我們的南方哥德背景中，集合在這裡——蛻皮中的木蘭樹、排成格子狀的崩塌陵墓、漠不關心卻牢牢站著的雕像——讓我們在悲劇平面上團結起來。雙胞胎再度顯靈，父親去世，但在我生命中的重要性有增無減。早上開車載兒子經過那家酒吧時，他彷彿跟門檻上那些孤獨的人兒重疊了，那是我高中時代殘餘的記憶。

有一天傍晚，我開車經過聖查爾斯大道，要去朋友家接瑞秋，車速很慢，透過奧杜邦飯店竹廳開著的門，我碰巧看到穿著律師三件式西裝的父親，竹廳不是很高級的酒吧，飯店裡也住了形形色色的旅客。他獨自在這間劣等酒吧裡看電視。看起來格格不入，又看起來很自在。差不多是吃晚餐的時間，我問自己，他為什麼不在家陪著妻子跟八個小孩？這種問題其實想也知道答案。那時候他在高級地段已經買了大房子，但我猜他想要另一種自在，讓他能回憶南伯洛伊特的後巷，他一直惹麻煩的孩童時代，以及在黑鷹雜貨店工作的歲月。誰知道呢。那是一幀完美的活人畫，描繪出父親對我來說有多陌生，後來也一直是個陌生人。幾年後的某天下午，我要去工作，走在法國區擋雨的陽台下，我看到他穿著黑色皮夾克，在哈利的街角裡玩電子撲克，不一樣的地方，另一個陌生人。酒吧出入口的隙縫變得像個萬花筒，我真不知道我的父親在外面有多少分身。

四月
最後的受難；苦路

上個月無法參與ECRG的人請注意，因為下次聚會的時間在天主教的聖周，與其讓某個人選讀物，我們決定整合世俗與性靈的儀式，體現意義與傳統。有人提到聖周期間附近的十字苦路（也叫十字架站，或苦路）展示遊行，遊行將從街角的神聖方濟沙勿略賽羅斯教堂開始，中途有預先安排的停駐站，這是為了紀念耶穌受難的事件，模擬追隨耶穌從定罪到釘十字架的路途，是忠實信眾的迷你朝聖之路。從第四世紀早期，第一位天主教羅馬皇帝君士坦丁大帝在位時，清教徒就開始拜訪耶路撒冷的聖地。但有些人無法長途旅行前往聖地，因此在西元五世紀左右，歐洲就有人想辦法自行重現，那時波隆那的修道院建造了小禮拜堂，並進行模仿經過每個地點的遊行。有些苦路重現者會精確地測量，在聖地用腳步量出每個站點之間的實際距離，記下來後加以再現，因此歐洲的信眾在每個位置之間就可以走同樣的步數，但結果則大為分歧。多年來，為表示崇敬，大家認為站點和事件的數目介於七個到三十一個之間，大多數人則認為是十二個到十四個（我們會用傳統的十四個站）。

在那場「鯨魚的肚子」讀書會，我們也討論了柯斯勒的「夜間旅行」原型，主角歷經危機，他被一把推進悲劇平面裡，再冒出來後，他已經轉變，經過淨化。「可能的形式有：到地府一遊（奧菲斯〔Orpheus〕，奧德修斯〔Orpheus〕）；主角被丟到井底（約瑟〔Jonah〕）、埋進墳墓（耶穌）、被魚吞進肚裡（約拿〔Jonah〕）；或獨自隱退到沙漠裡，佛陀、穆罕默德、基督以及其他先知和宗教的創辦人在生命中的關鍵轉折點時，都曾這麼做。」柯斯勒談到某些文化是如何象徵性地透過儀式再現這些旅程，成為一種「接觸悲劇平面」更常見的方式。

每個人都從帽子裡抽了號碼，號碼對應到不同的十字架站。我們幫不在場的人也抽好了，稍後會送出去。我們計畫重新詮釋耶穌受難路上的「十字架站」（Cross），以我們自己的「危機站」（Crisis）作為呼應，反映過去幾個月來我們討論過的存在問題——個人的、哲學的等等。這天晚上的活動也是一場巡行

（不是遊行秀——有幾個人對此很堅持），我們每個人選一個駐站的地方，以榨機街和波蘭大道為分隔線，另外兩邊是聖克勞德大道跟河。在你的站點，你可以讀一段文章、表演、展現各種形式的藝術行為，任何東西都可以，只要能涉及你的站點和危機之間的關係。最後，我們會回到我家，討論最後的受難，或其他相關的題目。別忘了穿舒服的鞋子。

📖

在我小時候，聖周感覺沒完沒了。日復一日的彌撒，跪拜、站立、坐下、跪拜、站立、坐下。最糟糕的是受難日，似乎是一年當中最長的彌撒，誦讀耶穌受難劇，會眾扮演嗜血的人群，沒什麼說服力地喃喃唸著「釘他十字架！釘他十字架！」等台詞。然後必須排隊親吻耶穌的腳，十字架從牆上取下，放在聖體堂祭壇下方的地毯上，我會震顫流汗，突然之間，染血的釘子就在我眼前，塗成紅色的血滴流過他腳趾頭上的蹠骨和趾骨，灰泥好冷好嚇人，我心中一片空白。在親吻後，神父會用手帕擦拭雙腳。感覺很熟悉，但又跟我幾年後感受到的擔心和畏懼截然不同，那時在麥泰里草坪湖殯儀館桃花心木牆的悼念室裡，我親吻了蕾貝佳的額頭。大家都說遺體冷冰冰的像大理石一樣，但一名年輕美麗女孩的遺體居然這麼僵硬，我大吃一驚，什麼都說不出口。

不過，在聖周時參加十字苦路遊行，其實沒那麼糟。在彩色玻璃、凹槽柱和擦亮的座席間，教堂甚至比平日更有劇場感，我們一小群人拖著腳走在神父後面，他引導我們看過牆上的雕刻木質畫，看完耶穌受難的故事，直到可怕而無可避免的結局。跟著會眾一景一景往下看，苦難接著苦難，停下來對著每幅畫祈禱，儘管你早知道故事的結局，還是會覺得情緒激昂。這些行進和活動早已刻進你的身體。正如齊克果（Kierkegaard）說的，「反覆跟回憶是一樣的行為，但另一方面……反覆是被帶向前方的回憶」。（也可參考：希望）

父親愈來愈常住院後，我跟母親開始每個星期約吃早餐，奧圖剛好也開始在附近上幼稚園。母親常去上城區參加早上七點的彌撒，跟我約在我把奧圖送到幼稚園後的時間。照顧父親是全職工作；有人請她吃早餐，成為她一週內短短的舒緩時光。父親死後，早餐也有另一種不同的特質。一名新寡的婦女要面對不確定性，尤其她在婚姻中度過的日子已經是未婚時間的兩倍以上。一開始的幾個星期，她處理了死亡的社交義務和實質義務，之後她的生活開始要適應無法定型的新階段，有發現，也有困惑。不需要二十四小時專心照顧父親後，日子似乎鬆弛了下來，但她開始要學著這輩子第一次自己付帳單和使用簽帳卡。有天早上，她告訴我突然變成寡婦有多奇怪。這個詞，這個標籤，讓她很困惑。她說變成妻子時也有差不多的反應。在兩種情況下，皆因她跟另一個人的關係立刻重新得到定義。但剛結婚的時候，他們住在華盛頓特區，遠離家鄉，一個人也不認識，父親還在念法學院，她周遭沒有可以尋求忠告的典範，也沒有人會評斷她，他們住在國會山一棟褐石建築裡的公寓，也沒有人會批評她持家的方法。她可以邊過日子邊補足不對的地方。成為寡婦後：責任和可能性之間的緊張給了她定義。只是現在她在從小出生的城市裡，身旁有六十多年的老友，有些甚至是從幼稚園就認識了，還有數代的親戚和家人、記號和里程碑、出生和葬禮，構成了足以重新定義的豐富生活。

母親在早餐約會時常表達出懊悔，多到讓我擔心，我鼓勵她向前看，儘管在每個轉角，都要面臨過去以及父親隱匿起來的祕密，稅務局突如其來寄信來通知補稅（我為什麼從來不問財務的事情？），回覆在華盛頓那短短幾年所認識老友的來電（我們為什麼要搬回紐奧良？），為有中央通道的漂亮大宅處理修繕和帳單（我們為什麼要「縮減開支」住到這麼大的房子裡？）。「肋眼屋」的前任和現任領班來喪禮致意時，她真的很驚訝。她從來沒去過那間餐廳，也不知道父親在那裡待了多久跟花了多少錢，更不知道那個地方對他有什麼意義，對我們又有什麼意義（我為什麼不認真注意一點？）。這些關於婚姻的質疑充滿懊悔，常讓她想到雙胞胎的死亡，更覺得痛苦。

我問她，蕾貝佳跟瑞秋死後，她是否覺得更難參與苦路遊行，她說對，絕對是肯定的。聖周也變得更難熬。瑞秋死後過了兩個星期，她本來要在聖週五負責讀經，但生平第一次，她做不到；她的痛苦跟這些經文的強度徹徹底底融合在一起，無法期望立刻用復活或重生來加以調和。

令人驚訝的是（起碼我覺得驚訝），她很贊同ECRG設置「危機站」，一點也不覺得這個想法帶有不敬或褻瀆神明。她覺得我們的想法反映儀式的真正精：抓住機會用個人的方法詮釋耶穌死前的審判和衝突。我提起十字苦路可能的源頭，耶穌的母親馬利亞在餘生中，一次又一次踏上滿是灰塵的足跡，體會愛兒的受苦，這是母親表達悲慟的方法，而母親聽了，則若有所思。

「馬利亞跟其他的女人都在那裡，幫忙卸下耶穌的遺體。」她說，「清理後著裝，送進墳墓裡。在旁邊守護。但雙胞胎死後，你們都弄得好好的，處理她們的遺物，跟殯儀館打交道，舉辦葬禮，訃聞也寫了。大家都想保護我，我懂。但是這麼一來，我就少了一種儀式，一種面對她們死去的儀式。」

我從沒想過要問母親她要不要參與這些跟死亡有關的差事，我們確實不想讓她煩心。依循父親的榜樣，我們從小到大都很保護她，神聖的大地之母，受群眾所崇敬，母親以前教過有特殊需求的學生，我偶遇過其中一人的母親，才知道他們在家裡為母親設了一個祭台，真的，不誇張。但相對地，我們對她的保護也可能會變得模糊不清，變成欺騙，全然的、自私的欺騙。畢竟，在兄弟姊妹間，我們犯下了共同的罪行。

我向她道歉。不知為什麼，我從沒想過，隱藏瑞秋和蕾貝佳死去時那些混亂擾人的真相，等於否決了她的權利。她們住在家裡的時候，母親盡力掌握一切她們的問題，換學校、換輔導老師，甚至嚴加管教。但蕾貝佳大約十六歲搬出去，瑞秋則是十八歲，之後她們躲進了紐奧良放縱的成人文化裡。母親管不了她們。我們則盡力監視她們。她的重點是，馬利亞目擊了一切。群眾、墜落、救濟、釘子和長矛。馬利亞走的路或許不比母親的簡單，但清楚多了。我們盡可能保護母親，但多年後，她還找不到自己的苦路。她知道瑞秋死前那一年在吸毒嗎？不知道。從毒物學報告看來，她以為瑞秋只是參加了一場派對，就吸那一次。她了解蕾貝佳的舞女生涯或她跟M的生活嗎？不了解。到了最後，母親根本不明白蕾貝佳在做什麼，她的一生很不真實、糊塗而混亂，到了無可救藥的地步。

好吧，她現在不是一無所知。我把幾次清理時的細節告訴她，以前可能會覺得這樣很殘忍，現在則看起來還好，像是一種補償。那天早上，喝著咖啡，吃著太油膩的玉米粥，母親確實回溯了她們死前的幾步路，多年來在早餐、午餐、喝咖啡、搭車時，她也曾頻頻回顧。但那時這幾步路並未帶來啟示，反而一直來到同樣的地方，帶來同樣的問題，引發同樣的淚水。看看馬利亞吧，她的兒子復活了，永遠活在別人的心裡，改變了人類的方向，但她仍需要苦路，回顧他的受難，為失去孩子的無限疼痛設定界限。

母親的苦路要一路回溯到子宮裡。雙胞胎在她肚子裡三個月大的時候，她腹痛難熬，被送進醫院，醫生發現她的卵巢有腫瘤，幾乎跟葡萄柚一樣大。當護士進房問：「妳是剛剛檢查的孕婦嗎？」外婆也正好在病房裡，才知道母親懷孕了。母親每次懷孕，都派父親去外公外婆家報告，這次，她怕到不敢告訴外婆她懷了雙胞胎，她的第七個跟第八個孩子（對溝通的恐懼，顯然沉默地傳了好幾代）。因為懷孕的關係，醫護人員在切除腫瘤時，沒給母親全身麻醉，只做了半身麻醉。手術中她不覺得痛，只感覺到拉扯，似乎有東西被移開了。護士馬上要結婚了，她聽著護士抱怨要怎麼處理婚紗上的那些小扣子。手術結束後，她躺在床上，感到全身麻木，她問外科醫生能否給她看看腫瘤。他把腫瘤舉到她面前，好像要頒獎給她，那是一顆帶著珍珠光采的球型物。她不敢相信有這麼大，這顆畸形物體在雙胞胎中間變大，阻礙了她們的生長。多年後，蕾貝佳跟瑞秋開始出現學習障礙、缺乏短期記憶還有一般的行為問題，她擔憂動手術時的麻醉程序，可能因此影響了她們一開始的發育。

吃早餐時，她又提到另一件事：雙胞胎念二年級的時候，學業表現很差，蕾貝佳一天到晚惹麻煩——不尊敬老師、說服瑞秋跟她交換繡了首字母的天主教初級學校制服來混淆修女、威脅要把學校燒了——母親決定把她們分開，送到不同的學校。蕾貝佳懂得支配人，比較聰明，比較有天份，但有時候很殘酷，會嫉妒瑞秋比她有成就，比她更得人注意。母親想讓瑞秋的成長過程脫離蕾貝佳的影響。母親獨自做出這個決定（以及其他很多決定），因為父親總在工作和出差。她只能自行猜測該怎麼做。

在早餐的時候，跟平常一樣，我讓母親重複這些過去十五年來一直縈繞在她心頭的情景和問題。學校、精神科醫生、精神病院、拘留、干預。此外，也有給她快樂和希望的短暫穩定時刻。還有她們的男友們，許多人據說青少年時期曾遭到虐待（未經證實），施虐者可能是朋友的父親，或州立精神病院的工作人員。雙胞胎出事後，警察跟精神科醫生都向母親再三保證——妳有很好的家庭，不會有事的。在雙胞胎短短的人生中，她們從不遵循牢靠的軌道，總想脫離彼此。瑞秋十九歲的時候變成單親媽媽，剪短頭髮，變得很實際，她戴上眼鏡，想找到適合的男人、適合的工作，跟適合養育小孩的房子。蕾貝佳的舞女生涯則把她燃燒殆盡，男人和金錢用暴虐的手段控制了她的世界，她把長髮漂成淺色，戴隱形眼鏡，白天通常用來休養生息，準備晚上的表演。她們的人生仍分不開，有時彼此衝突，有時親密得不得了，但不論如何，她們每天晚上都會在睡前互通電話。

然後，我們來到母親最終的苦路站點：

母親跟朋友去上城區的咖啡店時，碰到了蕾貝佳。這是她最後一次看到蕾貝佳。她不記得她們說了什麼，只記得她心裡偷偷批評蕾貝佳多點了兩份濃縮咖啡加到她的冰咖啡裡，蕾貝佳嘮嘮叨叨講著母親不相信或聽不懂的東西，兩人之間的隔閡愈來愈深。她講了很多「故事」。母親不覺得那是謊言，但也只覺得就是故事。在她心裡，蕾貝佳仍是個小女孩。

母親買了浴袍送給瑞秋作為二十五歲的生日禮物，那也是她最後一個生日。她心想，如果她沒有送浴袍給瑞秋，或許她不會發現那條腰帶很好用，就根本不會走上絕路。

這時，我會心不在焉地盯著咖啡廳窗外那棵紫薇，它多年來被限制在路邊切割出來的洞裡生長，現在根部已經蔓延到人行道上。也盯著那些從樹幹底部長出來的亂根，它們需要好好修剪，才能讓樹形更好看。

我們的對話有多少次無可避免地來到這一刻？更常見的是，從這一刻才開始，對自殺者而言，只有最終的行為才能界定他們，同時變成他們人生敘事的起點，一切都從這一點開始回溯。我問母親知不知道，在許許多多個世紀前，十字架站其實是從基督之死作為起點，然後逐站倒退至他的定罪。她說她不知道，但她很高興教宗若望保羅二世加了第十五個站——復活。她說，畢竟希望的象徵才是宗教完整的實境。我在心裡數了數我們發放給ＥＣＲＧ的站點，不包含第十五個復活站。或許我們完全搞錯了。嗯，沒關係吧。

但我告訴她，我在書上看過，清教徒應該成群從基督釘十字架的各各他山啟程，然後沿著路途往回朝著耶穌戴上荊冕的拱門遺跡前進，本丟・彼拉多在這裡給耶穌定罪，滿心矛盾地把他交給猶太人。彼拉多是總督，帝國的中間人，受凱撒和民眾操控。小時候，彼拉多這個人總讓我很困惑——他似乎不壞，但他也沒幫忙——但等我長大後，我發覺他可以代表某種很危險的成人，這些人行使虛無的權威，是那種「對不起但我束手無策」的官僚人員。彼拉多知道耶穌是無辜的，但他必須滿足群眾當時的慾望，按著他們的習俗和凱撒的法律行事，沒有其他人能宣稱自己是王，但耶穌自稱是猶太人的王。

在四大福音書最有詩意的《約翰福音》裡，彼拉多想了解耶穌從哪裡來，以救他一命。「你是王嗎？耶穌回答說，你說我是王。我為此而生，也為此來到世間，特為給真理作見證。凡屬真理的人就聽我的話。彼拉多對他說，真理是什麼？」

彼拉多問了最重要的問題，卻沒有得到答案，他無法下決定，告訴群眾他覺得耶穌無罪，而他們吵鬧著要處死他。耶穌遭到鞭打，穿上紫色袍子，被荊冠刺得流血，彼拉多把他帶到人群面前：「看這個人！」試觀此人[1]。最美麗、最可怕的一刻降臨。

在我們設立危機站的那晚，選擇第一站「基督被判處死刑」的人有事不在，另外也有幾個人不在（正好碰到復活節假期）。我們的苦路不完美，也不完整，就像所有的路和所有的危機一樣，但我們已經講過第一站彼拉多的故事，所以可以從第二站開始：

「耶穌背上十字架」

艾倫來了，看起來既剛強又嚇人，她穿著白色的螺紋坦克背心和緊緊紮住的男性長褲。濃厚的眼妝在她臉上留下黑色的條紋，讓人以為是熬夜後濡濕而絕望的痕跡，但其實這是經過深思熟慮後的設計，用來隱喻杜林裹屍布。她領著我們九個人從我們家走向聖克勞德大街和土星酒吧，那區有點危險。她帶我們通過一棟整修到一半的房子，走進旁邊的暗巷，那一帶有不少建築的美學就是如此，屋主似乎沒錢了，或用完了材料、運氣或意志力，工程因此做不完，東西也沒全修好。

我們都一語不發，有點緊張，尤其當她拿出鑰匙，帶我們進入一個在別處算是地下室，但在紐奧良則是一個天花板很低的濕冷車庫，上面的房子地基比較高，沒有人住。車庫裡塞滿了箱子，一張沙發堵在箱子前面，從那個角度看來，應該跟箱子一樣只是存放在這裡，不是真的在當沙發用。我記得有個光禿禿的燈泡掛在天花板上，但那可能也只是我的想像。

然後艾倫對著我們喊：「鬥陣俱樂部的第一條規則：不准談論鬥陣俱樂部。鬥陣俱樂部的第二條規則：不准談論鬥陣俱樂部。」

注1 試觀此人（Ecce homo）：是基督教經典《新約聖經．四福音書》中本丟．彼拉多所說的話，原文為拉丁語。彼拉多命人鞭打耶穌後，在耶穌被釘死在十字架上前，向眾人展示身披紫袍、頭戴荊棘冠冕的耶穌時說了這句話。

她接著放低了聲音。這段生命就是我們的十字架。我們在這裡，一起投入討論，出拳吧，在我們與十字架的對抗裡彼此支持。在這裡，我們聚集在我們自己的鬥陣俱樂部。掙扎著對付經典的存在主義問題，例如：假活？還是真活？大衛．芬奇的電影改編自恰克．帕拉尼克（Chuck Palahniuk）的小說，在電影裡，主角泰勒．德頓分裂了他的人格，創造出地下的鬥陣俱樂部。「首先，你要知道，不能害怕，還有，有一天，你會死。」

在陰暗的雜亂空間裡，我們縮成一團，有點被艾倫嚇到了，這地方就是一個站點，存放不會立即派上用場的東西，對她來說確實合理。她繼續對我們大吼泰勒．德頓的台詞。「我們是被歷史遺忘的一代。沒有目的，沒有地位。我們沒有經歷世界大戰。沒有經歷大蕭條。我們的大戰只是心靈之戰。我們的大蕭條就是我們的生活。」艾倫是個鬥士，在對話中跟在生活裡都是，她最常對抗的對象是她自己，總跟她口中她自己的「闇黑之心」扭打不休，卻又同時緊抱著她的「闇黑之心」，就像精疲力竭的拳擊手倒進彼此的懷裡，帶著一種宛若保護心理的關愛。

一身芳香、菸抽個不停的克麗絲婷帶我們離開艾倫的站點，走了一個街口，到了接近河邊的街道，富裕的外來客在這裡把房子翻修得很有品味，花費了大筆費用，建築物為了符合規範，必須換上新的護牆板，在時髦裝修的背後大型垃圾卡車因此滿載著這十年間的衰敗與輝煌。她帶我們來到剛整修過的街角建築，裡面住了一群新來的人，有設計師跟藝術家，他們標榜自己是社群組織者，透過線上平台來收集「鄰人」的想法，了解這一區需要什麼樣的改變和改進。他們通常不在，也沒有人知道他們是誰。克麗絲婷跟其他人做了調查了，我們才知道他們和地產開發商與避險基金管理人合作，搭上「地方創生」的熱潮，只為了在履歷表裡填上「社群設計專案」的紀錄，而這些專案只需要貼紙、海報和漂亮的網站。

克麗絲婷接著在街角的燈光下念了一段很長的文章，關於有權有勢的人和無權無勢的人之間的不公平，以及為了職業利益而剝削社群。紐奧良具有累積了幾個世紀的街道門廊文化，人行道旁建了許多克里奧爾農舍與盒式屋，鄰人常坐在門廊上，不時還會「突然開門」（door popping）來交流關心與分享新聞。上述類型的數位私心外來客不接觸本地文化，也不願認真參與，在重建初期特別讓人厭惡，因為本地人和來自美國各地的志工不顧危險，千里跋涉，為這座城流血流汗。這座城因此更加安全後，「創意階級」和「企業家」便一擁而進，坐享稅額減免，利用災難的魅力留下的威望來獲利。儘管科技有助於重建，但也因此讓人不用親自動手，甚至不用和「社群」有實質的互動。

克麗絲婷用紙箱做了標牌，手繪出自己的抗議，標語用了色彩繽紛的奇異筆和蠟筆繪製，上面還有許多箭頭和底線（用來強調的古老圖示），她用細繩將牌子掛在這些社群組織者門前的停車標誌下。「別為我們發聲。」、「數位回音室不是門廊。門廊必須要有門廊，才是門廊。」、「跟鄰居對話，聽鄰居講話。」為什麼克麗絲婷為「第一次跌倒」選了這些題材？比喻這個新企業的第一次失敗？耶穌很在意鄰人，他說要像兄弟一樣，像平等的人一樣，彼此聆聽，彼此尊重。她的標牌掛了幾天，在春日的微風中拍打扭轉。有時候信息正對著翻修後的店面，有時候則對著街道。

「他碰見他有福的母親」

舉辦危機苦行路時，莎拉受僱於活動企劃公司，他們辦的活動包括保齡球比賽、開幕典禮和藍天使飛行表演，有時候我會想像她工作的模樣：戴著耳機、抓著對講機、做出果決的手勢。我們把外婆留下的鄧肯菲夫沙發放在客廳裡，她總愛坐在沙發的右邊，在ECRG剛成立前三個月的聚會上她很少開口，但總會帶來奢侈的甜點，上面的糖霜如此迷人，讓我一整晚都無法專注。

莎拉抽到第四站：耶穌碰見他的母親。她帶我們走了幾個街口，從皇家街走到米奇馬奇公園。晚上來到遊樂園，感覺很奇怪——鞦韆上沒有人，街燈照著的金屬溜滑梯給人險惡的感覺，孩童的鬼魂似乎在此遊蕩——也包括夜遊的大人，暫時棄置的遊樂設施和幽暗的燈光誘發了這樣的想像。

莎拉目前是單身，二十多歲，沒有小孩。她解釋自己之所以帶我們來這裡，是因為她在馬奇公園看到在不同環境中認識的女性，都在此扮演「母親」的角色，想到她們的時候，也會想到她們的孩子。莎拉提到她跟自己的母親有時候關係也很緊張，她讀了一段薇薇安・戈爾尼克（Vivian Gornick）的回憶錄《狂熱的情感》（*Fierce Attachments*），說到戈爾尼克的母親個性強烈，兩人之間的關係在生命中如何演進。內容提到戈爾尼克在紐約皇后區的童年，該處密集合成的光影與聲音與人物，也提到她與日漸年邁的母親在曼哈頓漫步。在莎拉讀出的段落裡，戈爾尼克在她看著店鋪的厚玻璃櫥窗時，反省了她與母親的「共有殘疾」，她們都愛漂亮的衣服，但討厭購物，因此衣物不多而風格雜亂。「櫥窗裡的衣服讓我覺得，我們一輩子都弄不清楚我們是誰，也不知道該怎麼找到答案。」

莎拉站在水泥長凳旁講話，旁邊的小公園則是一名三歲男孩的鄰人跟朋友用來紀念他的地方，幾年前，這名小男孩死於意外，他的雙親是我們的好友，在颶風卡崔娜摧殘後搬走了，我想這時莎拉應該不知道這件事。他突然跑去找他的祖母，而三樓的紗窗壞了，母親只是低頭拌了一下優格，孩子就走了。葬禮上悲慟欲絕的朋友坐在教堂最前面那排，面孔哀傷得扭曲。為了紀念他，我們在長凳周圍種下了桂花樹苗、雙色非洲鳶尾、一葉蘭和麥冬。

在遊樂場泛光燈忽明忽暗的光線下，莎拉也讀了一首露伊絲·葛綠珂（Louise Glück）的詩作，很黑暗，充滿質疑，叫作〈母與子〉（Mother and

Child），討論出生、存在與家庭的謎團，最後幾行如下：

我為什麼受苦？為什麼無知？
無盡黑暗中的細胞。某種機器造出我們；
輪到你了，回頭問
我為何而生？我為何而生？

然後，莎拉發給我們白色粉筆，要我們在遊樂場各處寫下「我為何而生？」（某人寫成「我為什麼要來這裡？」）。有些人寫在設施下柔軟而粗糙的保護平面上，有些人寫在鞦韆的吊鏈上，有些人寫在混凝土的紀念長凳上。莎拉寫在某人留下的滑板上。

「古利奈人西門被要求背上十字架」

我的站。我們留在公園裡，集合在陰影幢幢的遊樂設施附近，我談論西門在耶穌受難中扮演的角色。耶穌體能耗盡，拖延了前進的速度，因此羅馬士兵在人群中找了一個人，強迫他背上十字架，很有可能他看似強壯，也有人認為他可能膚色比較黑。在那個時代，活在帝國的統治下，如果羅馬士兵要你做事，你得立刻奉行。西門不能拒絕。幫有罪的人背十字架通過人群，在眾人眼中是最嚴重的羞辱。西門來看熱鬧，突然變成眾人矚目的對象。西門被選上後有什麼反應？這陌生的重擔，這塊木頭，在他肩膀上壓了多久？他把十字架抬回耶穌身上時，有對他說話嗎？一同流血流汗，一同精疲力竭，他們是否因此有種熟稔的感覺？有人推斷，這段經歷並未煽起西門的憎惡，反而感動了他，讓他遵循耶穌的教導，因為《馬可福音》裡提到他兒子的名字，是信徒眼中至高的榮耀。西門第一個幫耶穌背十字架，分擔他的苦難。受到壓迫或碰到某些情況時，我們不得不做本來不會做的事情，這非自發的行為，會給我們很特別、而且更加鮮明的界定。面對羅馬人的長矛，我們的內在和外在都會有所反應。

不論得不得已，幫助他人就是做好人的關鍵，或許在地球上短短的時間裡，我們只有一個真正的使命（耶穌主要的訊息不就是如此嗎？），即使顯而易見，感覺很蠢，也應該好好讚揚。就如同美味的派餅一樣。這一區也涵蓋在今晚的主題裡，附近在多芬街上有家胡比派餅店，在盒式屋與克里奧爾農舍間的這家加工烘焙坊已經飄香近百年，產出無數塗了糖漿的單人份油炸派餅，流傳在城裡的許多店舖裡，放在收銀機旁邊的紙托盤裡面。我最喜歡桃子口味。被畫在包裝袋和白色運送火車上的吉祥物是製派師傅西門，他穿著圍裙，身體圓滾滾，揮舞著一個巨大的派。我想到今晚的旅程可能有人需要小食，於是買了一整袋西門的派來發給大家。在包裝袋上我用麥克筆寫了我們平日不假思索就脫口而出，卻能在不經意間幫人減輕負擔的句子。

「要幫忙嗎？」「來，我幫你。」「我幫你拿吧。」「需要找人談談嗎？」

危機之路過了幾個月後，胡比派餅店被大火夷為平地（疲累的大夜班員工、無人看顧的爐火），新聞報出來後，全城的人一大早就衝去買派。少了這家店，大家都很難過，但也只好習慣。紐奧良就是這樣，留不住最好的東西。但這時我們還不知道幾個月後會有這場大火，仍在遊樂場上大肆啃著派，莎拉念完了有關母親和意義的動人詩句，周圍用粉筆寫滿了問題。

「他第二次跌倒」

有一次，在麥可家的派對上，我去他二樓的工作室探險，注意到窗前的畫架。畫布上的天空鮮明寫實，雲朵的輪廓、光的深度和藍色極其仿真，底部則是對街法國區建築的板岩屋頂輪廓。你可以把畫放到窗前，取代真實的風景，但畫上的世界更美，加入了技法和專注。我記得我看著他乾淨的油彩調色板和小小的畫筆，心想，如此完美，要付出多少代價？幾個星期前，在嘉年華會的下午，瘋狂的一天結束後，艾倫、崔斯坦、布萊德、凱文夫妻跟我，穿著扮裝的衣服，懶懶地窩在麥可的廚房裡，一邊喝著香檳（原本跟冰塊一起放在樓下的浴缸裡），一邊吃著紅豆配白米。他每次來ＥＣＲＧ，都會帶一瓶香檳（遲到早退的陪禮，原因通常是為了約會），我心想他可能在浴缸裡有一整箱放了一整年的香檳，因為在樓上的工作室工作到摧心裂肝，要靠這箱香檳來平衡。

麥可帶我們走到皇家街和榨機街的鐵軌邊，一百五十年前，這裡有榨棉機，這條街因此得名。一八九二年，黑人荷馬・普萊西（Homer Plessy）上了一節只限白人的車廂，因而被逮捕，並引發了惡名昭彰的「隔離但平等」的普萊西訴弗格森法庭判令，有些人認為這一連串的事件代表人權運動的開端。這個交叉口是十字路口，也是無人區——人行道、路邊和街道塞滿了上下貨的十八輪大貨車，路面上閃爍的是玻璃瓶的碎片，來自半夜在裝卸碼頭喝酒的青少年，白天變成令人不快的馬賽克，又像一幅永遠拼不起來的拼圖。

在微溫的街燈下，麥可從卡其褲後面的口袋裡掏出一張紙攤開，從耶穌無力、困惑的觀點，念出他跌倒的經過。在粗陋的路面上跌跌撞撞，骨頭壓軋著石頭，石頭撕裂了皮膚，痛楚從膝蓋灼燒到鼠蹊部，血滴在石頭上，染塵的淚水刺痛了眼睛，道路變得模糊，人影逐漸靠近，無情瞪視著我……

麥可一直低著頭，念得結結巴巴，帶著自我嘲諷的悲悵。他一直問自己，「他們為什麼不幫我？」「我為什麼要這麼做？」

稍後，麥可向我解釋，他並不想自虐，只是想起小時候從腳踏車上跌下來有多痛多無助，於是引用了那時候的感受。

「他第三次跌倒」

第一次背起的時候，沒那麼糟。你覺得自己有點像英雄，「看我！我好強壯！我可以——本來很難的事，我卻覺得很容易！」然後，時間一分鐘一分鐘過去，十分鐘後，一點也不好玩。你再也不是英雄，你覺得痛。過了十五分鐘，你問自己還能堅持多久。過了三十分鐘，你覺得大家都忘了你，你不知道以前有沒有人做過這件事。你在這裡，痛苦，腳上沾滿塵土，舌頭上也有塵土。一個人也沒有，只有你。難怪基督是個受詛咒的詞，就像水泡或燒傷。

但十字架也可能是十字路口，不光是折磨的刑具、精神的烤肉架，而是能改變路線的機會。「我不想再走那條我不小心錯選的路。小時候我以為那條路就是未來的模樣，那時候我很樂觀，想像那條路充滿了奇蹟。給我美好，我會還以美好，而不是法庭命令和醫療帳單。」在十字路口，你可以改變心意、改變路線，找到新事物，或許某個比你的起點更有意義的東西。或許某個你本來不該找到的東西。

這是蘇珊的站，也在榨機街和皇家街那兒的軌道旁，她寫了上面的段落讀出來。她歷經了一段非常非常艱苦的成人時期，遭遇自然和非自然的災難——房子在卡崔娜颶風來時淹水、離婚、死亡、長子的毒癮。為了重建被淹掉的房子，遭到官僚刁難，之後還要上民事和刑事法庭，以及好幾家醫療機構。這種磨難會吸掉你的五臟六腑，讓你質疑成人以來做的每一個決定。然後你還得一大早起來，把內臟塞回身體，就像電影《綠野仙蹤》（*Wizard of Oz*）裡的稻草人，被飛猴分屍後又站起來，跟其他受了傷卻堅定不移的夥伴手挽著手，繼續跌跌撞撞地前進一樣。但突然之間，她迎來藝術上的成功和自由，生活大大開展，帶給她更多希望和機會。在她的閱讀站，她放了舊的葬禮花架，上面有拼貼畫。非常好看，第二天一早就被拿走了。

我以前有一堆皇冠。我在垃圾箱裡找到一個皮箱。我想像裡面是切斷的肢體，但仍打開了扣鎖。皮箱是淡藍色，佈滿灰塵。打開後，我找到幾頂舊的嘉年華會皇冠，上面的珠寶是人造寶石或玻璃。我把它們堆起來，放在曾祖母留下的家具上。櫃子門看起來像廟或墳墓的門，有小小的玻璃門把。我把皇冠一頂一頂陸續送出去。只有跟人分享，它們才顯得珍貴。

「他被脫去衣服」

在我們住的這一區，有間十九世紀初期蓋的宏偉牧師住宅被改建成夜店，前面的門廊又寬又高，你可以坐在吊扇下喝酒，眼前正好能看到一排長得很高的粉紅色夾竹桃。在中間寬敞的門廳旁，兩邊各有一個通風良好的起居室，吧檯在後面，外面的游泳池要額外付費，泳客可以自行選擇要不要穿衣服。有一次我在酒吧裡等人，要了一杯葡萄酒，另一頭的泳池門邊有個全裸的女人，苗條的身體濕淋淋的正，正用雙手接過酒保給她的飲品，一條腿在身後微微抬起，在那一刻看起來宛如新古典主義的雕像。

奈特帶我們來夜店，根據喬治・巴代伊（Georges Bataille）的《情色論》（*Erotism: Death and Sensuality*）發表演說，談到情色行為為何會毀滅個人的日常身分（不連續存在的狀態，也就是我們的狀態），以便更接近死亡（重新回到連續性當中）。脫衣是關鍵的環節，幫助毀滅我們的個體狀態，因為衣服是我們用來定義自我的符號系統。

蕾貝佳大約十九歲時當上舞女，我們一直勸她放棄。但顯而易見地，那種生活方式當時太吸引她了，我們至多只能確定她沒事就好。我去過幾家俱樂部找她，都在後台跟她見面。她看起來很樂觀，說她覺得很好玩，賺了不少錢。但是很難說，因為她可能剛嗑過藥，也因為這些地方供應的就是人工的表情、空虛的人際關係。起碼表面上是這樣。到了後來，一切幻想化為烏有。有一次在巴頓魯治，我跟她在「紳士俱樂部」的後台會面。那地方光線很亮，有點損壞，貼滿鏡子的牆面照出無門的廁所隔間，在前方的化妝台上，舞女忙著化妝，調整舞衣。蕾貝佳跟我坐在化妝台前，一個上過台的女孩走進來，大腿上綁了三英寸厚的鈔票，她蹲到馬桶上解決需求，而她的倒影就在我跟蕾貝佳中間。

我看過的脫衣舞女都不像「紳士雜誌」上介紹的，有目標有能力，努力念完商學院，跳舞只是為了達成目標。我遇見的都像蕾貝佳，夠甜美可愛，被賺錢的方法困住，卻找不到目標。或許我在那裡的時候，蕾貝佳會留一點殘存的脆弱幻想來保護自己，因為說起來，她總是很容易受傷，急著透過男性來確立自我形象。裸身或許會毀滅我們日常的認同，但加上脫衣舞，你穿上了另一種身分，變成純粹的商品。被毀滅的自我又變成了什麼？毒品、非人的慾望、頻閃的燈光和低音電子音樂、許多人撫弄過的鈔票綁上你的大腿，而其中有一大部分要交回給俱樂部。

我們集合的這棟牧師住宅令人不快又俗氣，或許不符合奈特和巴代伊對情色主義及裸體的智力討論，但這棟房子會出名，不只因為同性戀的聚集，也因為脫衣舞，舞者在陽台邊的棕櫚樹下閒蕩，氯味濃重的泳池旁也有他們的身影。奈特也希望發表演說時能接近裸體的情景，但守門人要我們付費才能進去。而且我們解釋了來意（大錯特錯），他們以為我們是宗教團體，可能會突然掀起抗議活動，奈特只好在前面的夾竹桃旁演說，經過的人腋下夾著捲起的毛巾，對我們投以好奇的眼光。

「耶穌被釘上十字架」

凱文，我們的存在主義水電工，帶我們離開河邊，沿著路易莎街走到勃艮第街，回到榨機街的鐵路軌道和倉庫。快半夜了，快到受難日，耶穌釘十字架的日子。他帶我們走到南方防潮防水公司對面，颶風卡崔娜過去後，紐奧良到處可見暫住的避難所，這個有圍籬的停車場裡仍停了拖車，我們這一區有很多街道以舊時的臨河農園命名，附近的蒙泰居街就是一個例子。花園和野草在此處的沖積土裡十分繁盛地生長著。

凱文坐在路邊殘留的樹根上，有些人必須站到街道上，他手上一直拿著一個袋子，這時他取出某個東西，是從卡崔娜摧殘過後搶救出的木片，上面寫了字，還有一根釘子。凱文有深色的鬍子跟眼睛，他坐在樹根上似乎適得其所，專注的跟隨者在他面前圍了半圈，他說話的方式慎重而令人安心，不論說什麼都有同樣的效果。他解釋，某天晚上當完酒保後，他要回到妻兒身邊，卻在這裡被人用槍指著。木片上的文字來自謝爾．希爾弗斯坦（Shel Silverstein）的《愛心樹》（*Giving Tree*），書裡敘述相愛的一棵樹和一個男孩。男孩長大後，不像往常那麼喜歡在樹蔭下玩，或勾著樹幹盪鞦韆，他的世俗慾望愈來愈強，想要金錢、庇護和逃離，樹給了又給，男孩卻貪得無厭。凱文坐在樹幹上，大聲朗誦：

但男孩很久沒回來。等他回來的時候，樹很高興，高興到說不出話來。

「來啊，男孩。」她輕聲說，「來跟我玩。」

「我太老了，太傷心了，我不想玩。」男孩說。「我想要一艘船，可以帶我離開。妳可以給我船嗎？」

「砍下我的樹幹來造船吧。」樹說。「你就可以搭船離開，你會很快樂。」

男孩砍下樹幹，造了一艘船，離開了。

樹很開心。

但不是真的快樂。

過了很久，男孩又回來了。

「對不起，男孩。」樹說，「我沒有東西可以給你了——我的蘋果都不見了。」

「我的牙齒已經咬不動蘋果了。」男孩說。

「我的樹枝不見了。」樹說。「你不能在上面盪鞦韆——」

「我太老了，盪不動了。」男孩說。

「我的樹幹不見了。」樹說。「你不能爬上來——」

「我太累了，爬不動了。」男孩說。

「對不起。」樹嘆了一口氣。「我希望我有什麼可以給你……但我什麼都沒有了。就剩下殘餘的樹幹。對不起……」

「我現在要的不多。」男孩說。「只要有個安靜的地方能坐下來休息就好。我很累。」

「嗯。」樹儘量伸展自己，「來吧，老樹根很適合坐著休息。來吧，男孩，坐下來……休息吧。」

然後樹覺得很快樂。

凱文說這棵樹跟基督一樣，心甘情願為他人犧牲，他走過這段路，知道無法回頭，他的犧牲必須完整。樹的故事隱喻完全無條件的風險，不帶任何評斷，但也能詮釋成用來諷喻毀滅性的相互依附。凱文說，因為這個故事會引發同理心，也常有不同的詮釋，所以他選了這個故事。真的；走回克魯埃街的時候，知道這個故事的人反應很強烈——有人覺得受到激勵，有人覺得生氣。對我來說，小時在看到「樹很開心。但不是真的快樂」這段時，我因為明白了這句話的意思，而開始覺得這個故事讓人不太舒服。

第二天在「肋眼屋」，是我們一年一度的受難日午餐，我們一群兄弟姊妹喝了鏽釘雞尾酒，點了羊肉，延續父親違反常理的傳統。父親很注重信仰，但有時候不尊重相關的象徵。我們啜飲著甜膩的雞尾酒，像履行義務，心裡並不是那麼想喝，蘇珊跟我對索倫敘述危機站的事；父親用齊克果的名字為索倫命名，在我們來自聖經的名字裡插入少許哲學。講到《愛心樹》／釘十字架這一站時，他的面孔極度扭曲。「天啊，我無比痛恨那本書，」他說。「最最最邪魔歪道的兒童文學。那棵樹能碰到最倒霉的事，就是認識那個男孩。」

「耶穌被卸下十字架」

這是布萊德的站。他帶我們從勃艮第街回到我們家前面，一開始出發的地方。那天稍早，他把八英尺長的梯子架在長得過度茂盛的爛樹下。他取回梯子，放在一根大樹枝下面，爬到看似掛了兩個紙袋的地方。他站在梯子最上面，說起《約翰福音》裡的描述，羅馬士兵取下耶穌的遺體時，用長矛刺進他的身體，血和水流了出來。我丈夫撕開紙袋，露出兩個綁緊的透明塑膠袋，很像巨大的點滴袋，一個裝滿了紅酒，另一個裝滿了水。

然後他拿出一把多用途刀（他是電影的佈景師，洗衣服的時候我老在他的口袋裡找到多用途刀，它們獨特的重量在他噴滿油漆的工作褲裡感覺特別沉，他的褲子口袋裡也裝滿了當天留下的殘渣、藍色橡膠手套、我覺得無法防護他的肺吸入化學物的便宜口罩、很多很多薯片和糖果包裝紙。不論拍了幾部片，過了多少年，口袋裡都是這些東西）。他要我們準備好杯子——我們出發時就帶上了，一整晚都從背包裡倒東西出來喝——但首先，他說，先灑一點在地上，花一點時間，思念逝者。他先刺穿了酒袋，然後再刺水袋，我們看著從樹上高處流下的細細水流在對街安全燈的黃色光芒中閃閃發光，慢慢流到地上。

數算失去的人，太容易了。水和酒濺到土上，我在心裡對他們致意——父親、蕾貝佳和瑞秋——然後想起因為失去而得到的人。布萊德的伴侶，也是他長子的母親，在我們認識時已經過世九個月，他們的兒子那時三歲，現在是我們的孩子了。他努力在哀慟的同時做個好爸爸。「太快了！」我們開始約會時，別人對我說。「而且，他有小孩。」但我們彼此相屬，無法阻擋，也無法延遲，雖然一開始依然很艱辛，但後來證實，這段關係完全符合我的期望，我也往前躍進，成為了一名母親。

瑞秋死後，我仍覺得很難過、很脆弱，因為悲傷而特別敏感，第一次去的社交場合是某個屋頂派對，我在那裡認識了克里斯。他一開始就對我說：「喔，幾個星期前，我在聖派翠克節的派對認識妳妹妹，妳們兩個好像。她有男朋友嗎？」我一語不發地走開，而他還在跟我講瑞秋的事，等我走遠一點，朋友才告訴他發生了什麼事。他碰到她以後，很欣賞她，但過幾個小時她就自殺了。克里斯可能是倒數幾個看到她還活著的人。有一陣子我在外面碰到他時，我會避開，心想，天啊，又是那個人……幾年後，在萬聖節派對上，我扮成餓鬼，喉嚨上有條割痕，又碰到克里斯，他穿著破牛仔褲和T恤，戴著頭巾，揮舞著標語和借來的擴音器，一個抗議萬聖節的人。我們終於談起第一次會面，談到瑞秋。他說，他知道發生了什麼事以後，他就一個人坐在屋頂邊緣，看著夜裡的城市，很想跳下去。後來，他變成我們小兒子的教父。

現在，大家都來吧，加入聖餐的行列。我們在感覺很不真實的大樹噴泉下縮攏了圈子，心裡充滿期待，又因著這樣的美而感到羞怯，用杯子接住流過黑夜的水和酒，手臂和手上也濺了一些。布萊德下了梯子，回到人群中。雖然是人為的安排，卻感覺很像奇蹟。

耶穌的身體從十字架上卸下來後，他的苦難結束了，可以放手了。我們都可以放手了。樹上的袋子變扁了，酒和水混合在我們的杯子裡，也落進土裡，灑在樹蔭下努力生長的小草上。我們把酒帶進屋子裡，繼續喝，繼續吃乳酪、麵包和葡萄，以及莎拉帶來的豪華杯子蛋糕。適度的「最後的苦難」，因為事實上，這是口味最輕的玩笑，輕到說出口，基本上就消散了。我們放了唱片，有新的專輯，也有高中和大學時代一直留到現在的樂曲，例如巴布狄倫、王子、英國節奏（English Beat）和比利．艾鐸，封面已經爛了，沒有封套，但依然很好聽很清晰，偶爾發出嘶嘶聲，跳了一拍，而引起我們的注意，也總會有一個人站起來，去抬起轉盤上的唱針。

五月
黑暗森林

原本是聖克勞德家具店的廢屋沒有屋頂，只有混凝土地板跟幾片頑固的紅色地毯碎片，另有兩面又高又長的磚牆，後面的牆則不見了。原本在內部的記憶現在暴露在外。幾塊牆邊的土堆上長出滿是尖刺、外型奇特的野草，還有幾個烈酒的空瓶，我們準備活動場地時，也掃掉了一些用過的保險套。這個地方很像空置不用、有幾百年級歷史的中美洲或南美洲要塞，牆頂蓋著棕櫚樹與含羞草。蘇珊從累積多年的垃圾裡翻出蠟燭、還願物和雕像來裝飾這個地方，大多來自颶風卡崔娜的大噴發時期——幾十萬個家庭跟商號受損的財物，就這麼留在路邊腐壞。她也在建築物搖搖欲墜的正面畫了一個巨大的紅色嘉年華會魔鬼，六英尺高的血盆大口原本想做成入口。但向來謹慎的木匠崔斯坦警告我們不要鋸開老舊的三夾板，他指了指上方懸在人行道上、靠著三夾板支撐但快塌下來的磚造拱腹。他不想推倒腐朽了數年的東西，造成新的災難。魔鬼的嘴巴只好仍舊封著。「我們只能請大家從魔鬼的屁股進來了。」崔斯坦邊說邊把沒用上的軍刀鋸裝回箱子裡。所以，我們指揮來賓繞過角落，來到建築物沒有背牆的背面。當晚的非正式主題變成「正面不穩固」。

我們決定在公開場地辦一場祕密的ＥＣＲＧ讀書會。我曾參加過奈特所主持的讀書計畫，當時我讀的書，將會不著痕跡地轉介給我們的讀書會，作為本月的選書，大多數成員今晚都會來。我的閱讀搭檔分別是一名炙手可熱的年輕小說家，剛在奇幻文學雜誌上發表了故事，一下子聲名大噪，另一位是來自墨西哥城的作家，他很緊張，因為這是他第一次公開用英文朗讀，他一直用閃亮高雅的隨身扁酒瓶喝著尊美醇威士忌，當他每次把酒瓶舉高時，瓶身都會因為反射臨時裝上的工作燈而閃耀光芒。

面對著大約一百位坐在一排排白色折疊椅上的參加者（其中有幾個人是騎著腳踏車穿過魔鬼的屁股進場），我很高興自己當晚的順序是在中間，少了許多壓力。外面街邊桿子上的安全燈開開關關，不時發出細微的嘶嘶聲。我讀到一半的時候，棘手的台灣家白蟻翩然而至。每年五月約莫在母親節的時候，它們就會湧進城裡帶來騷擾，這種現象很像馬奎斯小說的開頭。它們脆弱的集體力量能重重包圍住街燈和門燈，你有時候不得不把所有的燈都關掉，電視跟電腦也一樣，然後坐在維多利亞時代的黑暗裡，等待它們遠離你老舊的木頭房屋。白蟻開始停在我的書頁上，我必須把它們從字詞上撫開，這時我讀到「來自死囚室的慰問」中的一段。過去四個月來，在哀悼父親時，我已經離不開ECRG，集會成員都很可靠，在悲劇平面上彼此支持。上個月的遊行更鞏固我們投入讀書會的信念，我把對於ECRG的感激之情，埋藏於本月選書之中，感謝與我一同通過黑暗森林的所有旅客。

有封信正面朝下躺在我客廳的地板上，就在信箱口的下方，混在光亮的活動宣傳品、無意義的口號、代言廣告、露齒而笑的全家福照片裡。這是一封貨真價實的信，有真正的手寫字跡，但我把信撿起來的時候，突然有種莫名其妙的恐懼。在我的名字和地址旁邊，蓋了黑色的橡皮章「死囚室」。印痕看起來蓋得不平均，字的底部很黑，感覺很堅定，但頂部參差不平，感覺含糊，「死囚」跟「室」中間有塊疊影。信封上的字跡很審慎，是小小圓圓的草寫字母。現在世界上可能只剩幾個行業會固定收到手寫字跡，我就是其中之一——教育界。我的學生來自各種不同的背景，如果我一定要推想出這個字跡的可能出處，我會覺得是來自上城區天主教學校的女學生，說不定是聖心學院？她們穿著百褶裙和平底便鞋，接受著修女的正念指導。

我很欣賞信封上L和S字母雅緻的圈圈，我自己就一直寫不好。回郵地址是安哥拉的路易斯安那州立監獄。更具體地說，來自死囚室G，我弟弟的公益客戶所在之處。儘管我認得出那個名字，卻沒想到他會寫信給我。背面蓋了「未經審查，對內容一概不負責，路易斯安那州立監獄，二〇一二年三月二十日，全男性刑法機構」。陰暗而堅持的官僚系統蓋了這個章，彷彿加了什麼保護，但其實只是執行者的例行公事，信封沒有封上，只有在蓋口的V字上貼了一小塊膠帶。我把信給我弟弟看，他不可置信地自言自語說：「他從哪兒拿到膠帶的？」

幾個月前，十二月底的時候，我訪問過父親和弟弟談論手上被判處死刑的公益服務客戶，這是他們大概已經投入了十年的領域，每次說起時，跟聊起他們其他的法律業務不一樣，他們的口氣特別深沉。有一次，他們的客戶關在相鄰的牢房裡，竟開始比較起這兩位吉斯雷森律師：父親，老練的前聯邦檢察官；兒子，在那時是新手律師，從未審理過刑事案件。一人不斷數著老律師在法庭上的勝利，另一人則納悶是否有其父必有其子。

其實那不算正式的訪問，就是在「肋眼屋」的五號桌喝酒吃午餐，旁邊放了一台錄音機錄著對話而已，旁邊高高的圓頂窗看出去是皇家街，鑄鐵陽台、拱形氣窗和懸掛的蕨類植物似乎將窗景框成了舞台，這是遊客和本地人都很珍愛的美景，望而忘憂，像張法國區的明信片，釘起來遮住了城裡的大小問題。

那個月父親保持得了血癌兩年來一直不變的習慣：一頭撞進零免疫力的沙漠和加護病房裡，最後一分鐘才把自己拉起來，讓我們所有人——家人、護士、醫生——一邊拂去衣服上的灰塵，一邊伸長了脖子期待他再度起身。他再次成功！他的護士稱他是圖洛醫院癌症病房的搖滾巨星——他曾邀護士們來參加我們家的耶誕派對，他們也真的來了。他一如往常，控訴自己的病情，讀完藥品隨附的小字，盤問醫生，在記事本上畫出症狀的防衛策略及治療法。那天是耶誕節過後幾天，下午在「肋眼屋」的時候，他喝著葡萄酒，因著破紀錄的血小板計數而興奮，而且他說不定可以去德州大學安德森癌症中心做骨髓移植。他聽起來很好，儘管因為他的聲音有幾次變弱了，我不著痕跡地推近了錄音機，以錄下他對死刑、法律事業、人格之謎的想法。

午餐快結束的時候，他說下個星期他排了四天的化療，第五天要去安哥拉的死囚室探訪客戶。他開玩笑說，這簡直是「律師失職」。他真的很愛黑色幽默，常說他努力讓客戶避開毒劑注射，但他自己卻定期把毒藥打進靜脈裡。

到了下個星期，化療結束後，完全沒有免疫力的父親又踏上這條他很在意的旅途，前往安哥拉探視客戶，回程上就病了，幾天後離世。要說死囚室終於殺死了他，說起來容易，甚至也很有說服力，但老實說，我們永遠不知道在紐奧良和西費利西亞納教區之間，他跟誰握了手、碰到哪個櫃台或門把，而因此感染了腸球菌，最後帶走了他。父親身體虛弱，全世界都會帶來威脅，醫護人員和小孩對他來說比死囚室裡的囚犯更危險，因為後者生活在近乎無菌的環境裡，我想，他比較在意一起開車去安哥拉的合夥人有小孩，空著的汽車後座可能充滿了看不見的危險。但既然敘事大多混合了意圖跟意外，加快人生的混亂來對比沒有事實論據的觀點，我們可以說，這個結局對他來說算不錯了。

在父親一手打造的人生裡，他娶了第六代的路易斯安那人，養了八個孩子，埋葬了其中兩個，他很令人欣賞的一點是，他的人生無論好壞，都能創造和維護本身的神祕。他很愛一天來回死囚室的行程，從阿爾及爾的家到安哥拉，行經重疊的殖民歷史，經過一個又一個高速公路的路標，一塊又一塊大陸，通過祖先留下的那些異國情調陷阱，而我們的祖先擁有先鋒的特權，可以取地名，讓後代接受他們的慾望、他們的冒險精神。有時候，地名變成只會在地圖上出現的奇怪名字；有時候則流傳下傳統。安哥拉別名「農場」，三邊繞著密西西比河，第四邊則是和緩的突尼卡丘，原本是種植園，老闆因買賣奴隸而拆散許多家庭，惡名昭彰。最後州政府買下農場，改成老式的監獄，在一九五〇年代，二十來個囚犯為了抗議獄中險惡的景況，甚至切斷了自己的跟腱。如果路易斯安那自成一國（有些人也假定果真如此），監禁率我想應該是全世界最高。在河流急轉彎處的安哥拉是美國最大的最高安全級別監獄，關了五千多個人，他們或許是運氣不好，或許碰到不好的審判、不好的律師、不好的法律，也有可能基本上就是不好的靈魂。

說真的，死囚室來的信有點嚇到我，有一刻我覺得很古怪，必須坐到紅絲絨沙發上穩定下來，那是一張鄧肯菲夫椅，來自外婆早已不存在的起居室，我拿著信封的手不斷顫抖。但我也發現一件很有趣的事——恐懼與溫柔竟然能共存在同一刻。這封信很正式、很恭敬。他說有幸認識我的父親，特別送來晚到的哀悼。

他談到父親的和善、迷人、專業，他說的話跟許多來弔唁的人一樣溫暖；在喪禮那天，人龍沿著聖嘉勒修道院的磚牆蜿蜿蜒蜒排到亨利克雷大道。在安哥拉的死囚室和紐奧良的上城區之間，同樣的觀念竟延續不斷，令我非常感恩，而父親就是當中的媒介。

弟弟的客戶在他的信裡說想跟我見面，因為需要一些申請的資訊，「敏感資訊」，例如我的生日和社會安全號碼。有一次共進晚餐時，弟弟解釋死刑上訴過程的一些古老程序，我假裝聽得懂他在說什麼，他也說起造訪死囚室有多難。如果不是親屬，不能要求探視。「除非你是好萊塢的明星。」他解釋說。「比利・鮑柏・松頓或約翰・庫薩克吧，他們應該可以通行無阻。」

約翰・庫薩克，真的嗎？這個名字敲醒了我埋藏已久的回憶。約翰・庫薩克跟我一起長大，他在約翰・休斯（John Hughes）的電影裡，而我在電影院裡看他，那些電影院都已經不復存在。現在我們都老了，眼睛下的皮膚變薄，一起接下鬱悶的角色，充滿中年人的牢騷。再往前一年，他是我心目中的討厭鬼。某個深夜看了《扭轉時光機》（*Hot Tub Time Machine*）以後，我睡不著，那時候四歲的兒子睡在我們床上，像個老頭子一樣鼾聲大作，吵得我丈夫跑去睡在沙發上。在電影裡，約翰・庫薩克的角色被壞掉的熱水澡盆跟俄羅斯能量飲料帶回八〇年代。最近我也接到了過份熱情的高中同學會邀請，地點在法國區某處，彷彿穿越自己的任意門，回到八〇年代的免費酒吧、令人不自在的評價、陽台上的鬧劇。《扭轉時光機》裝模作樣的鄉愁和主軸很不自然，約翰・庫薩克與朋友跟年紀太輕的女生攪在一起。在片尾如瀑布般流下的工作人員名單中，也有約翰・庫薩克的私人主廚，不知為何讓我有點反感，然後我記起曾在報紙上看到約翰・庫薩克來城裡拍另一部片的照片，他騎著腳踏車，全身包滿保護墊，彷彿要參加長槍比武。

現在，已經凌晨三點，我還是睡不著，我恍惚聽到我們家對面的空地傳來嚎叫聲，對面本來有棟根據住宅法第八節蓋好的公寓，現在卻拆掉後變成野地，像都市裡的小綠洲，被丟滿針筒、破瓶子跟塑膠袋，裡面還有可疑的棕色髒污。嚎叫聲似乎是人聲跟動物叫聲交替，我起身查看，什麼都沒發現，只看到空地邊緣環繞著模糊不清的陰影。我已經完全醒了，打開電子郵件來查看，有人說睡不著的時候最好不要看信，另一名當律師的弟弟寄來的訊息只有一句：「爸的醫生說他來不及看超級盃了。」父親跟他的癌症醫生顯然結合了癌症死期和紐奧良聖徒隊有可能第二次贏得世界冠軍的狂熱。「兩次？」據說父親這麼說。「去死吧！」我回到床上，回到大聲打鼾的兒子身邊，不明的嚎叫聲仍未停歇。吊扇該清灰塵了，我父親要死了，八〇年代再度回到我的意識裡，片尾熱水澡盆裡湧起的漩渦一直回到我的腦海裡，有點像《綠野仙蹤》裡的龍捲風。但裡面什麼也沒捲進去，沒有騎著腳踏車的巫婆或農場工人。只有空虛、黑暗、昂貴的電腦特效，創作小組深埋在工作人員名單，甚至還排在約翰．庫薩克的私人主廚後面。這就是那種你會深深陷入的中年時刻，過去碰觸到未來，現在變成一塊大水晶，把你包了起來，空氣中細微的悲痛冷冰冰地結合在一起，把意義困在裡面。

或許「把意義困在裡面」不太對，畢竟，我們其實是被困在前一個階段所遺留的巨大結界中，我們所必須承擔的後果是如此明顯。身為作家，無論從時代和個人的角度，都會感受到人之必死、親人的難題，以及某種對真實性的焦慮。什麼是真實的？什麼是捏造的敘事？兩者之間有什麼關係？那些聲音又從何而來？

你看，生命中有許多時刻，悲痛的、有愛的，你生龍活虎地穿梭其中，感覺凡事都有意義，然後藉此度過閃亮或傷痛的每個日子。或許我不該那麼在乎那封死囚室寄來的信，但最近我又回到感覺自己像但丁的狀態，「走到人生旅途的中間」，迷失在地獄入口的黑暗森林裡，拼命抵擋世俗中全身長毛的魔鬼，等待維吉爾來帶路。和《扭轉時光機》裡的約翰．庫薩克一樣，最後但丁在對碧雅翠絲（也是一名太年輕的女孩）的幻想裡找到中年危機的救贖。我猜男人就是注定要失望吧。我開始覺得，黑暗森林其實沒那麼糟。有時候你會碰到認識的人，有時候則會遇到充滿同情心的陌生人，或者是有志同道合的夥伴，比方說，嘿，我們一起在黑暗森林裡，要我多幫你倒一些波本威士忌嗎？你可以推薦一本好書嗎？死囚室的來信是另一條垂下來擋路的樹枝，抑或是樹枝間透出來的陰鬱綠光？你的孩子呢？他們很快樂，他們沒事，你可以聽到他們在附近陽光普照的空地上遊戲，你想去找他們的話就可以去。有時候，你會想，要是我們能拓寬這些路徑就好了，這樣等孩子們來到黑暗森林時就會比較好走，但我覺得我們能做到最好的事情，就是確保他們裝備齊全。他們可以帶自己的砍刀、自己的波本威士忌。

紐奧良跟美國大多數地區一樣，冬天一下子就過去，早來的完美春天悄然而至，十分宜人，整座城也都蓋上了好心情。我又把那封信讀了幾次，即使上班快來不及了。對街那塊貌似虛幻的空地裡滿是顏色明亮的植物，填滿了我家客廳裡的高窗，楊樹站在楓樹旁邊毫不遜色，壞掉的燈桿上爬滿了貓爪藤，正開滿了黃花。那封信突然變成我最重要的財產，就像今日所有真正用手寫、靠郵差送來的信件，立刻變成前一個時代的遺物，在時間和空間崩塌後，我們開始把訊息傳到其他人的口袋裡。除了對我父親細心的觀察和弔唁，信裡最後的告別詞更打動了我的心：「帶著感激與真誠。」好了，真的要遲到了。我設好防盜警報器，打開門走進馬上要變成下午的上午。

活動結束後，我們在借來的要塞裡又待了幾個小時，談話聽音樂，如果站得太靠近燈光，還得揮走白蟻打轉落下的薄薄翅膀。作家們互碰啤酒瓶，重拾對話的頻率，交換狡黠的恭維。我們並未正式召集ＥＣＲＧ讀書會，但凱文、艾倫、奈特、蘇珊、崔斯坦跟布萊德也表示他們有身處黑暗森林的體驗，只是我們沒有特別討論。凱文說，「波本威士忌跟砍刀」的比喻讓他特別有感覺。我們的兒子從三歲起就是最好的朋友，為人父母的恐懼和愉悅讓我們的友誼更加鞏固。群眾大步穿過魔鬼的屁股，或騎腳踏車離開後，ＥＣＲＧ的人留著，把桌椅、講台和燈光、從插頭拔起的延長線裝進貨車，拋棄這個據點，讓此地回復更祕密、更鬼祟的用途。

讀書會過後的那個星期，我跟索倫開車去安哥拉見他的客戶。前一天晚上我睡不著，還緊張到有點胃痛，想到兩個半小時的車程就覺得害怕。開車時，索倫聊起客戶的案件和他一開始的拙劣表現。這件上訴案分派給他的時候，他拿到了薄薄的文件夾，裡面只有三頁，是被告所有的資料，這對可能處以死刑的案子來說非常不合理。索倫說，他的第一次審訊是有人被狗咬了，而證據就有好幾大箱。在東巴頓魯治教區，分派給這名死囚室客戶的公設辯護人沒有刑事辯護的經驗，還乞求法官解除他的任務，但法官不准——索倫認為法官想藉此懲罰他過去的不當行為。

行經I-10公路的漫長旅途有一段路被架高了，下面的沼澤長滿美洲蒲葵，我們也經過好幾英里奄奄一息的柏樹林，遠處則是冒著煙的煉油廠。通過巴頓魯治後，轉上61公路，路邊都是黃豆田，以及沾滿鏽痕的工廠。進了西費利西亞納教區，61變成綠意盎然的美景公路，兩旁各有一排橡樹，以及松蘿菠蘿和工廠改建成的民宿（種族滅絕與南方生活令人不安的重疊），加油站裡可以買到美味的血腸和秋葵濃湯。然後在黛綺莉小屋左轉上LA66，開過別稱突尼卡小道的雙向道路，這條路夾在茂密的林木間，開起來讓人有種倦怠感，最後是安哥拉，如同鯨魚腹內之地。

我們在這裡迎面碰上執法單位的勢力。索倫身為律師，在接受問話，車子也搜過後，他就可以自行開車進入監獄內部，前往死囚室。他會等我結束會面再回去工作。而定期訪客則要從安哥拉單調的處理中心進去，身上只能帶著身分證件、一支鑰匙和文件，官員對著電腦檢查過文件後，會用原子筆在文件上方龍飛鳳舞地寫上「DR」。然後你會被護送到三夾板箱子裡，上面有架電扇，靠近底部則有鐵柵，負責緝毒的德國狼犬駐紮在此。進了箱子，警衛會打開電扇，把你的氣味傳向柵欄，你會看到腳掌或一點點狗鼻子穿過鐵柵嗅聞著。

出了箱子後，你接受搜身，穿過金屬偵測器，進入看起來像鄉間巴士站的房間，裡面坐滿了各個年齡層的女性跟幾個小孩子，等著警衛叫到來探訪的囚犯名字。輪到你的時候，你搭上漆成白色的藍鳥校車，焦慮從頭流到腳，你記起那段穿過黃豆田、玉米田和南瓜田的美好田園車程，穿著深深淺淺藍色平織衫的犯人在田裡耕作，突尼卡丘在周圍巧妙地投下陰影。你注意到建築物小心漆上、有專業風格的招牌，和儲水槽上要爆裂而出的美國原住民壁畫，校車陸續停在圍起來的A、B、C等營地前，其他人一一下車，不經意間，你看見在畜舍後面正嚼著稻草的駱駝，此地的永久區民，一年一度，犯人在馬術競技區表演耶穌受難劇時，牠也是固定演員之一。沒有多久，車上只剩你一個，駕駛問你是不是第一次拜訪死囚室，是，你不知道自己是否洩露了祕密，接著車子接近一個很漂亮的池塘，周圍種滿香蒲草，一塊水禽保護區，吸引來蒼鷺、白鷺和玫瑰琵鷺，善畫鳥禽的奧杜邦（John James Audubon）應該會想把畫架放在這裡，不遠處就是巴士的最後一站，堤岸旁的死囚室，高高的鐵絲網圍籬上堆著一圈圈有刺的鐵絲。

祝妳參觀愉快。警衛塔按開了第一道門，你被困在門檻裡，等下一道門的警衛過來陪你通過。你走了一小段路，進入某棟建築物，看起來像間市郊的牙醫診所，造景宜人。裡面一樣平庸，就像隨處可見的辦公室，家具使用深色木頭的嵌板，裝飾很有品味，相框裡放了家庭照，職員們的談笑帶著祥和之氣，籃子裡種了不知是真是假的厚葉植物。你在接待處簽了名，然後拿到一本菜單。

我在訪客間裡坐了一下，細看影印出來的各種選項，你可以在屬意餐點的格子裡打勾，焦慮慢慢消散。菜單上都是典型的南路易斯安那食物：大蝦配鯰魚、牛排、漢堡、三明治。只是從一九八五年後，我第一次看到這麼低廉的價格。過了二十分鐘吧，警衛把我帶到厚厚有機玻璃分隔板另一邊的門，有個人遲疑地透過窄窄的安全窗看著我，然後好像認出我來似的微微一笑，儘管這是我們第一次見面。他獨自進了房間，戴著鐐銬，然後背靠著門彎下腰，讓警衛透過狹孔解開他的鏈子。他四十出頭，滿面笑容，穿著藍色平織衫，胸前和手臂上都有燙衣機留下的明顯線條。他也戴著手銬。我們坐在柵欄兩邊的不鏽鋼凳子上。他先感謝我來看他，我感謝他找我來。我問他午餐要吃什麼。他先點了炸海鮮拼盤跟可樂。稍早索倫跟我說鯰魚很不錯，但我點了烤蝦。

快中午了，我身後窗戶射進來的強光，把我的倒影跟窗戶裡所有的東西疊在我這一邊的隔板上；要看清楚他，我只能用我的影子對準他的臉，以擋住強光的照射，也因此我們四目相對坐著，手裡各自拿著電話就這樣講了快兩個小時。我本來是個坐不住的人，只得強迫自己不亂動。在會面的過程中，我只能看到他的臉跟身後窗戶反射過來的東西，包括牆上的帶刺鐵絲圈和偶爾飛過窗框的鳥兒。

我們的對話輕鬆流暢，內容包括他的六個孩子跟我的兩個孩子、他正在讀的丹・布朗小說、他的宗教信仰以及坐牢兩年後的頓悟，他發現耶穌是他的救主，一開始他很怕這只是牢房裡的宗教，不是真正的信仰，但他的信念不變，在坐牢的十六年來更加鞏固。他問申請過程是否很繁複，我說沒什麼，也提到車上的訪客多半是女性。他說倒是沒錯，坐牢兩年後，男性朋友跟親戚都不來看他了，只有他的母親、妹妹跟女兒會來。

因為法律上的理由，我們不能談他的案件，尤其因為訪客間裡的對話都會錄音。我只能從網路上跟我弟弟那邊了解細節。他之前在巴頓魯治的餐廳當洗碗工，殺了兩名員工而被定罪。目擊者說，他在餐廳開門前騎腳踏車來，跟酒保打過招呼，進門後就對著酒保背後開了兩槍。酒保沒死，但打緊急電話、懇求他別開槍的經理不幸離世。躲在冷凍室裡的廚子也求他不要殺人，但也一樣遭到殺害。辦公室裡少了七千美元。他馬上遭到逮捕，朋友和前同事的證詞都對他很不利。

我們的午餐來了，裝在免洗餐具裡。我們笨拙地繼續對話，小心移動電話跟塑膠餐具，邊吃邊聊。他把目光轉向海鮮拼盤時，我在強光裡就看不到他。索倫一直吹捧死囚室的訪客餐點有多好。他說的沒錯——真的很好吃。新鮮、味道好、份量足。送食物來的囚犯戴著主廚帽。弟弟的客戶向我保證，他們平日不會吃這些東西，他們的飲食有大量的甘藍菜，蛋白質很少，他必須去獄裡的雜貨店買袋裝鮪魚來補足。他們每天可以離開牢房一個小時，有些人想出怎麼用微波爐做簡單的餐點。他把一名囚犯的死囚室果仁糖配方細細講給我聽：半罐花生醬、水、微波爐、塑膠湯匙跟販賣機裡個人最喜歡的糖果。

我可以明白囚犯為什麼想重現果仁糖。我每次去藥房、五金行或交通法院（收銀員的副業）的時候，看到收音機旁邊小籃子裡的果仁糖，自己也克制不了。原料很簡單——糖、奶油跟胡桃——產物卻好吃得不得了。我以前在密西西比河附近的莎莉姑媽果仁糖工廠對面工作，當他們的大桶子冒出泡泡，隔幾條街的咖啡工廠也在烘豆時，那個地方聞起來就像全世界最大的歐陸式早餐，我真不敢相信我運氣這麼好，能在那裡工作。但這種高強度的歡愉和心碎有種特殊的關係。卡崔娜過後，我在送小孩上學的途中，認識了一位克里奧爾老爺爺。他常跟我聊起他過去的果仁糖生意，在颶風侵襲前正要起步，許多老年人都這樣卡在不斷重複的抽象迴圈裡，很想向前進，但一直打錯檔。當時他才剛跟市中心幾家飯店簽了高額合約，廚房卻淹水了，一切分崩離析。有天他帶給我一個壓扁的小盒子，上面快活地印了他公司的標誌，但這個盒子卻永遠不會組合起來，也永遠不會裝進他口中全城最好的果仁糖了。他給我看那個盒子，想證明什麼？是什麼象徵？我不確定。後來，我注意到他的車後座裡，在孫兒的安全座椅旁邊堆了好幾百個空盒子。

但我最珍貴的果仁糖記憶出現在瑞秋死後，我搭渡輪去密西西比河中段的阿爾及爾找我姊姊克莉絲汀，我正處於低潮，在一種深刻的畏縮裡，當我凝視著兇猛的渦流從船尾翻騰離開時，一位穿著紫色三件式西裝的老先生出現在我面前，拿著滿滿一托盤的果仁糖（托盤其實是紙盒的蓋子），彷彿來自機會之地的大使。我買了兩袋。在塑膠三明治袋裡的果仁糖有點碎裂了，但非常美味，讓我的憂鬱一掃而空，看著他又把糖果賣給幾位乘客，我覺得滿心驚喜與感激。

我弟弟的客戶問我的問題比我問他的多：我開什麼車（我說「本田」，他的說法跟其他人一樣：記得加機油的話，可以開一輩子）、我寫什麼文章、我去不去教堂。聽說布萊德是電影佈景師，他驚嘆不已。死囚室的人很常看電視跟電影，每兩間牢房有一台電視。我想這對他來說很新穎，可以細看外面世界最動態的模樣，再加上一層興味。他問我的丈夫正在做哪部片子，我告訴他導演的名字。他的語氣很興奮。「我見過他！他們來過這裡拍片。」他又講了幾個他在死囚室碰過的演員。

「有一個白人演員，黑頭髮，年紀跟我們差不多，但看起來老一點，他演過《空中監獄》跟好幾部片。好像還有《失控的陪審團》？」

我感受到幸福和慰藉的暖流通過全身，我微微一笑。

「約翰．庫薩克？」我問。

「對啊，就是他。」我告訴他上個禮拜的選書，以及他的信對我來說有什麼意義。我希望他聽了不要介意，他咧嘴一笑，說他不會。

他跟我解釋他跟父親見面的經過。幾年前，索倫跟父親一起開車來拜訪各自的客戶，通常一次拜訪要花好幾個小時。接近傍晚時，他們決定交換訪客間，認識彼此的客戶。他說父親立刻讓他留下很深刻的印象，他和善熱忱，但出場時卻有點嚇人。你可以感覺到他的專業氣場非常強大，他也很在乎自己的行事。他在他身上尋找索倫的蹤跡，就像他在我身上尋找索倫一樣。還有呢？他說索倫跟我講話的時候會用同樣的手勢把頭髮從臉上掃開。真好玩，在安哥拉那個小小的隔間裡，被人從有機玻璃後觀察家庭的聯繫，突然自我覺察到多年來累積的這些信號和特質，通常自己看不到，在別人眼中卻成為特點。

他問我暑假有什麼計畫，我難以啟齒，不想告訴他我過幾個星期要去東京，我受邀參加大學的座談會，討論如何在災難後復甦的社群裡重建文化。我覺得很尷尬，自己有這麼奢侈的自由。在東京的那個星期，我真的很愛當地超文明開展出來的奇蹟，我也聽說，日本的死刑系統是全世界最不人道的。死囚室的犯人必須坐著不能動，獨自監禁。到了行刑那一天，他們才知道要受死，有可能等了一年又一年，有時候長達數十年，警衛突然現身，把他們送上絞架。到了那時，有些受刑的犯人已經又老又瘋。家人要事後才會得到通知。

我想自己會來死囚室，也是因為父親吧，我用這種方式，追溯他生前最後的真實姿態，和他給世界的最終供述。我想參觀他的專業和道德生活最為投入的地方。當然，我有點拐彎抹角，採取大家族的某種運作方式——不去見父親的客戶（我也見不到他），而是弟弟的客戶。父親這一生在司法系統內常被不公不義推著走，而不公不義就在安哥拉完全體現，不公不義的結果也在人類生活裡得到證明。你進入鄉間這塊孤立的領域，此處長久以來充斥著暴虐的行為，你只能帶著身分證件、一支鑰匙和吃午餐的現金，脫下人生的虛飾，放大你的脆弱。用這種方式，你勇敢面對犯錯的天性，以及我們用以管理人性的不完美方式。我覺得此地的這種衝突也是吸引父親的地方。

父親最大的長處就是衝突，而且他面對衝突時也很衝動。在當訴訟律師、父親和一般人的時候，他都是如此。有幾次他回到家，是帶著青腫的眼圈或受傷流血的鼻子，他說他被搶了，但財物都沒少，而且他滿身酒氣菸氣。年紀大了一點後，我們才猜到，他應該是在酒吧跟人打架。我住在法國區那間搖搖欲墜的克里奧爾牧師住宅時，有天警察帶他來我家，他的三件式西裝一塌糊塗。警察對他很恭敬，幾乎可說是溫和，他們要我讓他進門，別讓他再惹麻煩。他倒在沙發上，我起床的時候他已經走了。我們再也沒提過這件事。

他說，有一次他在機場的酒吧跟法國人起了爭執，最後兩人卻成了朋友，那人問他是誰，他用法文說：「我是超級大混蛋。」他們變成一起等飛機的酒伴。我總覺得「混蛋」（asshole）這個字跟父親的關係深厚。他的「ass」拉得很長，「o」一樣拉長，最後的「l」幾乎聽不到。除了是稱號，也是標誌。他喜歡當個混蛋，也喜歡叫別人混蛋。念高中的時候，有一天我去父親在市中心的辦公室找他，我們說好要一起走路去午餐，他正跟對手講電話，討論有關超級巨蛋的訴訟。父親開始咄咄逼人、打斷對方的話、放大了聲量，為了讓我聽到，他改用擴音喇叭，十分享受其中。那人愈用力反抗，父親愈覺得好玩。「艾瑞克，不需要威脅哄騙。」對方的口氣很悲哀。「不需要威脅哄騙。」父親很開心地結束對話，告訴那人他要帶女兒去吃午餐了。我為我們三個感到很窘迫。後來，我跟兄弟姊妹都習慣了父親狂躁的脾氣——帳單、聖母大學輸球、餐桌上常潑灑出來的食物、留在房間中間的吸塵器，都會讓他大怒——有時候當我談起父親搞錯對象的猛烈攻擊，都會說他在「威脅哄騙」某人。

我想我確實明白了，為什麼父親會定期前往安哥拉，為什麼難以掛上訪客間的電話及起身離開凳子——那是一種特權和自由給我們的內疚感。對話明顯變得緊張了，因為我們即將道別，弟弟的客戶要回去一天必須待二十三個小時的小房間，每個星期只能離開監牢去外面一個小時，而我要跟弟弟回頭上高速公路，通過景色優美、綠蔭盎然的西費利西亞納教區，我們會在加油站稍停，我會買秋葵濃湯跟蟹肉奶油濃湯給家人，也會買一大罐海尼根啤酒在路上喝，撫平我的絕望，索倫仍負責駕駛；後來我們碰上塞車，有輛看似沒有乘客的校車在沼澤上的架高路段衝出了路邊。回到紐奧良的時候，我們找了一家最便宜的酒吧，點了波本威士忌讓腦袋清醒一點。那間酒吧正好在聖克勞德家具店的廢墟隔壁，靠近至福樂土大道，我妹妹的魔鬼跟其人身大小的嘴巴仍在人行道上，仍用板子蓋著，釋放出沒有誠意的邀請。

六月

水上的聲音

路易斯安那的六月是個分水嶺。大自然的春日慾望狂熱燃燒殆盡——讓這座城市在亞熱帶春季短短一段時間內極為燦爛的茉莉花、梔子花、紫藤，都變成了褐色，紛落在人行道和庭院裡。是時候摘去枯花，讓花園進入抗熱模式了。木槿、夾竹桃和西番蓮等比較健壯的品種，能讓我們享受一整個夏天的桃紅、豔紅和橘色，在穿過廢棄停車場的鐵絲網柵欄上帶給我們驚喜，或在過載的電力線上營造出亮點。六月也表示颶風季節開始了：暴風預報和災難前的準備稍微擾亂了廣播電波。直到十一月來的時候，大家才能鬆口氣，今年再一次躲過了氣象的子彈。

紐奧良的六月驟熱會讓你特別警惕意志和動力的問題，所以蘇珊為這個月選的讀物是約翰・齊佛（John Cheever）的故事〈游泳者〉（The Swimmer），很適合這個季節。主角奈德．梅里爾（Neddy Merrill）「或許可以比擬成夏日，尤其是夏日的最後幾個小時」。當然，還有飲酒。

我買了一瓶波爾多葡萄酒，因為〈游泳者〉的開頭如下：

某個仲夏時分的星期日，大家圍坐著，有人說：「我昨天晚上喝太多了。」你或許會在教區居民離開教堂時聽到他如此輕聲地說，或在衣帽間裡聽到神父掙扎著穿上長袍時，從嘴裡吐出了這幾個字，在高爾夫球場和網球場上聽到，在野生動物保護區裡聽到，甚至連奧杜邦集團的領袖都正在對抗嚴重的宿醉。「我喝太多了。」唐納．威斯特黑茲（Donald Westerhazy）說。「我們都喝太多了。」露辛達．梅里爾（Lucinda Merrill）表示。「一定是葡萄酒的關係。」海倫．威斯特黑茲（Helen Westerhazy）說：「我喝了太多那個波爾多葡萄酒。」

蘇珊買了一瓶琴酒，因為故事中露辛達的丈夫奈德．梅里爾出場時，就坐在威斯特黑茲家的泳池旁。「在綠色的水旁邊，一隻手在水裡，一隻手握著一杯琴酒。」這是奈德感受到生命中極度愉悅的時刻，他想了一個計畫，要從威斯特黑茲家游泳八英里，直到返回他自己在彈丸莊園（Bullet Park）的家：

他似乎跟地圖繪製員一樣，那一串游泳池在他眼中形似伏流般的河流，彎曲穿過這一郡。他的發現將對現代地理做出貢獻；他要把這條河命名為露辛達，也就是他妻子的名字。他不喜歡捉弄別人，但他也不傻，只是決心要回歸原始，也隱隱覺得自己是個傳奇人物。天氣很好，他覺得這段泳程能延續好天氣，頌讚其美好。

在前幾個池子的挑戰裡，有朋友給他喝的，幫他打氣，他覺得自己是探險家，因為有目的而興奮不已。但過不了多久，奈德的計畫碰到現實，包括地形的現實和他人生的真實狀況。暴風雨來了，水從天降，水量超乎人能控制的範圍，他躲進李維家的露台。再度下雨後，情況又變了，天氣有點涼，他的肩膀有點痠。他碰到下面這些阻礙：沒有水的泳池「給他不合理的絕望」、穿著泳衣穿越高速公路的屈辱、公共泳池不夠舒適，讓他要對抗「組織化」、一群有錢的裸體主義和共產主義者，影射他很不幸、之前的情婦奚落他、在不歡迎他的派對上，女主人跟餐飲商的酒保都怠慢他。

奈德一直在自欺欺人，他的人生失去了特權，不過書裡沒詳細提到他怎麼沉淪的——一夜之間變得一貧如洗，還因為喝醉而遭到羞辱。時間似乎加快了速度，彷彿在他游於露辛達河的過程中，仲夏變成晚秋，他的身體感受到疲累。奈德暴露著自己，只穿著泳褲的他彷彿沒有穿衣服，隨著時間過去，泳褲愈來愈鬆，他也愈來愈孤立，逐步遠離他在露辛達河畔遇到的人，那些人給他意義，塑造出他的身分——家人、朋友、陌生人。在旅途一開始，他自稱「對不能把自己投進泳池的男人有種無法解釋的輕視」，而且他總會自己從池邊躍出泳池。現在很遺憾的是，他要用樓梯跟梯子才能做到。儘管他知道可以走捷徑，但精疲力盡且惶惑的他仍繼續按計畫前進，直到來到一個地方，那裡原來是他的老家，現在正在出售中，剛才的那場暴風雨更提高了房子的破損狀態。「他大吼，用力敲門，想用肩膀把門撞開，然後，他從窗戶往裡看，發現裡面竟空無一人。」

〈游泳者〉的敘事在各個層次上都很豐富，大家會先看到暗示和文學線索，例如所有的神話參照。莎拉用iPhone一一讀出，露辛達來自拉丁文裡的「光」

（lux），在羅馬神話中，露辛達是光和分娩的女生（「光之河！」我輕聲對旁邊的布萊德說。「隅田川上的工業叢林遊輪。」我們一個星期前才從日本回來，那場改變生命的旅行仍給我們深刻的印象，讓我們滿心敬畏）。有人特別提到，在故事一開始，奈德滑下了樓梯扶手，還一巴掌打在大廳桌上的維納斯雕像背上。

蘇珊提到，奈德不明白他為什麼會看到秋天的仙女座、仙王座和仙后座，這三個星座是神話裡的一家人，與虛榮和水有關。仙后吹噓說，她的女兒安朵美達（Andromeda）是宇宙間最漂亮的女孩，激怒了海神，把她用鐵鍊鎖在岩石上，等著被海怪吃掉，後來柏修斯（Perseus）救了她。這是一個原始的傳說，提到傲慢的結果。齊佛在小說裡大量引用神話，曾被因此稱為奧斯寧的奧維德；在生命的最後二十年，他住在紐約的奧斯寧，地形很像露辛達河一帶，高檔的世紀中期郊區，用安全、金錢和特權雕砌而成。但當奈德游過露辛達河，他之前的特權世界在他周圍逐漸瓦解，他的脆弱被無比放大。

凱文盤腿坐著，酒杯放在膝蓋上，以平穩的聲調低聲說，這是到目前為止對他最有影響力的讀物。他正經歷一段艱苦的時光——工作壓力、第二個小孩出生——奈德磨損不堪的脆弱打動了他，這種脆弱的本質卻是堅持不懈。凱文說，奈德正在衰老，沉入他自己的心理神話裡，身邊的季節變得具有象徵性。到家的時候，他被鎖在門外，只能覷眼偷看他的毀滅留下了什麼東西。凱文覺得，這個故事正說明了他的信念，像奈德的自我神話一樣，這種比較不具真實性的事物，其實更有力量，也更具毀滅性。

深藏於家族中的一層層迷思可能很難整理清楚。尤其是住在南方，經歷了幾代更迭，要打破舊思想會變得特別難。就像作家沃克・柏西（Walker Percy）說的，我們並沒通過上帝給我們的一項考驗——不要奴役他人——反而把它轉換成迷人南方生活的巨大集體謊言，我們屬於某個族群的白人小孩，從小就活在這個謊言裡，連最自由的家庭都無法撼動這個謊言，或揭露醜惡的事實：在建立這個社會並維護其成長時，我們到底用了什麼方法，讓誰流了血？父親是個四肢修長的中西部人，戴著巴弟哈利（Buddy Holly）的大黑框眼鏡，來路易斯安那跟母親結婚，但他很難打入警惕心強的大家族中，在農園長大的外曾祖母說他是黑鬼支持者，只因為他在司法部為公民爭取權利。父親出身自貧苦的工人階級，又有個酒鬼老爸，再加上內心深藏的其他怨懟，他本就沒有安全感，現在更有理由要證明給這些人看，儘管雙方的迷思互有重疊之處，甚至能在互相競爭的過程中彼此扶持。他的房子愈買愈大，派對與奢侈交纏著他白手起家的大家長身分，成了對姻親的一種挑釁，因為幾代下來後，那些親戚們卻失去了大房子。他熱愛父親的身分，卻禁不住自己的個性愈來愈誇大，到了不自然的地步。成為祖父後，他要孫子叫他大爹爹，母親對她敬愛的祖父也是如此稱呼。

很怪的是，蕾貝佳大概十九歲的時候，一開始跳舞的地方也有一個店名就叫大爹爹，是住在波本街上一個歲月比較悠久、比較不入流的娛樂場所。那名字暗示的反控一直讓我耿耿於懷。大爹爹的門口有雙模特兒的腿，穿著網襪高跟鞋，連在電動鞦韆上，媚俗且恆久地如擺鐘般在路人頭上晃來晃去。更奇怪的是，約莫在同時，在我跟布萊德認識的前幾年，他的工作夥伴是一群音樂家、藝術家、服務業員工和脫衣舞者，有天快傍晚的時候，他去大爹爹參加「樂團會議」。他到那邊的時候，有個戴著黑色鮑伯頭假髮的年輕女人坐在朋友的大腿上，有人說她叫蕾貝佳，她的姊姊跟那個朋友的妻子是同事。我們在一起後的幾個月，正處於一天到晚交換人生故事階段時，故事湊起來了，那真的是我妹妹，那時候她已經死了七年，彷彿他在那個陰冷的脫衣舞俱樂部裡，碰見了帶著偽裝的準鬼魂。

有天晚上，在大爹爹的後台，我跟蕾貝佳談話，最後感覺既困惑又難過。我記得更衣室很窄，鏡子斑斑駁駁，護牆板的壁板很厚，幾十年來亂塗的油漆在上面留下了紋路。我對蕾貝佳的印象模模糊糊：她剛下舞台，滿臉通紅，就像變了一個人一樣，閃閃發光，卻心不在焉，可能也吸了古柯鹼。她甚至不想蓋住赤裸的身體，雖然我們是姊妹，基本上不需遮掩。她說她過得很好，跳舞很棒，讓她很釋放。她有不少錢，在上城區還有棟公寓。

討論到自欺欺人的力量，凱文提醒大家，欺瞞自己的感覺如果受到威脅的話，反而更讓人想抓住錯覺。他認為大家寧可接受矇騙，也不願承認自己在騙自己或騙別人。在我眼中，蕾貝佳當然很棒，但她那股信念的力量讓我開始懷疑自己。我來這裡幹什麼？我有什麼目的？更糟的是，我想得到什麼利益嗎？我來到這裡，評斷、好奇心和關切各佔了多少比例？我把我自己的價值觀投射到她身上了嗎？關於她的人生，我是否也用不當的動機在欺瞞自己？

不久我就從母親那兒聽到，兩年前，蕾貝佳被診斷出患有邊緣性人格障礙，這個症狀的命名容易造成誤導，母親還以為邊緣的意思表示尚未充分發展（那時候網際網路還不普遍，大家都還不是一切的專家）。邊緣性人格障礙其實緊貼著許多其他精神病的黑暗界線：憂鬱、焦慮、藥物濫用、躁鬱症。特徵有妄想、危險的行為、難以控制衝動、偏執、自殺意念。蕾貝佳全都符合，而瑞秋則令人意外地毫無症狀。邊緣性人格障礙也有可能完全無法治癒，但爸媽試了很多方法——個別治療、團體治療、住院治療。在她生命最後那幾年，她似乎跟家人愈來愈疏遠，而瑞秋被一起鎖在她的軌道裡，兩人一直非常親密。到最後，自殺的強大迷思誘惑了這對姊妹，跟一切一樣，很真實，也很虛假。

夜已來到終點，琴酒也快見底，談話內容開始發散，也開始變得急迫，莎拉提起約翰．齊佛的信——他的兒子班傑明負責編輯，一定要看——說她覺得他的信比他的小說更感動人心。後來，克服了那種偷窺帶來的罪惡感後（那些溫柔的說法與錯字都不適合我的閱讀習慣），我終於看了這些信，原來我認得約翰．齊佛這一類的人，也算有同樣的成長回憶。好玩、慷慨、對人生的可笑之處一直覺得啼笑皆非、汲汲營營努力賺錢、沒有安全感而心胸狹窄、愛喝酒、為求效果而扭曲真相、除家庭和公開生活外還有平行的私密生活、對周圍的人來說幾乎是個謎。齊佛熱愛人生與人群，外遇不斷，對象男女都有，有的為了肉慾，有的為了感情。他的通訊展露出許多折射的自我，而我覺得這些信最有趣的地方，則是他對此給了一個清楚的看法。我最喜歡的例子就是他對一九七八年一場晚宴的兩種描述，出版商為了向他致敬而辦了這場晚宴。下面是他給男性愛人的一封信（對方顯然也是雙性戀）：

親愛的○○，

……昨晚在留特斯舉辦了慶祝晚宴，我坐在洛琳．白考兒（Lauren Bacall）跟瑪麗亞．圖齊（Maria Tucci）中間，一起享受著河狸般的香氣，但在第七道跟第八道菜中間，我去外面小便時，滿心都想著你，以及之前在沃錫海軍上將餐廳吃到法式洋蔥圈的時候有多快樂。

給女兒的版本：

親愛的蘇西，

慶祝晚宴最令人興奮的時刻，就是第一道菜上桌之時。那是一道魚肉鹹派，酥皮的形狀是一條大魚，旁邊裝飾著用酥皮做的護航艦，鼓滿了風帆。我右邊坐著洛琳．白考兒，左邊是瑪麗亞．圖齊，我覺得很開心。

真沒想到我們可以在心裡一次收藏這麼多人物，並按著期待和願望，向不同的人用不同的方式提及或炫耀。或許那就是為什麼要自欺欺人很容易，就像奈德在故事結尾的作法。游泳池是容器，人類也是容器，裝了一塊塊易變的自我。在〈游泳者〉裡有好幾次，約翰．齊佛提到「水上的聲音」多變的特質，奈德在快要進入下一個游泳池的時候，都會聽到聲音。「水折射了聲音和笑聲，似乎把聲音懸在半空中」，離開的時候，他聽到「明亮、像水的聲音慢慢變小」。稍後，接近公共游泳池的時候，聲音變成「壯麗和懸疑的幻像……但這裡的聲音比較響，更刺耳更尖銳」，然後回到家附近，比斯旺格家在開派對，「在街對面，草地、花園、森林、田野，他再次聽到水上明亮的聲音」。他獨自一人的尋求要依賴其他人，後來我們透過這些人和他們的言語了解他是什麼樣的人；奈德整個人透過這些聲音創造出來，包含餐飲商的酒保在內。自我沒有連續的河流，露辛達河是奈德想透過意志力繪出的幻覺。或許水就是一種赤裸裸而冷漠的體驗，我們穿越其中，塑形和夢想，最後都溺死在裡面。在六月的那個晚上，對我們許多人來說，〈游泳者〉的內容都在講時間和老化——心智和身體去適應自我導致的生命疲乏和迷惘。在你的身體分解時，時間也在你周圍腐蝕殆盡。

一天下午，父親連著氧氣筒，躺在佈道院風格的棕色皮椅裡，扶手上放著我在沃爾格林藥房幫他買的袋裝維生素飲料，他莫名其妙地說：「就是太快了。」「什麼太快了？」我問。「我的生命。」他還沒準備好面對生命的結束一切。我渾身發冷。我站在房間中央，心不在焉地看看他在看什麼電視節目，正準備出門去學校接小孩，我已不記得自己回了什麼。看著一名巨人變得虛弱、滿心懼怕，總讓人不安。我心目中的父親一向很高大，令人望而生畏。他似乎不太相信，居然能有人耗盡心力推動一切，為大家庭提供舒適的生活，卻突然之間就要結束一切。他看著我的時候，看到了什麼？一名健康的女性，有自己的小孩跟人生，是他一生起落的副產品。再者，他所有的孩子，不論是否還在人世，對他究竟有什麼意義？我們只是他耳中水上的聲音嗎？在他掙扎著向盡頭前進時對著他搖搖晃晃地走過去？

之後的好幾天，河流的隱喻和我們的討論在我的意識中來回擺動，我記得最近的讀物似乎也迴響著相關的意義。有一天在睡前，走過書櫃時，我瞄到柯斯勒的《創造的行為》，三月的時候我們讀過一段。其中「鯨魚的肚子」一段真的讓我很有感觸，我於是訂購了這本書，厚厚的七百頁著作，從科學、心理和哲學文學的制高點來討論人生中創造力的本質和目的。書送來的時候，厚度、密度和柯斯勒的天賦讓我看了就怕，匆匆翻閱後就放上書架，還是等退休再看吧。我模糊記得的引言原來出自巴斯德（Louis Pasteur）的一位傳記作者，在最後一頁的「多重潛力」段落裡，我之前翻到過，並納悶柯斯勒怎麼能寫完這本巨著。在那一段裡，他討論天賦的易變性，尤其是科學家，以及他們在即將做出改變歷史的發現時，意外事件和偶然狀況扮演什麼樣的角色。巴斯德的筆記本寫滿專案和未成熟的發現，但他沒有時間和環境去完成。不過他的傳記作者杜博斯（René Dubos）說，要是事件、關係或念頭用不同的方法來配合巴斯德，人類的命運或許會完全不一樣。

一個微不足道，甚至出乎意料之外的決定，通常會讓我們把行動導向某個管道……一般來說，我們不了解旅途最終的方向或出口，隨波逐流漂進人生的公式，無法回頭。每個決定都像謀殺，我們前進時踩著的屍體來自永遠無法實現的自我。

讀這幾行的時候，我忍不住大笑，因為很苛刻，也很真實。年紀漸長，你死去的自我在你周圍堆高起來，但每個選擇也是各自的創造行為。這是自我的一個奇蹟——我們在個人的大屠殺裡繼續創造自我。

在父親葬禮的前一天，我坐在廚房裡，處於一種空虛的靜止，我遲鈍地繼續日常生活的瑣事，看報上關於父親的文章時，感覺像是一種很不真實的語言處理練習。我們還小的時候，他警告過我們，不要相信報紙上寫的每一個字，那裡絕對沒有客觀的真實故事，事實和情境並非整齊的專欄和作家署名的隱晦權威所能涵蓋。但讀了他的訃聞，引起了我另一種不信。他那張很不錯的照片也一樣，是在耶誕派對上趁他沒察覺時偷偷拍下的側臉，因為他很不喜歡拍照。戴著過時眼鏡的父親面帶微笑，有著強制梳出的頭髮曲線和他大大的「立陶宛」（lugan）鼻子，每個星期六晚上我們要出門前，他都會警告我們他的鼻子有鑑識能力（美國中西部的人講到立陶宛的東西時，都會用帶有輕蔑意味的「lugan」字眼，比如他在考那斯出生的外公外婆）。訃聞還有如傳記般的細節，包括他審理過的著名案子有什麼亮點，甚至連他覺得很失望的案子也提到了，也參雜了一些午餐時的胡說八道。報紙列出他還在世的孩子，但死去那兩個不在，雙胞胎被可悲地抹掉了，我懷疑他在生命的末期裡，最不在乎的就是這兩個孩子。

但讀父親的訃聞時，一篇平行放在版面上左邊、只差了一公分的報導一直讓我分心。一名傷者被發現死在一家老飯店裡。卡崔娜肆虐後，奧爾良東部慢慢恢復，但在棄置的豪爾強森飯店裡，電梯井底部卻有具腐爛的屍體。驗屍官說此人死了四到七天才被發現，死因是骨盆撕裂傷造成的內出血。他們發布了相關描述，希望大家能幫忙鑑定身分。「白人，年齡在二十到三十之間，五呎七吋，一四八磅，淺棕色的頭髮，一臉大鬍子……嘴巴右側有顆扭曲的門牙。他身上有好幾個刺青，包括右前臂內側刺的『Sublime』（意即非常強大的），左前臂內側有巨蟹座符號，右大腿靠近膝蓋的地方有十字架，一邊是字母『AT』，另一邊是『RM』……他戴著白色的貝殼項鍊，身穿棕色襯衫和棕色長褲，腳上是棕色靴子。」驗屍官正在等毒物學報告。

父親會很愛這種並列，因為對比和連結是他的能量來源。誰幫你發言、有什麼刺青或喝醉的孩子，死後都沒關係了；是死在電梯井底部、默默無名地在黑暗裡、好幾天沒人發現，還是在上城區的圖洛醫院接受一流的醫療，死時家人都在身旁，都沒有關係。最後，二〇一二年一月十九日，你們並列排在《皮卡尤恩時報》大都會版的B4頁上。

在「肋眼屋」的那場午餐上，我哥哥約翰跟記者講完電話，過了一會兒他說，母親讓我們看到世界的美好，她帶著八個孩子去劇場和博物館，去食物銀行工作，去鄉間滋養我們城市人的靈魂。父親則讓我們看到荒謬。他不是失敗主義者，所以這是一種虛無主義的荒謬，但你會承認，會去處理。很有趣，說明我們的存在，但你不需要為了其他東西融合而特別加以調解。

但電梯井裡的那個人有樣東西跟父親內心的沉重壓力起了共鳴。他也常全身穿一樣的顏色——全黑，這是一種叛逆，來自無法無天的年輕世代，總被警察找麻煩，總在撞車。「Sublime」刺青和古怪的貝殼項鍊也很有張力。父親很孤僻，只有幾個忠誠的朋友，酷愛低劣的節慶裝飾和辦盛大的派對。他自我隔絕，躲進黑暗的邊界裡。那些黑青眼圈、流血的嘴唇和天馬行空的理由，代表著父親的野心和脆弱有可能帶來各種結局。電梯井底那個人或許也是父親可能創造的自我，很久以前就遭人謀殺棄屍，最後在人生的河流裡追上了他。

七月

我們當中最有活力的

那天晚上，香頌歌手雅克・布雷爾（Jacques Brel）填滿了拉下來的投影幕，他的存在主義式高盧男子氣概附著在房間內的所有空氣粒子上，我突然發覺，在場只有我是女性。我們從網路上放出他一九六六年在巴黎奧林匹亞劇院的演出，片子是黑白的，透過「全螢幕」功能把他從YouTube的商業限制中釋放出來，讓我們得以體驗他未經整治、原始的驕傲。他穿著黑色西裝、面對聚光燈以及穿著體面且全神貫注的聽眾。「唱歌」這個動詞似乎顯得過於保守——不如說布雷爾用法語召喚出了阿姆斯特丹港口餓壞了的水手，他們想吃魚跟薯條，想喝酒，想召妓。在布雷爾的〈阿姆斯特丹〉（*Amsterdam*）歌曲一開頭，水手「在曙光初現時死於滿腹的戲劇性和啤酒」，也有水手「生於遲緩海洋的濃厚熱氣裡」。他們「睡得像披蓋在黑暗堤岸上的旗子」，「像噴火的恆星般舞動……跟著腐臭手風琴的聲音」，「在星星裡擤鼻子」。這些男人毀滅年輕女性美麗的身體和貞操，就像一堆堆海鮮的汁液滴在咖啡廳雪白的桌布上。在阿姆斯特丹港，人類慾望欣然接受自然不變的事物、性慾的重生，暴露人在其中複雜而髒污的地位。透過強烈的表達，他棕色的眼睛熱烈地盯著陽台外的某處，或許那兒的天空開了個洞，正在歡迎水手回家，歌聲一直往上爬，遲遲不落下。布雷爾的表演在最後來到最高潮，他的面孔因汗水和熱情而發亮，接著他突然轉身離開聽眾，消失在聚光燈後的黑暗裡。

七月可說是紐奧良最糟糕的一個月，大家通常會出城，在空調裡冬眠，使盡全力提高生產力，或乾脆放棄。一股受困的氣氛蔓延，限制了你的計畫跟心情——我們做不到，太熱了；沒辦法思考，太熱了。耐心一落千丈，犯罪活動暴增。那天晚上的讀書會只有五個人——我、我丈夫、凱文、克里斯跟剛從歐洲回來的凱斯，他來ＥＣＲＧ當特別來賓。一月分手後，凱斯跟妮娜分頭前往地球的兩端：妮娜去台灣打造遊行花車，凱斯去比利時幫助藝術家參與小規模的營造專案。凱斯離開美國時，覺得很失落、迷惘跟失去了愛人。他踏上自己的夜間旅途，回來後整個人都變了，滿腦子想著新專案跟靈感。他的靈感就包含比利時歌手雅克．布雷爾，凱斯回到美國後不久就找布萊德去喝酒，也分享他對布雷爾的想法。布萊德受布雷爾的影響很深，他的表達方式充滿生猛的力量，很有搖滾的味道，歌詞的重要性還比不上傳達方式的外型特徵。那天晚上他跟凱斯喝完酒回家後，他給我看影片，一遍又一遍，有開英文字幕的，也有著關掉的，我們兩人都體驗到了第一次發現某樣棒透了的事物時那股微妙的迷亂，而已經有幾百萬個人都知道這件事了，也深受感動，遠在我們可能都還沒出生的時候。因此輪到布萊德當主持的時候，他想在這個月的ECRG分享布雷爾最有名的兩首歌《阿姆斯特丹》跟《不要離開我》（*Ne me quitte pas*）。此外，在仲夏時分，比起閱讀，似乎更適合聽歌。

《不要離開我》跟《阿姆斯特丹》有幾個相反的地方，在這首歌看不到自我的無限放大，反而是不斷自我貶低至摧心裂肝，像個靜默著的絕望愛人，訴說他願意做哪些事來留住他的愛。他先說出偉大的承諾，要從乾燥無雨的國家帶給她雨珠，要建造愛的新王國讓她統治，發明只有她能懂的無意義詞彙。每次出擊都不斷重複著強調「不要離開我」。在同一場表演的連續鏡頭裡，布雷爾硬是露齒而笑，唱出這個句子，再悲傷地搖頭。他試驗了幾個希望的絕望隱喻，沉寂已久的火山突然爆發，烤焦了長滿麥子的土地，彷彿時序來到四月。「不要離開我，不要離開我」。他已經搖搖欲墜的自信心分崩離析，他連「不要」這個否定詞都快說不出口，彷彿這兩個字重到無法承擔。唱歌時，他發覺到自己的保證徒勞無功，最後讓步了，他再也不會流淚，再也不講話，只會站在那裡，看著她舞動歡笑，變成她影子的影子、她的手的影子、她的狗的影子。歌曲即將結束的時候，他消失在舞台的黑暗處，而不像《阿姆斯特丹》那樣充滿勝利感，布雷爾在《阿姆斯特丹》的退場裡，似乎將舞台暗處連結到人類普遍命運的黑色陰影裡。到了《不要離開我》，他的消失則把他湮沒了，在令人不知所措、得不到回報的愛情裡，我們常看到這種抹煞，一切都消失了，你願意剝除自己，只為了能夠將對方留下來。在《不要離開我》裡，主詞可以代稱所有你在乎的東西。

兩支影片我們都看了許多次，以適應布雷爾豐富的表情和風格，那天晚上，自然有人要問，為什麼布雷爾會成為存在主義的人物？他一九二九年出生於布魯塞爾，長大成人時歐戰結束，進入存在主義的動盪期。生在天主教家庭，而且被指定要接手家裡的瓦楞紙生意，他完全具備值得反抗之事，並藉此創造出專屬的自我，他自己的「本體」，與原生背景分離。儘管沙特嘲弄「寫實香頌」是中產階級的宿命論，但這種音樂類型確實讓善於表達的布雷爾、艾迪特・琵雅芙（Edith Piaf）或查爾・阿茲納弗（Charles Aznavour）得以與群眾相對，同時又以一種矛盾的情緒依賴大眾。此外，這些香頌歌詞的強度皆以現實主義為基礎，幽默和悲劇常常結合在一起，例如死亡和性、高層和基層，例如《阿姆斯特丹》。這些都讓我想到《存在主義詞典》裡西蒙・波娃的引語：「人有限，同時也無限。」（也可參考：人群、神、自我主張、女人）談論至此，凱斯不知道為什麼，變得有些不耐煩。

「你覺得布雷爾常跟人上床嗎？」他接著自己回答：「我賭一定是！」其他的男性似乎也很好奇，除了我丈夫以外，因為布萊德不該對上床表現出興趣，除非那是一種特定的居家行為。但凱斯想要證據，他強行拿走連著投影機的筆記型電腦，在Google搜尋框裡輸入幾個字，然後把雅克・布雷爾的維基百科頁面投在投影幕上。在燈光昏暗的客廳裡，不同時代的美學突然轉換，從引發回憶的二十世紀明暗對照，換成平淡的無襯線字體群眾外包資訊平台，讓我的視覺倍受刺激。客廳裡五英尺高的維基條目感覺侵犯了這個晚上，侮辱了我安排的食物跟倒出來的飲料。我們頭上是過大的拼圖地球標誌，正誠懇地邀請眾人為其專案出一分力，反而讓人無力。但跟平常一樣，我吞下了今晚的矛盾心態，接受科技的偉大禮物。布雷爾的驚人力量，能穿透時間和空間的限制，但在他的影片放大至全螢幕模式前，我們必須先忍耐影片下一長串的評論，一種分裂而破碎的表達形態，有的評論連花幾秒鐘打出來都嫌浪費時間，但有些人卻感覺非留下標記不可，即便那可能是骯髒的、令人不悅的文字，或是充滿激情的抹黑。畫質粗糙、講述寄託於宇宙中愛情誓約的浪漫黑白影片，就在客廳裡這麼硬生生被中斷，只因為男人們想知道雅克·布雷爾是不是常常跟別人上床。

凱斯把游標移過藍色的超連結和引用來源，捲過傳記的段落，每一段的開始都差不多——「一九六〇年一月」、「一九六一年一月」、「一九六二年三月」——最後是一九六七年，布雷爾在跨國告別巡迴演唱會結束後，放慢了現場演唱事業的腳步。「你們看，我找到了。」他說。「這就是我們要的證據。」他大聲朗讀：「那一年快結束時，或許為了航行環遊世界，布雷爾買了一艘遊艇。」

我想到兩件事。第一，儘管我們的團體男女人數差不多，但到目前為止，

ECRG所選的讀物還是男性主導的研究（我在五月的讀物除外，雖出自女性，但也涉及男性主導，有我父親、弟弟跟他的客戶），而且大多數男性主人公都是酒鬼和／或想自殺和／或討厭女性的人。第二，探究布雷爾的性生活是否活躍，感覺好可笑。一九六〇年代最有名的法語演唱歌手？我十分確定他的性生活一定很頻繁、很壯觀、很歐洲。甚至不需要去讀他唯一的一本英文傳記就知道答案了；傳記作者是阿倫．克萊森（Alan Clayson），英國樂團「克萊森」（Clayson）和「亞哥號船員」（the Argonauts）的團長。布雷爾小有成就後，就把妻子跟三個女兒送回比利時，這在當時不足為奇，他在巴黎有歇腳的地方，外遇對象有不認真的，也有正經的，例如喜怒無常的歌手西蘇（Zizou），她迷人有修養，創造力很強，也有雪兒薇（Sylvie），綠眼睛的公關經理。我也知道他四十九歲死於肺癌時，結褵二十五年的妻子和年輕的女友都參加了喪禮，過世前幾年他就是跟這位年紀差很多的女友一起住在法屬玻里尼西亞的馬克薩斯群島，畫家高更（Paul Gaugin）也住過那一帶，為了逃避歐洲文化的「人工化」。

我想，我對布雷爾的感覺跟在場的男性很不一樣，雖然欽佩，但也小心翼翼。他從我心中導引出的渴望和慾望有如打結的圍巾，他時髦的西裝和細細的領帶，他的自信在聚光燈下可能轉成毀滅性的脆弱。他能令人醉心癡迷。我很傻，曾跟這一類的男性交往過——充滿魅力的表演者，從不知道何時要停止表演——但我運氣好，沒有跟這樣的人結婚。

大家也對布雷爾時髦的外表很有興趣。他穿著簡單的深色西裝，表演的內容既有爆點又很具私密性，舞台上只有聚光燈，因此大家能把力量集中到他的字詞、聲音、面孔和雙手上，有時候他的腿會入鏡，但影響不大。在這些影片裡，就連他的樂團也隱身在他背後的黑暗中，沒有形體的手風琴，聽起來似乎更世俗、更空幻。凱斯習慣穿著工作褲和T恤，身上有刺青，前臂刺的是鎚鑽，他說，他也要買一套簡單的合身黑色西裝，好好大顯身手一番。同樣是藝術家的布萊德也說過這種話——念美術學校時，他很崇拜一百年前的達達主義者跟超現實主義者，他們能穿著簡單的西裝，打著領帶，在工作坊裡創造出全世界最撩人、最能改變文化的藝術作品。西裝也代表著技術熟練的牽制感，是義務或階級的制服，這種男性服裝不代表個性，而像是一種暗號。

我認識很多當爸爸的人會炫耀他們的刺青，用顯眼的字體或圖案凸顯個性，但在我的成長過程中，父親就該穿著西裝，有辦公室、祕書和領薪水的男人該穿的制服，十分符合中央商務區的機制，但這套機制在吃了很久的午餐後會開始瓦解，在星期五那天更是如此，一轉眼就消散無蹤。中午時分，市中心的運河街或卡龍德勒特街塞滿了形似你父親的人，在這群酷似他的人裡，你從不知道真正的他會從哪邊冒出來。週末的休閒服飾在他身上隱隱有點虛假和笨拙，露出的腿太蒼白，髮型太無懈可擊。

但高中時的某一天，我發覺西裝其實隱藏著更大的騙局。我要跟他借車，就去辦公室拿鑰匙。辦公室空無一人，他的西裝外套掛在門後，我查看口袋，發現一包萬寶路香菸，讓我嚇了一大跳，因為他一向強烈反對吸菸，我們都不准吸菸，否則會被重重處罰。他警告我們，他的立陶宛鼻子能在我們的衣服上嗅出最細微的氣味，我們最好不要跟會抽菸的人一起混。祖父母都死於癌症，我也從沒看過他吸菸。我聞了聞他的西裝外套，才明白他身上那種複雜的麝香味，混合了會議室、古龍水、街道和疲憊的男人，也帶著一絲菸味。多年後，我能明白教養孩子有時候真的很像一場表演，大家都在討論的「以身作則」以及聯合起來呈現給孩子看的表面，有時候必須要經過精心設計，而談判、策劃和混亂的行為，多半都藏在後台。

但布雷爾似乎不太相信後台養育。講到布雷爾當父親的方式，克萊森的報導大家應該都猜得到了，跟他的感情生活一樣。克萊森說，如果順路的話，他會回布魯塞爾的家，睡到十一點才起床，接待訪客，發布判決，要小孩讀卡繆，用他任性的性格當著一家之主。

家務毀了一切。就我看來，我堅持一定要定期看到女兒，也帶她們跟我巡迴演唱，所以她們能看到一個男人履行男人該有的職責，因為，只要你奪走他的職責，他就什麼都不是，變得很可笑。你看過偉大的外科醫生打撞球嗎？沒有人有興趣——他的孩子絕對沒有興趣。他們寧可敬佩手術台上的外科醫生，而不是打撞球的外科醫生。但現在到處都是打撞球的外科醫生所養大的孩子。而母親則不需要被如此苛責，因為用比喻的方法來說，她本來就一直都在打撞球。一般的父親每天只有某個時候在家，這時他一文不值，也什麼都不能付出。

大多數的父親都不是外科醫生或比利時籍的流行天王。大多數的父親做能做的事，就是餵飽家人，即使他們的職業並不炫，也無法吸引粉絲。比方說，布萊德的工作就是「讓觀眾看不到他做了什麼」。他是佈景師，行內人都說他在「線下」，在真假之間創造整體的幻覺。處理過表面後，佈景師可以讓一片光禿禿的夾板看起來像生鏽的鈑金、義大利大理石或有斑點的油氈。如果看電影的人發現你做了什麼，你就失敗了。做這份工作後，他再也不去電影院了，他常一天工作十二到十四個小時，所以更不願意在休息時間多花九十分鐘去看電影。我會想辦法說服他跟我們一起看，但是他總在注意佈景或拍攝場面的技術，他的腦子只想著電影魔法的本質和系統，以及這些製作背後不合理的官僚作風。上級做出草率的決定，下面的人就要在週末加班。我丈夫能不能趕回家吃晚餐，通常由某個在洛杉磯辦公室的人決定。真回到家了，他也因為這份工作的荒謬而萎靡疲累，因為一整天下來，他做了無數瘋狂的事：調製出假鳥屎去滴在假的水管上，而水管則用玻璃纖維粉、苯胺和蟲膠漆做出鏽蝕感。在愛情電影裡，用噴漆讓主角家的草坪變成一種「更帶渴望」的綠色。把一疊疊假的鈔票浸濕弄髒，看起來像浸過了水，成為警察在卡崔娜颶風過後發現的證據。修改小說家威廉・布洛斯（William Burroughs）的道具盆栽，用於《浪蕩世代》（*On the Road*）的法語版。他也常做偵訊室和牢房。單一的煤渣塊是用灰泥刻出來的，牆中間總有同樣的護牆板。就連指令也大同小異：「再弄髒一點」。他還蠻喜歡恐怖電影，製作滴著血的牆壁和腐蝕的刑房；因為可以實驗不同的材料，把視覺戲劇性推到極限。

就徒勞無功的存在主義意義來說，他的工作也很荒謬。他的作品的影像會出現在銀幕上，留在觀眾的腦海裡，但作品本體卻被拆開、壓平、丟進垃圾箱和垃圾場裡。有時候他做了好幾個星期的東西一下就遭到摧毀，根本沒機會上大銀幕。有一次拍西部片，他跟全體工作人員在倉庫裡待了一個多月，將好幾噸的保麗龍雕塑上色，做出比擬實際大小的洞穴，大到能讓滿身塵土的歹徒騎馬通過。在轉場程中，我帶著兒子去探班——三層樓高的雪白泡沫洞穴加上了帶有條紋的砂岩牆，總計用了大約五百加侖的油漆完成，卡車載來真正的泥土製作地面，上面還有一條河流過（導演改變心意，不想讓演員騎馬），有一幕是主角要舉著火把進洞，發現神祕的洞穴壁畫，而壁畫的創作在佈景工作人員間引發了緊張，因為那是「最有賣點的鏡頭」，攝影鏡頭會在上面逗留，他們都難得有這種展示作品的機會。但到了最後，電影根本沒用到這裡所拍攝的連續鏡頭，洞穴就此變成垃圾。

帶兒子去參觀布萊德工作的現場時，他會解釋他要把什麼東西作舊或上光，怎麼使用佈景工具箱裡的不同工具：畫筆、破布、蟲膠漆、Chapin噴罐。兒子通常很安靜，更有點迷惑。現實的界線被破壞了——父親一整天做的事跟他們做的事之間是如此不同——在這裡，現實更進一步遭到竄改：長長的纜線、不真實的燈具、剪刀式升降機、震耳欲聾的電力工具、木工爆開典型的岩石、特別的油漆店、建築物內的臨時建築物，還有，在噪音和夾板的另一邊則是白宮的橢圓形辦公室、可通到女巫圖書館的漂浮樓梯，或配備齊全的停屍間。布萊德回家後，會想辦法拋下片場的瘋狂，用盡全力當個用心的父親——洗碗、洗衣服和陪小孩睡覺。用比喻的方法說，打撞球。

去辦公室拜訪父親，就像進入他這個人的主駕駛艙。文件在地板邊緣堆得亂七八糟，也蓋住了他的桌子和書架，但他堅持他的文件都有組織原則，可以隨時找到想要的某一張紙。他驚人的記憶力一直是我們共同妒羨的目標，因為沒有一個人得到遺傳，所以我相信他說的話。牆上有幾張家庭照，有一張是在州街的房子前面，那棟房子是他的驕傲，某個星期天早上，他跟母親在望彌撒，有人拍下這張照片，當作他的生日驚喜。房子看起來很完美，維多利亞時代的柱子和寬廣雅緻的門廊，彷彿在斥責那群睡眼矇矓、腫著眼睛的青少年，他們被人從床上搖起來，換上正式服裝，一大早就到草坪上拍照。牆上還有司法部的褒揚狀，認可他擔任打擊犯罪部隊主任的日子，是他的最愛；以及一張框起來的版畫：杜米埃（Daumier）的《唐吉訶德與珊朝潘札》（*Don Quixote and Sancho Panza*），拿著長矛的武士搖搖晃晃，眼前景色宛若海市蜃樓，他也彷彿因大自然的力量和頑固的希望而精疲力竭；最後是能看到紐奧良的全景窗戶，這是他深愛的城市，他在此住了四十多年，但仍不覺得能把這裡稱為家鄉。

他很像布雷爾模式的一家之主，事業最重要，所以常常不在家。有一次在吃早餐的時候，母親推測他不在家都去哪裡了，因為他不會沒有理由就徹夜不歸，她猜，他在給自己年輕時沒享受過的自由。他在大學四年級訂婚，從喬治城大學法學院畢業時，已經有三個孩子，後面五個一個接一個出生，之後，他必須負擔全家的衣食，還有警惕心重的姻親在一旁監督。母親也以為父親心中有某個洞無法填滿，因為他是酒鬼的孩子，但她從沒想過他也有飲酒的問題。他在家中誇大自己的存在，什麼都過量——花費、怒氣、喜怒無常、堅持無條件的愛、假日派對、在躺椅上進行靜止的馬拉松。有八個孩子的家庭，必須有組織才能維持神智清醒，星期天出門望彌撒前，他會叫我們排成一列，用他黑色的男性梳子耙平我們的頭髮，帶著驕傲，也帶著憎恨。梳子會卡住頭髮，他會用力拉下打結的地方，而在前往教堂的路上，頭皮因此一直隱隱作痛。

父親死後，母親給我們一人一張他的黑白照片，那是七〇年代初在市立公園的溜滑梯上拍攝的，現在已經不存在的遊樂場那時候位在橡樹和松蘿菠羅中間，有很多很棒的金屬遊樂設施，油漆剝落、螺栓不牢靠、幾乎沒有安全防護，我們在玩的時候會聽到細細的、怪異的咯吱聲和刺耳的聲音。那時是冬天，我們都穿著燈芯絨或格子圖案的服飾，我則兩樣都有。溜滑梯的樓梯跟滑道平行，我們按著年紀大小，一人坐一階，從大到小：約翰、克莉絲汀、我、蘇珊、索倫。我們被拍到改換姿勢的樣子，沒有一個人上相，因為大家的臉都沒對著鏡頭。但大家都看著父親，都在笑。六英尺三英寸高，一臉落腮鬍，穿著寬褲管方格圖案聚酯纖維長褲的他剛滑下來，笑著擠在母親身邊，只有她沒看著他，而是低頭對著大腿上的艾咪微笑，她那時候是我最小的妹妹。蕾貝佳跟瑞秋還沒出生，所以溜滑梯上只有六個孩子，很不可思議，當時只有六個人，未來也會變成只有六個。索倫抓著父親的膝蓋，想穩住身子，笑得很用力，可以看到他小小的下巴都繃緊了。母親說她選這張照片，因為她要我們記得父親跟我們的歡樂時光，他也會發傻跟貪玩。那時候真的很快樂。

母親很有趣，居然會發照片給我們，想操控我們對他的看法，因為他也強力操控我們對她的看法。父親常說母親是家裡的「道德支柱」，這個形象為她溫柔的大地之母性格賦予如建築物的強度和堅固度，也從他身上移走了一些倫理負擔。如果她是家裡的道德支柱，他就是陰影中的屋簷，控制氣氛，但難得出現在視線中。

看著布雷爾的影片，或許因為那天晚上人不多，我認真思索在場每個人的角色。凱斯：忿忿不平的愛人，剛從歐洲大陸回來，心懷布雷爾和全新的抱負。凱文：教授，靜水流深型，從不說廢話或發表淺薄的言論。克里斯：靜不下來，才華橫溢，真正的表演者，也能品味後台的美好，打造佈景和看管道具。布萊德：穩定身兼三重角色，父親、丈夫和藝術家。我：引導者，帶著母性安排小食和飲料，有禮地鼓動別人。我們都被布雷爾的形象、他的音樂和他的話迷住了，透過自身的有限，他把自己的角色演得很好，他的魅力因此能超越時間和空間。

在克萊森的傳記裡，儘管悠遊於名人身分的盛宴遊樂場中，布雷爾似乎也在生活和自己身上瘋狂尋找意義：「雖然他努力在自己的虛幻世界中保持真實，但就演藝事業來說，雅克·布雷爾最快學到的教訓是『當某人比當自己容易』，也很樂意把這一課教給別人。」或許這也是為什麼最後他選擇了遠離，遠離那些他曾討好與培養的群眾。在不間斷的巡迴演唱中，他愛上飛行，買了一台木框雙翼機，也學會駕駛，從空中遊覽希臘、義大利和近東地區的偉大遺跡。對，後來他買了遊艇，想環航世界，但因病縮短了行程。克萊森說，他選擇天空和海洋，因為陸地「讓他失望」。

三十八歲時，布雷爾終於厭倦了密集的巡迴演出，厭倦自己的潰散，在告別演唱會的宣傳風暴開始前，他寫了一封「值得引用的簡單社論」給媒體，表示：「人生中唯一的奢侈就是能犯錯。而我最討厭保持理性。」最令人寬慰的理由是：「五十歲的人性愛技巧比二十歲的人好，但他們不能每天做。」

結束舞台上的歌唱事業後，他繼續工作——寫作、導演、當電影演員。最後，他也離開了那種生活，帶著情婦航行到馬克薩斯群島，用飛機運送補給品到島上各地，有時候還幫忙護送病患。他愛上了園藝。「雅克是第一個把李子番茄引進島上的人，捏弄泥土能撫慰他的心情。」克萊森寫道。或許，終於在陸地上找到滋養這件事，也讓他失望了？病情嚴重的他不肯承認自己已經那麼接近死亡，他飛回歐洲，錄製最後一張唱片，疾病讓他的聲音低沉，變成低男中音。過了一年，一九七八年，他在巴黎去世，那一整天，他的音樂取代了平日的電台節目，《法國晚報》（*France-Soir*）宣稱：「布雷爾永生不死。他是我們當中最有活力的。」而他的遺體則被運回馬克薩斯群島，下葬在亞土安娜灣附近的基督受難墓園。

凱斯按下螢幕上維基百科條目本文中的最後一個連結，那是墓園的照片，高更也葬在這裡，葬在天堂般的山坡上，可以看到潔白的船隻停泊在藍得耀眼的海水裡。「馬龍白蘭度也去大溪地住了一陣子，對不對？」克里斯問。「對啊，沒錯，他去過！」我們跟著點頭。啊，繁茂的島嶼之美，隔絕俗世，有著讓人頭腦一清的海水，擋住了文明的挫折跟女人，逃離家庭生活、進入夢想的特權之地。我們吃掉了乳酪和麵包，喝乾標價驚人的比利時啤酒，那天我在酷熱城市裡辦事時順便買的。我不知道客廳裡這些男人心裡轉著哪些有關布雷爾的念頭，也無從知曉他們的願望跟我有什麼不一樣。

八月

形而上的宿醉

每次ECRG聚會，我妹妹蘇珊都會在制式的黑白筆記本裡面寫下長篇大論、不規則蔓延的筆記。封面的主題列寫著「他看似要帶來無法譯解的訊息」。她酷愛記錄人生——大量寫日記，在相機的記憶卡裡放進幾千張照片。她獨有的筆跡彷彿猛衝到紙頁上，半印刷半書寫，月復一月地潦草記錄，只為捕捉重要的討論片段，其他的都跳過。過去幾個月來總有一則討論，提到個人和集體間向來很緊張的關係，用蘇珊難以駕馭的字跡寫下，固定出現在筆記本寬寬的藍色格線上。

在那段對話中，八月的讀物是很有趣的糾結。對奈特來說，飲酒比較像消遣，而不是自我用藥，他選了一九一七年的文章〈宿醉〉（The Hangover），出自金斯利．艾米斯（Kingsley Amis）的選集《日常飲酒》（*Everyday*

Drinking）；他也是一位優秀的嗜酒風流男子。奈特意欲延續六月的〈游泳者〉，但我們必須跳過七月炎熱的社交陰溝才能犀利批評。不論如何，飲酒一直是ECRG計畫的一環。幾千年來，大家就這麼坐在一起小口啜飲，仰望人性的中心，我們也一樣。我覺得很有趣，千年來的人性與大自然共謀，為自己提供無窮無盡的方法來緩和現況，改變個人的意識狀態，以便更容易與他人連結，也更無助地孤立自己。

艾米斯的飲酒知識和經驗廣闊無邊，令人望而生畏，他主張既然「對話、作樂和飲酒有深刻的人性連結，這連結私密得奇怪……一起飲酒的集體社交益處（按這個跡象來說）重要性遠超過飲酒可能突然引發的個人災難」。客廳裡每個人都熟悉酒精的破壞力，但我們仍喝個精光，像伊比鳩魯一樣告訴自己，濫用才是敵人，同時也清楚知道，酒含有狡詐的化學破壞性物質，能影響判斷力。艾米斯的文字詼諧、博學、易讀、辛辣，關於酒的描述就像雞尾酒會的邀請函，要讀者與他爭論，享受人性這種沒有解答的爭議。

在論文中，艾米斯先建議大家如何處理身體的宿醉。按艾米斯的說法，你應該一起來，就跟身邊的人瘋狂做愛，如果那人不是適合的對象，那麼就禁慾吧，不然只會加深內疚和羞恥的感覺。如果你身邊沒人，因著同樣的理由，不要「自己想辦法解決」。儘管有至少一位成員不贊成這項建議，覺得一整晚睡得不好的話，做愛至少可以促進血液循環。其他的療法包括輪流用你可以忍受的熱水來淋浴和泡澡、吃不甜的葡萄柚，還有喝更多酒。他也寫了幾個聽過但沒自己試過的方法，例如「上礦坑早班，一大早下到採礦面」，以及一些「著名的」早餐食譜，其中我最喜歡詩人柯勒律治（Samuel Taylor Coleridge）的食譜：「（僅限星期天）六個炒蛋、一杯鴉片酊和碳酸水。」

說到身體的宿醉，大家都有很多符合主題的熱烈回應，但我們很快就來到對話變得嚴肅的時刻，將所有人聯合在一起，這時我們看到艾米斯怎麼描述形而上的宿醉：

憂鬱、難過（這兩者並不一樣）、焦慮、自我厭惡、失敗感以及對未來的恐懼構成了一種難以形容的混合感受，偷偷地控制你，你必須告訴自己，這是宿醉。你不是因為什麼而覺得噁心，你並沒有受到輕微的腦部損傷，你的工作表現沒有那麼差，你的家人跟朋友沒有密謀聯合起來不告訴你你有多糟，你並不是最後一個了解人生真相的人，已成定局的事就不要後悔了。如果有用的話，如果你能說服自己，就可以了，因為醒目的哲學一般原則（九號）指出：真相信自己有宿醉的人，沒有宿醉。

艾米斯治療形而上宿醉的方法是讓你覺得糟糕透頂，然後才能開心起來。他建議浸潤在藝文活動中，閱讀和聆聽音樂，直達最絕望的地步，例如米爾頓（John Milton）的《失樂園》（*Paradise Lost*），或索忍尼辛（Solzhenitsyn）對西伯利亞勞改營的描述，或柴可夫斯基（Tchaikovsky）和西貝流士（Sibelius）的樂曲，然後慢慢換成更令人振奮、更令人安心的選擇，讓你對人類有希望。「如果你受得了聲樂，我極力推薦布拉姆斯（Brahms）的《女低音狂想曲》（*Alto Rhapsody*）——你們這些鄉巴佬，不是中音薩克斯風，而是歌劇女低音，配上男聲合唱團和完整的樂隊。」我覺得這麼做其實是很多人的本能，透過藝術為我們的痛苦賦予實質和普遍性。雖然我確實知道，沒有人能在宿醉時讀這麼嚴肅的作品，但有人幫你安排了作業，倒也不錯。

一般而言，宿醉的主題會帶出人脆弱的一面，也會引人深思。或許因為宿醉是一種弱點，當錯誤的決定、共享的樂趣和／或個人的絕望混亂地結合起來，通常就會帶來這種情況。宿醉是內心深處要使勁付出代價的現實。這種後果的箝制讓人很不舒服。不過讀書會成員也有不少人同意，在宿醉令人痛苦的鬱悶中，或許也能出現機會：

「一切都在變——時間的節奏、察覺——你給自己下毒，造成這種轉變，然後你被逼著面對。」

「還有那些自我質疑——我昨晚做了什麼？跟誰在一起？」

「還有宿醉那種有移情作用又很美麗的狀態，很怪——『我好慘，慘到我能清楚看到悲慘的思路穿過別人的生活。』你會說：『噢，天啊，那些人，他們在等公車。』然後你很想哭。」

「但那也是一個很個人的空間，你隔絕在自己的體驗裡。」

「你的動作變得遲緩，必須每個動作都很小心。帶點禪意，像是『我一定要切開這個洋蔥。』」

「最好能欣然接納宿醉的悲慘。」

整體而言，我們似乎想說，儘管宿醉極度讓人感到孤立，自我的痛苦分解也讓你能更敏銳感受到周圍的人，降低你的防衛心，有助於削弱我們放在自己跟別人中間的屏障，以及自己跟自我中間的障礙。正如艾米斯對形而上宿醉的描述，我們努力創造和維護的東西與焦慮脫離不了關係。宿醉會強化一種感覺，不知為何，我們會覺得自己不值得擁有努力的成果，包括與伴侶的關係。畢竟，存在主義對「焦慮」的定義是我們內心深處對自己的認識，知道我們的人生、決定和選擇都與其他人有關。搞砸了，就會讓人性失望。（也可參考：懼怕、學習）

那天晚上，我確實記得自己分享了至少一個個人的例子，在不經意間，宿醉也可能很有幫助。一個晴朗的星期六早晨，我狀態很不好，卻要獨自參加兒子西拉學校辦的市集，布萊德在製作佈景，可能正在某處的種植園，在不怎麼老舊腐朽的東西上畫一層如圖畫般的腐朽效果。前一天晚上，我們在市中心的酒吧巧遇索倫跟他的太太，我們本該掉頭就走，卻還是打了招呼，讓他請我們喝別名「真相」的夏翠絲（或稱蕁麻酒）調酒。夏翠絲調酒是我們家最愛喝的酒，或許因為喝了很多這種酒以後，最後結果都不怎麼好。

會場滿是票券、色彩繽紛的蛋、臉上畫了彩繪的小孩、在烤肉架後徘徊以及操控簡單技能遊戲的父母。在找到藏身之處後，我滿心感激地靠在充氣遊樂設施的底部，感覺還算平穩，整座如枕頭般的建築在我頭上搖動，兒子們正在裡面對撞。發電機在附近發出柔和穩定的呼嘯聲，給人安定的感覺。

學校前面是法院大樓，一八五〇年代的建築，是美國最古老的一所公立學校，看起來也真的很老。我其實也曾在這裡念過書，那時候這裡是所高中。不知道他們怎麼通過重新規劃，把這棟容易失火的建築物改成中學，走廊狹窄，地板也有斜坡，但我很喜歡這裡。戰爭前就有的高天花板和碎裂的灰泥，公共機構發包的油漆工程在牆面留下厚厚的痕跡，三十年前的臨時「禮堂兼食堂」和活動中心到現在還在使用。我記得我看過穿著橘色連身服的奧爾良教區監獄囚犯在粉刷正面巨大的新古典主義圓柱，一名獄警拿著散彈槍站在一旁。就在現在二年級的英文教室窗外。八〇年代，很不一樣的時期。我似乎也有時間的宿醉，一波波微溫的、時強時弱的懼怕席捲了我。我在這裡太久了，像擱淺在水裡的樹枝，時間從旁匆匆流過，但基本的風景一直沒變。

有個女人從一棟活動設施後面繞出來，抱著還在學步的孩子，面容苦惱，我認得她。她是治療師，通常打理得宜，頭髮、妝容和衣服都細心處理，也有那種以助人維生的人特有的態度，專注而溫和。她讓我覺得自己像個業餘者，我總害怕會說出誤導或沒有幫助的話。

「嗨。」我坐在地上，瞇著眼睛抬頭對著她，我知道我應該站起來才有禮貌，但我的身體暫時不想管禮貌了。「最近還好嗎？」

她說她覺得很煩，因為前一天晚上，她在臉書上跟大伯吵架，他是個支持右派的蠢蛋，一般她不會跟他搭話，但她晚餐喝了兩杯葡萄酒，現在她覺得很糟，因為跟夫家的人槓上了，她腦海裡想的都是這件事。

她邊講話邊把女兒放在地上，彷彿不想讓大人之間的緊張玷污了她。在「太空漫步」遊樂設施裡，孩子們一直跳到我頭上的網子裡，網子反覆抓住他們，再把他們彈回內部漂浮的混亂裡。我毫不遲疑，想也不想就說「別擔心。你們都是大人了，可以對自己說的話負責。他應該能承受。」

自信果斷，不帶感情。那是我會說的話？她臉上現出難得一見的驚異，在非正式的社交互動中不太容易看到。她說很高興能碰到我，就追著女兒跑了，那孩子正在脫涼鞋，想進入充氣圓頂跟其他孩子一起玩。下次我再看到她的時候，她向我道謝，說我在大伯這件事上幫了她，因為我說的沒錯！如果處於另一種心情，我給她的回覆可能帶著懷疑或過慮，或聽到臉書就不耐煩，但宿醉不會給廢話空間。我心想，她應該感謝那幾杯夏翠絲調酒才對（但不用感謝索倫了）。

有個朋友說，喝夏翠絲調酒就像讓一個上千歲的僧侶把波薩木塞進你的喉嚨。我看過成年男子、飲酒經驗豐富的人，才一杯下肚就完了，急急往廁所跑。在嘉年華會的早晨就上酒已經成了傳統，大家會在八點左右來吃早餐，在廚房裡把一口杯排好，向當天的第一個錯誤敬酒，也就是我放在他們面前的飲品。雖然嘉年華會原本是異教徒的節日，但現在完全被天主教發揚光大，讓我能在星期二早上滾下床，還沒刷牙就來一杯波本威士忌，而不會有一絲一毫罪惡感。那也是為什麼接著有聖灰星期三，另一個天主教的倫理出口，跟告解一樣。

在嘉年華會，我最喜歡的工作就是負責看管庭院裡租來的香檳噴泉，把瓶塞射到空中，在花園裡灑下種子，留下確鑿的狂歡回憶。接下來的一整年，在種植或照顧植物時，我都會在土裡找到瓶塞，跟松露一樣。雖然我很喜歡嘉年華會，但我應該更喜歡聖灰星期三吧。整座城一起懺悔，處於痛苦的沉默裡，如同市民的集體宿醉。真鬆了一口氣——能停止所有的無聊舉動，回到工作的正軌。街道經過刷洗，但仍留下盛大派對的蛛絲馬跡：到處有壓扁的塑膠杯，樹上和空中的電線纏著廉價的閃亮珠子，原本就嫌累贅或太過炫耀的服裝也被丟在路上。

在八月的聚會時，崔斯坦提出另一種遍及全市的宿醉：重建的宿醉。崔斯坦提醒我們在卡崔娜颶風帶來的重創平息後，我們仍舊遺留在它沉重的後果中，每天早上醒來後，想起那剛發生的不可能又糟糕的事，想起城市還在重創中，國民兵還在巡邏我們的街坊社區，學校還是關閉的。接著我們必須離開床，重新處理這些東西，力量越過無止境的工作和頭痛、問題和計畫。詛咒那些會減緩恢復速度的力量——官僚體制、犯罪和懷疑。

過了幾年，伴隨著重建的宿醉，紐奧良變了，接著美國人發揮不變的本質——遺忘這次的教訓，這也是一種集體的生存機制，以便回歸「正常」。但我認為，一旦你親眼看過家園大規模毀滅的模樣，這種回憶便在意識裡形成了底層，在重建的樂觀主義下保持活躍的熔岩狀態，上面則有新的地基和石牆、新開的道路與學校。

就這方面而言，重建的宿醉就像形而上的宿醉，伴隨著死亡或重大的損失。形而上的宿醉先全力衝撞，讓你暈頭轉向。你的生活被壓得支離破碎，你失去時間感、失去慾望。但慢慢地，過了幾個星期或幾個月，世界回復正常，你的生活恢復原形，打開冰箱門只要幾秒就能記起你想拿什麼東西，在網路上看到喜歡的鞋子就放進購物車，覺得有點寬慰，又想買東西了。你的人際關係找回正常的輪廓，每個人回到完整的維度。每一年，都在創傷上留下全新的一層油漆。生活撫平了，變得簡單多了。但同時也發生了另一件事——埋在那麼多層油漆下的創傷貼住了你本質的結構，為你帶來察覺不到的深刻變化。

有人問過，兩個妹妹自殺，是否我也跟著完了。我喝了三瓶啤酒，給了一個不太對的答案——「對啊，想到的時候。」但是，這不過是我想堵住別人問話的回答，並未解釋在兩次事件中間，有一年半的時間，我每天都會想這件事想幾個小時，瑞秋死後，我又想了一年。這種毫無防備的打擊持續不斷，讓我精疲力盡，但當時看不出來，現在或許也看不出來。接下來的幾年加入了形而上的宿醉脆弱、受損的特質。事件餘波擾亂人心的不快讓出了空間給絕望，然後用寬心和常態的時刻逗弄你，再把你拖進另一波哀慟裡。

在剛開始那幾年，我們幾個兄姊有的完全退避到事業裡，有的躲進家庭生活，特別細察下一代的孩子，尋找跟雙胞胎類似的痕跡。艾咪本來當了姊姊，現在又變成最小的孩子，在情況最差的那幾年，艾咪都跟雙胞胎在家裡，更覺得要對她們負起責任，她離開了很久，在與世隔絕的大峽谷尋找安慰。而我未婚、沒有安全感、長期覺得困惑，私人生活宣告癱瘓，無法好好決定怎麼活下去。只能發揮創意苦苦掙扎。

蕾貝佳死後，母親和瑞秋每個月都一起去參加自殺者親友的集會。在集會上，你要自我介紹，談論你失去的親人，但母親一直無法大聲說出蕾貝佳的名字（死亡給名字一種可怕的影響力——我爸媽過了快十年，才能在拉法葉一號墓園的墓碑刻上她們的名字，可以說就是在石頭上刻出她們的死亡。直到今天，我去墓地的時候，那堅硬的刻字，仍實在無法讓我把它跟充滿活力的兩人聯想在一起）。除了在其他自殺者親友身上得到某種慰藉，母親覺得已經當了母親的瑞秋，目擊母親的痛苦，聽到自殺帶來的損害和痛苦，就應該不會走上蕾貝佳的路。但是，雙胞胎中存活的那個據說有一半的機率會在兩年內自殺。這項對稱的殘酷數據還是瑞秋跟母親說的。那是警告、預備，還是懼怕？我猜那條路愈來愈有誘惑力，因為你已經少了一部分，清出了一塊荒地。我們想表達體貼、想支持她（蘇珊每天晚上都打電話給瑞秋，代替蕾貝佳的電話，以緩和那種空虛），但我們不能體會她感受到多深刻的失落，她徹徹底底失去了人生很重要的一塊。

有一段時間，瑞秋似乎還好。有個很好的男朋友，她很以他為榮。她常提醒我們，他快拿到社會學的博士學位，在這個看重教育的家庭裡，男友變成了她的學業代理人。他對她的兒子很和善很細心，她也是個很投入、很愛小孩的年輕母親。他們住在中城一間很漂亮的工藝小屋裡，房子有門廊，還養了一隻狗。她拿到普通教育開發證書，也註冊了社區學院。她有一張我很喜歡的照片就是那時候拍的，之後也登在報上；她去密西西比河上游區域的德斯崔罕種植園參加慶典，正在翻看一盒子的版畫，背上的兒子從她肩膀上探出頭來，一起欣賞藝術品，太陽在他們背後，因此即使在平面的黑白報紙照片裡，他們漂亮的身形和一束束短髮仍燦爛發光。然後，在蕾貝佳過世一年時，大大小小的行差踏錯累積起來。外遇、跟她兒子的生父分開、在拉斯維加斯草草成婚、車禍擦撞。我猜，她可能擋不住誘惑的力量吧，想去掉自己的痛苦以及和蕾貝佳重逢，因此，她可能看不見自己想要新生的願望，結果讓痛苦不斷膨脹。

聽到瑞秋的消息，全家人集合在爸媽家裡。那天下午最強大最清晰的記憶，就是爸媽告訴瑞秋的兒子他母親已經去世了。他們希望其他人都不要在場，因此我們有幾個人出去，漫無目標地站在通往門廊的寬闊磚造階梯上；我們都無法直視其他人的眼睛，也說不出話。我盯著一道又一道門檻：門廊的兩根白色柱子中間、落地窗下面、客廳的滑動門下面，最後是沙發上的外甥，他坐在我爸媽中間。他聽著他們講話，然後往前移動，我覺得我整個人也要往前倒下，不得不趕快轉頭。

那一刻，每個人都變了。外甥本是有慈愛母親的男孩，卻在幾秒內變成無母的孤兒，更糟糕的是之後他會曉得是他的母親自己選擇把他丟下。我爸媽也一樣，在這一刻必須對孫兒揭露壞消息。我不知道為什麼，這棟房子無法幫我解除與緩和痛苦。我在這裡長大，留下美好的回憶，白天或傍晚跟家人聚集在令人昏昏欲睡的門廊鞦韆旁，臥房外有塗了瀝青的陽台，我們會在上面曬太陽，曬到頭腦發白，身體發亮，前面的壁龕正好能放下聖誕樹（但放不下突然出現的幾十盒禮物，於是只能分散在樓梯上），客廳接待訪客，小客廳讓我們閒閒靠著看電視，在星期天緊張的晚餐時刻，餐廳壁爐上精細雕刻的植物正好能分散注意力，十張嘴和十顆心等著被餵飽。家中收入微薄，因此父親壓力很大，而廚房水槽下的清潔劑後方有一瓶琴酒，和父親暴烈的脾氣都是不完美的釋放壓力工具，但這棟房子仍是全家人的驕傲。它代表我們共同的快樂時光，代表父親努力掙取的地位，母親在此用工藝和郊遊維繫整個家，也相信我們會彼此照顧。

或許在那一刻，房子更讓我體悟到，雙胞胎對家的記憶跟我的一定背道而馳，我發覺這棟房子讓我聯想到的正面事物都救不了她們。我們幾個大的住過好幾棟沒那麼大的房子，然後住所不斷變大，也不斷變好，而她們只住過這邊。這棟房子是她們的出生地，也容納了她們充滿活力、沒有條理的自我。

當然，並不是說她們在此沒有值得珍惜的回憶。我記得某個復活節的早上，她們的小姪子小姪女突然現身，陪她們吃早午餐，她們在前面的草地上種了幾十棵車輪花。這一區的花園造景都是修剪整齊的圍籬和杜鵑花，而我們家則是自然風的花園，生氣勃勃，朝著不同的方向恣意延伸。直到今日，我們去掃墓時，仍會留下車輪花給她們，感覺比其他的花朵更恰當。

這棟房子對父親來說，則象徵著許許多多有失體面的成就，他拿房子反覆貸款，把我們養大，雙胞胎過世幾年後，父親想把房子賣掉。一方面脫離債務，另一方面逃離最後這些難熬的回憶。爸媽也想住得離大姊克莉絲汀跟她的孩子更近一點，因為他們要撫養瑞秋的兒子。瑞秋死後，其他孩子還小的手足自告奮勇收養她的孤兒，甚至僵持不下，但爸媽想負責把他帶大，瑞秋在十九歲生下他，我們從來沒見過他的生父。他們既是悲慟的雙親，也是溺愛的祖父母，陷在這樣的兩難中，他們仍願為他付出一切。

瑞秋死後，一切又再來一次：處理蒙上悲傷的私人物品，在聖嘉勒修道院舉辦令人痛苦的小規模喪禮，才在一年半以前打開拉法葉一號墓園墳墓入口又用灰泥封起來的教堂司事，把他們的手工製品重新爆開，納入另一個妹妹，然後再封起來。我不敢直視爸媽。跟兄弟姊妹在一起讓我好痛苦，但我也只想跟他們在一起。朋友親戚展現出極度的慷慨與支持；其他人則不知道怎麼回應第二次的自殺。大家止不住頑固地反覆評估到底是什麼讓雙胞胎走到這個地步，又是什麼影響了我們。諮詢和醫院、壞男友、好男友、通電話、謠言、錯失的契機……等等。

多年來，我一直想著這兩樁自殺是怎麼讓情況惡化，餘波蕩漾，她們怎麼告知彼此，她們有什麼不一樣。比方說，在殯儀館「瞻仰遺容」的方法就不對稱。蕾貝佳在寬闊的深色鑲板接待室裡，有鮮花和高雅的沙發。我們有充足的空間悲傷地繞棺，走向彼此，或獨自待在她放在正式底架的遺體旁。白布直拉到她的下巴，一頭金髮往後梳齊，妝容是這幾年我看過最端莊的，看起來就像前拉斐爾派畫像中迷了路的發光美人，在死後更能激發畫家靈感。如果蕾貝佳曾有什麼浪漫的想像，想像我們會怎麼哀悼她，這應該相當接近了。

一年半以後，那家殯儀館在裝修。瑞秋被送到走廊另一頭的小房間裡，一次只能進去幾個人，她的遺體仍放在擔架上。她的化妝給人雜亂的感覺，脖子上的勒痕清晰可見，把她兒子帶進來前，我們還必須先蓋住她的脖子。醫院的名字印在床單的最上面。我們的悲慟沒有高雅的答禮，也沒有正式的偽裝。在走廊另一頭，裝修的電鋸和電鑽嘎嘎作響，烤焦了空氣。在狹窄的門廳裡，來了同一位殯儀館的承辦人員，他在蕾貝佳的儀式上畢恭畢敬，這次卻坐在椅子上，面帶無聊，不假思索地說：「你們好像才來過。」之後就保持沉默。過了一個星期，我寫信給殯儀館的老闆，詳述他的差別待遇，對方回信道歉，捐了一大筆錢給瑞秋兒子的學校。我記得，收到回信時我非常驚訝，裝在信封裡的實質回應，有信頭有簽名，我不真實的悲痛和不滿，居然滋生出一筆世俗的交易。

父親死後，在整理父親的私人文件時，我發現了那封信。和雙胞胎有關的往來信件——對象有學校、精神病院、警察局、地方檢察署和驗屍官辦公室。他利用他對法律機構的影響力，努力不懈找人幫忙，尋找答案。在幾張模糊的律師傳真上，甚至留下了舊時威脅哄騙的證據：艾瑞克，昨天講電話的時候你很生氣，我明白為什麼，但是……看來我寫信給殯儀館老闆時，也寄了副本給他。儘管上面有我的名字，那份文件仍很陌生，像假造的。對，那種生氣、刺耳、受傷的口氣感覺很熟悉，但仍像別人寫的。

或許是這個人：

一個女人，某天早上起來，深深陷入最黑暗的悲傷，無精打采地想辦法把自己弄下床，她瞄到到床邊桌上的一疊書，華樂斯．史蒂文斯（Wallace Stevens）、維吉尼亞．吳爾芙（Virginia Woolf）和威廉．福克納（William Faulkner），這些書突然看似乾枯的外殼，裡面曾裝過對她來說很重要的東西，現在卻再也碰不到了。別人常說可以找書來看，應對悲傷，但她發現文學幫不了她。她覺得很可恥，把人生耗費在文學的「愉悅」上，儘管此刻應該覺得文學最有幫助，自己最需要文學，但她卻發現文學一無是處。句子在她眼前崩解。小小的詞和字母都排列起來，隨侍在側，但毫無生氣。語言好像騙局，人類再怎麼努力表達，也無法接近真正的痛苦，只能加以打扮，給予形體，但那又怎樣。

她不光懷疑語言，也懷疑敘事的拯救力量。迪迪安（Didion）有句宣言：「我們說故事給自己聽，才能活下去」，她突然覺得這是神經質的炫耀。她把話反過來，納悶她妹妹對自己說了什麼故事，才能離開這個世界。這是一個陰冷、結滿蜘蛛網的兔子洞，等著她去探索。編寫自己的結局，似乎就能充分掌控你的敘事，對不對？蕾貝佳是否告訴自己，她的靈魂沒有價值，多年來把年輕的肉體當商品出售，是否更強化了這個想法？男人、交易、恥辱？她的自殺是不是給M的終極懲罰，懲罰他的不忠與虐待？終極懲罰的對象還有那些不夠愛她又一直評斷她的人？要結束她的痛苦，自殺是不是最好最方便的方法？瑞秋是否告訴自己，她不是好妻子，不是好母親，她不在了，對大家都好，包括她兒子在內？她是否需要跟蕾貝佳會合，好好返回子宮，她們的起點？在瑞秋留下的紙條裡，起碼可以找到這些故事的證據，她留下三張紙條，貼在臥室門上——一張給新婚丈夫，一張給爸媽，一張給她的兒子。都寫了解釋，都用笑臉裝飾。女人後來聽同事說，這其實很常見，同事的丈夫是上城區的金融家，在自殺遺書上也畫了個笑臉，然後舉槍自盡。笑臉象徵了深刻的疏離，讓自殺的人得以拉緊繩圈、扣下扳機或吞下藥丸。

她們塑造成意義的體驗，她們告訴自己的故事，怎麼跟她們其他的故事拼湊起來？當然，必定拼得零零落落。其他人相信她們得到無條件的愛，身為家裡最小的，這是理所當然了，人生雖然苦惱，但是充滿希望，前途無限。雖然哥哥姊姊通常不在身邊，或許去別的州念大學，或許仍在紐奧良，而且也有自己半成年的問題，不過一有機會就會關心她們。但他們真的了解她們嗎？有好好聽說過她們的故事嗎？

這一次，女人覺得，只要有世俗的互動，另一邊似乎一定有著冰冷的混亂深淵。

在那兩次自殺事件的期間，女人在高中教書，有股力量把她拉出她的虛無主義，因為她每天都要上班，努力讓青少年相信文學和故事很重要。這項工作也讓她每兩個星期可以領一次薪水。日復一日，透過《包法利夫人》、《看不見的人》（*Invisible Man*）和英國現代主義，透過考試、作業以及課堂討論中對青少年腦袋的實驗性刺激，她逐漸再度讓自己相信文學的價值。她讓時間發揮慰藉的效果。不論是什麼樣大規模的損失和悲劇，即使個人無法度過，敘事依然存活。儘管敘事的結構有人為不自然的感覺，仍始自於個人的意識，那就有所幫助了。她的課程要解剖、享受和承擔集體的人類計畫。用她的點名冊和白板，她就像鷹架裡的構架，連結過去和未來。透過閱讀，大家都參與這個計畫無止境的建構。

參與之後，也比較願意忍耐生活。女人讓步了，或許迪迪安也算有點道理。

在〈宿醉〉裡，艾米斯討論到文學裡很少處理真實的宿醉和比喻的宿醉。他用卡夫卡的《變形記》來舉例，很簡練，也很容易明白。從「主角某天早上醒來，發現自己變成跟一個人一樣大的蟑螂」，艾米斯聲稱這是「最棒的文學手法」。他接著說：「中心形象難有更好的選擇，大家對那人的惡劣帶著顯著的觸動（我找不到卡夫卡的濫飲紀錄）。」儘管有些人會質疑艾米斯為何說主角格里高爾是隻成人大小的「蟑螂」，因為我們只知道他醒來後變成一隻大蟲子。格里高爾還是人的時候，到處奔走推銷商品，認真工作來支持中產階級的家庭——父母和妹妹。醒來後，卻變成了對他們無用的東西，他一心想減少家人的恐懼和反感。卡夫卡的敘述讓人心碎，格里高爾在上鎖的房間裡適應他的新狀態，他的世界突然被小東西和小慾望限制了，而且不管再怎麼小，他還是觸及不到。

為了補足艾米斯的想法，奈特也把《變形記》寄給我們，從高中起，這個故事就讓我很困惑。這一次重讀，隨著故事演進，困惑的感受減少了，被格里高爾引發的憐憫加深了。格里高爾變得愈來愈像動物，愈發脫離文明的密謀，但卻又無法完全脫離，他的渴望、傷害和喜悅變得更孤立，也更強烈。他的移動費力而痛苦，人類的謎團保持完整無缺。他還是人的時候，從雜誌上剪了一幅畫，裡面的美女套著毛皮暖手筒，現在變成蟲，也只能慢慢朝著照片挪過去；父親對著他丟蘋果，蘋果卡在他背上；妹妹彈出的優美琴音讓他想從房間走出去。

奈特會把文學或非文學的現象與系統連結在一起，他簡短說了一下，格里高爾的旅行推銷員職位、馬克思主義以及大多數工作的徒勞都像蟲子，本質都帶有算計。他的話引發了熱烈而火氣十足的岔題，因為布萊德、克里斯和艾倫常碰到同一組佈景人員，他們提到線下電影工作的變動性，在倉庫或拍攝現場消磨的漫長時光、反覆無常的美術指導、大量的油漆和單調的刷油漆技巧、做出來的文化物品生命短暫，最後都要丟進垃圾桶和傳給有線頻道。克里斯說粉刷小組是「原始的徒勞無功者」。

站在門口抽菸的崔斯坦卻把《變形記》連結到恥辱和家庭：「我們不希望談起家裡的害蟲。我們想把它們鎖在清潔用品的櫃子。你們不覺得格里高爾消失後，他家人反而鬆了一口氣？」艾倫很同意，她是家中七個孩子裡的么女，一直受到欺凌：「格里高爾是家人的奴隸，家庭創造出他這個悲哀的小怪獸。他們讓他出現，最後又必須讓他死。」討論的內容也是我想了好多年的事情：我們都是家庭試煉場的產物嗎？

多年前，一位大學的朋友來我家拜訪，身為外人的他觀察力敏銳，在我們充滿活力的大規模家庭晚餐結束後，他說，小妹們講話時，他不覺得我們會認真聽。我們會打斷她們，或嘲笑她們講的話，但她們不是在開玩笑。在哥哥姊姊更強烈的人格籠罩下，他覺得她們遭到忽視，也被低估了。我當然嗤之以鼻——我們幾個都相信雙胞胎被寵壞了，爸媽年紀愈來愈老，厭煩養育的工作，她們常逃過該受的懲罰。蕾貝佳上吊後，有人說，她沒想到蕾貝佳能打出把自己吊死的繩結，我才想起個朋友說的話。確實，我們把她們低估了。

蕾貝佳說過，她很愛動物，因為動物不會論斷她。十幾歲的時候，她在奧杜邦動物園當過初級管理員，在短短的成人時期養過很多寵物，包括睡在吊床裡的蜜袋鼯，還有一頭越南大肚豬，那隻豬有次吸了她藏的古柯鹼，變得瘋狂而興奮，甚至把她逼進廚房裡，和她纏鬥了一個小時。她死後，我們去M家拿她的東西，我得到一把她的梳子，纏滿了她的金色長髮以及莎夏的毛，莎夏是一頭西伯利亞哈士奇，完全不適合紐奧良的氣候。我想像她們兩個坐在她的黑色皮沙發上，蕾貝佳心不在焉地刷著莎夏的毛，然後梳梳自己的頭髮，完全不加以區別。

我有一個紫紅色的絲絨袋，裝了雙胞胎的頭髮，是殯葬業者在火化前剪下來的。蕾貝佳的頭髮一直漂成淡金色，瑞秋則染成深褐色，彷彿想跟彼此區別，也要跟其他的家人不一樣。我有種上當的感覺，因為她們給我的遺物都經過人為變造，但我覺得這也代表她們的選擇，她們真能控制的東西。跟很多大家庭一樣，我們的特徵可以分組，我跟她們一組——深色金髮、褐色眼睛、骨架比其他人略小。在殯儀館的時候，瑞秋的新丈夫／新鰥夫看到我站在慰靈室外的走廊上，他驚嘆我跟她好像，他抓住我，然後抱著我，抱得太緊了，也太久了。雙胞胎的訃聞與照片先後見報，很多人說我們長得很像。我大概因此也相信，我看過死亡，吻過死亡的面孔，而那張臉看起來跟我很像。我們一起創造出她們；她們的死改變了我們。我心懷疑惑，很可怕，也帶著內疚，雙胞胎的死讓她們離開家庭結構，她們選擇離開，而造就了今天的我們，或許讓我們敢冒之前不敢冒的險。說「強化」似乎不對，但有可能迫使我們要對自己和對父母證明某些事情。既然很多人把自殺當成終極的失敗，留下來的六個人則要負擔不可能的任務，努力去彌補，要提出成就，比方說贏得判決、生小孩、推行活動、出版作品、展示藝術品、協助社群，來證實爸媽是很好、很愛孩子的父母，我們也都過得不錯。

在《變形記》的結尾，可憐的格里高爾死了，清潔工把他掃起來，丟在垃圾堆裡，他的家人去鄉間旅行，讓他們的頭腦清醒，在這一切煎熬過後休息一下。格里高爾賺錢養家時，他們萎靡不振。但現在他走了，他們似乎茁壯成長，或起碼願意付出努力。在電車上，格里高爾的家人評估卸下負擔的新景況。《變形記》的結尾是：「彷彿新的夢想和絕佳的意圖得到證實，在旅途結束時，女兒跳了起來，伸展年輕的身軀。」

可怕的宿醉過去後的那個早晨，總讓我滿心感激。起床後，我很感謝自己能再有一次機會，記起感受良好的感覺。眼前有那麼多可能性與生產力，這一天還沒縮攏，並毫不寬容地帶來日落，讓你又想來一杯。大多數人很幸運，宿醉只是好時光的一環，重重落下，然後重生。對其他人來說，他們不斷墜落，抓不到復原的機會。最後他們投降了，周圍的人繼承他們形而上的宿醉。我們這些存活的人要用絕佳的意圖掙扎通過，想辦法度過高潮和低潮，無窮盡地尋找能讓我們撐到第二天早上的東西。ECRG推了我們一把，在尋找時，我們要提醒自己，宿醉的禮物就是擁有更新的敏銳度，感受到其他人的痛苦，用溫和的寬容對待我們自己的痛苦。更需要額外的善意與耐心。我們希望，我們知道，另一邊有健康，有好的感覺，只要能通過這段試煉，或許一個人，或許其他人願意分享他們補救的方法，可以跟我們一起走。

九月

圍城

艾薩克颶風用不可思議的方法慶祝卡崔娜颶風的七週年紀念，選在此時登陸紐奧良。我們做好防災準備，移走露台的家具，清理排水道的雨水，同時轉到電台的氣象新聞，還跟得了強迫症一樣一直檢查氣象的應用程式。在我的成長過程中，颶風追蹤圖會印在雜貨紙袋上，本地的氣象播報員在黑板架前揮舞著大馬克筆，念出座標，你可以依此畫出暴風圈如何在墨西哥灣上行進，或聽海岸巡防隊在調幅廣播頻道上沙沙作響的統計資料。很好玩，也很可怕，像是提醒大家我們在地球上有很特殊的定位。現在則由私人的技術和社群媒體聯合起來告訴大家風暴將至，空氣中已經滿載的電力又添了光亮、互連的警覺。

做好後勤準備工作，似乎也幫心裡打了強心針，整座城對艾薩克基本上抱著一種積極的「沒關係，有我們在」的平穩心情，熟悉的焦慮感則在邊緣蓄勢待發。在擁擠的記者會上，市長吹捧著卡崔娜颶風過後他們花了一百四十億美元改進聯邦的洪水保護系統。在廣播節目裡，他上氣不接下氣，興奮無比，才剛跟美國陸軍工程兵團談定全新的護城高牆，價值十一億美元，長一點八英里，高二十六英尺。因為不強制撤離，大多數人保持低調，清掉冰箱裡的食物，在刮著強風的人行道上跟鄰居閒聊，試圖整理出資源共享網路——誰家有最多食物、酒精飲料、水、汽油或槍。

結果證實，颶風艾薩克是個笨重、緩慢的一級颶風，用風雨肆虐了紐奧良好幾天。紐奧良周圍的聯邦堤防幹得好，擋住了暴風帶來的巨浪，我們的巨型排水系統含有世界上最大的水泵，幹得好，下再多雨也排空了，我們的老房子幹得好，沒倒下來。

城裡最嚴重的問題是幾乎停了一星期的電，這時的溫度超過攝氏三十二度，卡崔娜颶風過後建造的超級電網效能改進許多，也是常拿來宣傳的目標，這次卻讓我們失望了。學校和企業持續關閉，諷刺的是，針對艾薩克的撤離計畫反而是在風暴過後才開始，在八月底九月初的亞熱帶城市裡，沒有電力，讓大家只能逃離難以忍受的酷熱和例常的不便。門廊、前院、人行道和空地現在都是居住與吃飯的區域，給紐奧良一種集體的氛圍，自卡崔娜過後，我第一次有這種感覺。克里斯說潮濕的天氣就像住在別人的肺裡，那個星期他來跟我們在門廊上共享酒類和秋葵濃湯，艾倫也來了，她住在附近，穿著時髦的雨靴巡視我們這一區，進行社交訪問。我們睡在客廳的地板上，因為那裡的通風最好，後來還去了索倫家借住，因為他家的電力比我們早好幾天恢復。我在八月最後一周和九月第一周的日曆上潦草寫下「全損」兩字。日常活動都被防災準備取代，艾薩克的降雨量虎頭蛇尾，接著則是等待電力修復的悲慘日子。本地有幾千場會議取消或改期，九月的ECRG也暫停一次。

面對自然災難，「存在」變得沒那麼哲學，卻更加急迫，「意義」也一樣。災難和撤離其實是評價人生的絕佳練習。我們必須決定生命中哪些東西最重要，然後逃離住所，在壅塞的高速公路上與同樣背負重擔的同道中人會合。卡崔娜逼近海岸線時，我看著丈夫自動把我們剛拿到的婚紗相簿從架上取下，裝進行李廂，我則嘟著嘴拖拖拉拉（我這輩子從沒撤離過），我再度確認我做了一個很棒的決定，就是跟他結婚。

艾薩克颶風的威脅過後，我們穿上中筒防水靴，戴上帽子，和兒子們走在變弱的狂風中。這一區彙整了暴風後的弱點和堅忍：老舊和失修的建築物終於坍塌，美國國民警衛隊開著濺滿沙土斑點的悍馬車，帶來令人稱奇的設備，他們拔起橡樹，露出成人大小的根系。不過大部分街區，和有著老舊直條房和克里奧爾農舍、抵抗了一百多年颶風的街區，雖然少了幾面牆板和屋頂板，但大致上還算沒事。兒子是第一次看到這種戲劇性的劫掠，但熟悉的毀滅讓我的創傷後壓力症候群不斷發作，彷彿在暈頭轉向的幾秒鐘裡，卡崔娜和艾薩克中間相隔的七年突然瓦解了。

我們的兒子們從小生活的世界就被巨大的損失，以及關於重建和保護的公共煩惱所定義。西拉是布萊德的兒子，在卡崔娜侵襲後才變成也是我的兒子，我們撤離到休士頓紅屋頂旅館的時候他才六歲。我們在CNN上反覆看著同一道潰堤的同一段連續鏡頭，我突然有種奇怪的確信，我可能懷孕了。後來，從藥房走回汽車旅館時，一起撤離的人有些在停車場裡，坐在行動冰箱上，他們的狗在糟糕的人工造景裡方便，有人則在大廳裡盯著無用的手機。我告訴布萊德如果測試結果是陰性的，我們要重新開始避孕。紐奧良仍裝滿了水，我們還不知道工作、房子和城市有沒有著落。

前一天，我們沿著I-20通道從撤離的第一站塔斯卡盧薩向西前進，不時要閃過倒下來的樹，經過沒有電力且排滿了開不動的車子的加油站，看著來自美國各地的線務員車隊從南向出口進入紐奧良。廣播不斷報導哪些堤防場了，要等好幾個星期才能把水抽出去。電台一直斷線，我緊張地按著選台器，在靜電干擾中尋找信號，剛變成我兒子的西拉則反覆念著《貝安斯坦熊》的故事，他在我們通過密西西比河後就一直在念《貝安斯坦熊》。我急著聽新聞，焦慮之外還承受不了疼痛，我崩潰了，因為我不知道我能不能面對這種情況，我很自私，一點也不像個母親。單身幾十年來，我已經習慣獨善其身，還沒累積可以取用的母愛耐心，也還沒準備好。在紅屋頂燈光太亮的浴室裡，驗孕棒上確認懷孕的粉紅色線條帶來意想不到的欣喜和信念，我的絕望同時增添了新的特質。人母身分和卡崔娜幾乎同時給我打擊。

CNN大幅報導難以想像的新聞，西拉可愛的纖瘦身軀睡在另一張雙人床上，我哭了，布萊德提醒我，這是我們要的。是好事，記得嗎？堤防潰決後，卡崔娜侵襲前有過的願望和期待就算沒完全沉沒，有不少也須重新考慮。但就這件事來說，來不及了。我們要面對墨西哥蜜月以及稍早前發現的那些瓦哈卡龍舌蘭酒的餘波，儘管幾個星期前才剛結束那段旅程，但現在躺在汽車旅館會沙沙作響的便宜蓋被下，麻木地用遙控器對準夢魘般的電視時；墨西哥之行似乎遙遠如不可思議的前世。

我們不能回家，家庭生活變得很遙遠，帶著聯邦緊急事務管理署給的大筆款項，我們繼續西行，在奧斯汀和洛杉磯之間，每次看到冰雪皇后冰淇淋店，我就想進去。九月初，我再也不熟悉我的身體和本能，我的世界也變得陌生了。一般來說，懷孕期間體驗到的心情、口味和基本生物需求，就某種程度而言，都能仰賴生活的外在環境穩定性。但這次沒辦法。突然之間，我忍受不了咖啡的味道，大家持續自我麻醉時，我不能喝酒，低等級的存在畏懼升格成全面發展的噁心。突然之間，我們開車通過月球般的德州西部，心裡只想著紐奧良的洪水，還有當天晚上要睡在哪裡。我完全搞不清楚方向了——地理的方向和分子的方向。

穿越乾旱的西北部時，我們驚嘆這個世界有多完好無缺和堅固，充滿台地和岩漠，再往北到洛杉磯和舊金山，不知道能不能建立新的家園，我們拜訪其他四散的撤離者，同情彼此的遭遇，朋友們則熱情照顧我們。我開始幫上幼稚園的西拉上課，一起在後座學習聲學和數字的模式。十月初回到紐奧良時，這座城遭到的破壞超乎所有人的想像，而我們毫無疑問已經成為一家人，旅途的限制（車子、汽車旅館、高速公路）、當下的激動和未來的不確定性，都讓我們的關係更密切。

我們比大多數人都幸運。我們離河很近，就是美國原住民指給法國人看、適合定居的高地，因此沒淹到水。水淹到一個半街區外就停了。但我們還要等六個星期才能回家，因為胡桃樹倒下，弄壞了電箱，造成不太嚴重的損傷。我們到我姊姊克莉絲汀在對岸阿爾及爾的家暫住，其他住在淹水地帶的兄弟姊妹也拔營來這裡集合，思索接下來該怎麼辦。

美國有些人質疑，到底要不要救紐奧良，很多市民也在評估紐奧良對他們的意義，要留還是要走，因此，這座城正面對著真正的存在危機。在ECRG裡，我們會引經據典，很多人也一樣，用過去的文學幫他們清晰表達這個地方的文化、歷史和意義，從十九世紀的記者小泉八雲（Lafcadio Hearn）到爵士音樂家路易・阿姆斯壯（Louis Armstrong）的自傳，其是否存活創造了爭論。一則常被提起的備用武器是〈紐奧良吾愛〉（New Orleans Mon Amour），是沃克・柏西在一九六八年幫雜誌寫的文章，他認為，紐奧良可以代表美國城市的救贖：

如果法國人仍保有這座城，今天它就跟馬丁尼克島一樣，充滿拉丁風味。如果美國人先到紐奧良，休士頓或傑克森就會橫過偉大的美國分水嶺。碰巧也會有足夠的文化僵局，給我們足夠的轉身空間，在北方的真空和南方的壓力鍋之間巧妙地平衡這塊公共領地。

很難說卡崔娜把平衡破壞成什麼樣子，整體的種族和經濟不公平如此赤裸裸地展示在全世界眼前，讓許多人質疑過去是否真的曾有過那樣的平衡。

紐奧良是我的家，也是我唯一想居住的地方，但它再也無法給予滋養，對孕婦來說更不適合。處於「脆弱的狀況」不符合新的日常用語，「改裝」、「殘骸」、「破裂」和「宵禁」則常常聽到。悍馬車震動了人行道，街角纏上了有刺鐵絲網。在我工作的學校，教室現在是國民警衛隊「渡鴉特遣部隊」的營房，行軍床和M16步槍取代了書桌，陸軍中士把我的辦公室當成私人宿舍。我們住的市中心充滿了特別的陽剛之氣，令人無所適從。軍隊與承包商和救災人員進駐，搭起帳篷，因此運河街的中立地帶塞滿了卡車。

到了洛杉磯，我們住在大學認識的朋友家裡，《洛杉磯時報》的封面故事提到這股流進紐奧良的雄風，還特別提到脫衣舞俱樂部急忙重開因應需求。我心想，要是蕾貝佳還活著，會不會名列率先回應的舞女部隊。在她七週年的忌日，我們仍在加州流亡，在暴風引發的事件中，感覺過了一輩子。那天無法到她墳上祭拜，更加重那一刻失去條理的無助。

在懷孕的頭三個月，在世界末日後的紐奧良，我的味覺也更加靈敏，這是大自然給孕婦的禮物，幫她們避開不該吃的東西，如果說人類繁殖是一種近乎完美的機械裝置，那嗅覺就像水位計。缺電後，無人照管，整座城都在腐敗，每樣東西下面都有腐爛的甜油味。冰箱搬移、商家持續排放廢物、街上堆得高高的殘骸——臭味愈發強烈。到重新開業的雜貨店買東西時，儘管一切表面上看起來還好，大家也努力消毒，但腐爛的陰影籠罩我心，走在貨架之間，我必須掩著嘴，才不會作嘔。

不久之後，我像典型的孕婦，隨時能在公共場合崩潰。附近重新開幕的希羅斯餐廳，在窗戶上貼滿了黏蠅紙，餐廳裡只有一名滿臉倦容的服務生，菜單選項只有「起士漢堡、起士漢堡跟起士漢堡」。紐奧良本來是美國的美食首都啊，我們只能嘆氣。邊咬起士漢堡，邊趕著蒼蠅，就像在瓦哈卡的海岸邊度蜜月，那兒的餐廳也飛滿蒼蠅。然後，透過餐廳的擴音器，我們聽到平克．佛洛依德（Pink Floyd）《希望你在身邊》（*Wish You Were Here*）開頭的和弦，把我帶回高中時代，無知而滿是期盼的年代，冷戰晚期的空無主義，電腦時代前的渴望——錄音機、汽車後座和堤防的損害。我們不知道眼前會有那麼多傷痛和失落。我們不知道世界末日會讓人感覺這麼親密。現在，在我體內，我孕育著更多的不確定性，更有可能帶來傷痛和失落。所以，所以你以為你分得出天堂與地獄？那時候不可能知道的一切力量突然變得更難以承受，我臉上的肌肉不久後開始有混亂的感覺，試著同時哭泣和嚼食。

但真的嗎？這是荷爾蒙的作用嗎？怎麼分辨呢？那時，每個人似乎都在同樣的原始情緒狀態，男人跟女人一樣容易受到責難，隨時有可能崩潰。大多數紐奧良人都有孕吐的感覺，與重建的宿醉，每天睜開眼睛，從腦袋裡掃去殘留的睡意，然後想起來，糟了……

到了我懷孕差不多六個月時，更多人回來，感覺比較正常了一點，我接受我的新角色：活生生的希望象徵。在人行道和乘客稀少的公車上，我「得到保佑」。愈來愈多人穿著T恤，上面告誡大家要保衛、更新或拯救這座城，我則做了一件「增加紐奧良人口」的來蓋住我隆起的肚皮。我們的寶寶快變成一種抽象概念，混入了重建的戲劇中。城裡的小孩依然很少，西拉騎著踏板車在附近發出嘎啦聲的時候，聽到的人會從窗簾後偷偷往外看。有一次甚至讓我們宛若身處於科幻小說的情節裡，當時我們經過某棟房子前面，一個女人很小心地把門開了一條縫，用足以讓人聽見的耳語聲說道：「噢，天啊，有個小孩。」

潰堤八個月後，我進了圖洛醫院，我們家的人幾乎都在這裡出生，我痛到睜不開眼睛，全身蜷曲，準備接受神聖的無痛分娩麻醉。護士按著我的肩膀，一下告誡我集中精神，一下對著才剛回到紐奧良的麻醉師講話，麻醉師正要把針刺進我的脊椎骨時，護士開始說著她在聖路易灣的房子毀了，只得到三萬美元賠償，我才發覺我們沒有一刻能避開暴風的敘事。圖洛少了一些工作人員，雇用了一些失去醫院的職員。把我們的孩子帶來世上的人都受過苦，也仍在受苦，但受苦與他們的職業本質似乎都無法讓他們消沉，他們依舊歡欣鼓舞地支持奇蹟出現。接下來的幾天內，我克制不住地詢問護士的颶風體驗，故事很多，五花八門，通常參雜著照顧新生兒的建議。

從醫院回家的那段路令人膽怯，經過之前曾上演過難民恐怖秀、仍上著鎖的會議中心，還有運河街上樹頂早已磨損的高大棕櫚樹，我一直想向小兒子道歉關於城市的事，向他解釋平常不是這樣的，我們正在努力讓它更好。然後，他正好一週大時，我在報紙頭條上讀到美國陸軍工程兵團搞砸了工業運河的修復工作，東牆比未破壞的西牆高出二點五英尺，因此我們接著運河的這區雖然沒淹水，卻比以前更容易受災。我簡直不敢相信自己的眼睛，胸中浮現熟悉的憤怒，我一直往下看腿上可愛的兒子，他閉著眼睛，完美的嘴唇縮攏起來，正飢餓地尋找食物。

除了恐懼和傷害，我也相信，我們的兒子很幸運，能目擊到城裡那麼多的災後轉變。他們看到建築物爆裂、遷移不同地區，或配合美國陸軍工程兵團的淹水地圖抬高地基。他們看到工地上的幾十台起重機和推土機，也能在新的人行道上騎腳踏車，享受全新的公園和學校。沒錯，我們家附近碼頭上的五塊倉庫區在卡崔娜侵襲後燒毀，把丙烷槽像炸彈一樣射到各處，但現在我們有一覽無遺的河景，可以看到密西西比河上的船流。此外，我從小到大體驗到的冷淡和停滯也跟著洪水蒸發了。我們現在在倖存模式，正用不完美的方法追求改善。

重建的奇觀也一直提醒我們，孩子的新紐奧良要面對存在的威脅。《皮卡尤恩時報》在報導艾薩克颶風的時候，也發布了路易斯安那州東南部現存及未來的堤防地圖，顯示暴風帶來的降水將流向哪裡，以及水位有多高。在報紙上可以看到，繞著紐奧良的牆似乎來自中世紀，加強了我們有時候對現況產生的那種圍城心態。視線越過牆外，你會看到廣闊的領域和威脅的成因——自然的冷漠。自一九三〇年代以來，路易斯安那流失了將近兩千平方英里的土地，主要是人類活動造成——舉幾個例子，三百年來持續建造堤防、貪婪地探勘和萃取石油與天然氣、海平面上升，以及過度開發——每年持續流失二十五到三十五平方英里。我們要抵禦淹水，就要靠周圍的土地，報紙上那張圍城的地圖看起來就像潮汐上漲時圍繞沙堡的壁壘。

而在艾薩克颶風來襲前一年，另有一次恐慌：二〇一一年的密西西比河大洪水。就像前一年的「深水地平線」爆炸和再前一年的颶風，都有當代典型南路易斯安那災難的虛飾：自然對抗人類，美國陸軍工程兵團對抗自然，大眾的期待和朋友間的災難性思考，你只能禮貌地儘量不聽。春天快結束時，融雪和大型暴風系統的破紀錄雨量讓密西西比河流域飽和到緊急的程度。上游的人比較沒時間準備和反應；人命與財產都發生了損失。泛濫平原上的人紛紛慌亂地檢查保單，重新記起「高水位」和「洪水位」的差異。這又是一個令人疲乏的機會，讓我們重新認識自然環境的力量，和人造環境的軟弱——例如得知牆的堅固度。

布萊德跟我帶兒子去河邊，這是我們看過最高的水位。在〈紐奥良吾愛〉中，柏西雖然寫了「密西西比河特別赦免了紐奥良這一塊……有緩和的感覺，也有不確定的可能性」，但這句話或許也帶有更要人驚覺的特定可能性。爬上堤防長滿草的底部，到了最上面，我感受到一種恐懼，就像發現浴缸快裝滿了水，而水還在流，感覺水就要濺到磁磚地板上了，心裡急著想拉人來幫忙。焦慮讓城裡的人坐立難安，也加深所有其他的焦慮。父親住在堤防旁邊，就在我們對岸，他的白血病已經很嚴重且病情易變，家人很緊張他跟母親的狀況，正好對應到許多人對泛濫危機的感受。恐懼、對當局和科技的不信任、同時也不信最壞的情況有可能出現。

洪水危機來到最高峰的時候，我運氣很好，有位攝影師朋友邀請我一起搭私人飛機去上游區域。幸運但觀點很正確——從恰當的距離和角度，讓自己脫離身處地面上的焦慮，在空中以冷靜、冥思的清晰度觀察，俯視的角度也是官僚的角度，我們會看到受威脅和已經淹沒的「結構」、裝滿水的阿查法拉亞盆地和消失的密西西比河岸、無數防洪措施的運作，例如摩根薩洩洪道。

機長是朋友的朋友，年紀是中年人的中間歲數，聲音柔和年輕，白髮比同年齡的人多了點，他穿著白色亞麻襯衫，戴著雷朋太陽眼鏡，在紊亂的天氣中平穩地起飛，沿著龐恰特雷恩湖飛往邦卡萊洩洪道，這條洩洪道最近開了好幾個灣把水從河裡導進湖裡。車子滑過大窪地上方的高速公路，下面就是急流，繞著洩洪道泛濫平原上的樹木激起了白色的漩渦，然後與泥巴漩渦交融，再混入顏色略淺的湖水裡。

洩洪道於一九三一年完工，美國陸軍工程兵團原先有「僅限堤防」的政策，但因為變動而有了這條洩洪道。十九世紀不斷推動堤防的建造，而且愈建愈高，導致河水水位上升，進而升高洪水的水位，對系統造成的壓力愈來愈大，最後導致了一九二七年的大水災，這也迫使當局重新思考政策。洩洪道增加了靈活度，與河道複雜的動態互相妥協。

我們離開河湖之間補強的接合處，在雲層下方飛向墨西哥灣。身為城市人，看到綿延數里的綠地感覺真好，平日束縛在街道上的自我打開了慰藉和希望的空間。身後的I–10變成細細一線，然後消失在春天的葉簇和淡黃綠色的沼澤裡。

朋友一直安靜忙著，只有在必要時開口要求機長換角度或傾斜機翼。接近阿查法拉亞三角洲時，她很興奮地說這或許是南路易斯安那唯一土地變多的地方，而不是流失。我們下面是連接阿查法拉亞到墨西哥灣的兩條主要水道——一條自然而彎曲，一條則是人造的筆直運河。運河是美國陸軍工程兵團的分洪設施，叫作蠟湖水道，於一九四二年開通，降低摩根市的洪水位。在一九七〇年代，有人發現阿查法拉亞的細沙與淤泥聚集在水道口，現在在水道主幹的盡頭冒出了原本沒有的三角洲。

你其實可以看到水中的土地正在堆積，不同顏色的淤泥和土壤繞著土地展開的分支；在其他地方則是一圈一圈，像培養皿裡長得很好的孢子。就地質學的角度來看，土地堆積得很快，在我們有生之年就會創造出可見的實質變化。希望就在那兒，在我們正下方。低空盤旋了幾圈，景象令人頭昏眼花，我們離開了蠟湖水道，沿著阿查法拉亞往上游飛了兩百英里，來到突然大受歡迎的摩根薩洩洪道。

這是三十八年來摩根薩洩洪道第一次打開，也是建造後第二次打開，它的作用是要蓄意讓水流入阿查法拉亞盆地、密西西比河西岸的農場和農村，雖有可能造成大水災，但東岸的紐奧良和巴頓魯治市中心就倖免於難。身為紐奧良難伺候、自戀但有繳稅的市民，我有點內疚。這些社區可能馬上要為我們做出這麼大的犧牲，我們對他們是否具有倫理責任？某天的報紙特別報導了這些要被淹沒的人和社區，文中引用「我是摩根薩洩洪道農夫」說的話。他是種植黃豆的農夫，語氣混合了存在主義的決心與宿命論，他表示他熟悉這塊土地，也知道耕作這塊土地的結果。沒有反控，沒有憎恨。認識你的自然環境，跟你的自然環境共存，準備好付出成本。但在那個星期，同一份報紙又引用了阿查法拉亞盆地居民的說法：「巴頓魯治根紐奧良應該要伸出援手，因為我們救了他們。」她說。「幫我們禱告。你們起碼可以禱告。」

在前往摩根薩洩洪道的路上，一大塊有田野、筒倉和帶柵欄建築物的農業地帶原來是安哥拉。我在報紙上看到，囚犯已經撤離到比較高的地方。不要多久我又會去那裡，拜訪弟弟在死囚室的客戶，那兒頂著有刺鐵絲網的高大圍籬和塔樓就在堤防長滿青草的牆邊，一百多年前，囚犯赤手建造出堤防，而我能直接聽到他們怎麼從原本的死囚室撤離到更內陸的地方。聽說囚犯很喜歡新的景色，回到更靠近監獄出口的老地方，能躺在真正的地面上曬太陽，告訴彼此抓住機會好好享受，因為他們可能再也碰不到草地了。

摩根薩洩洪道是二十世紀中期的大工程計畫，已風化成跟全國各地護欄和橋樑一樣的象灰色，能把密西西比河的河水分入摩根薩分洪河道，最後流進阿查法拉亞盆地。目前一百二十五道水門只開了幾道，從空中看起來只是慢慢從河裡把水抽到田野和樹叢間，卻足以安撫城裡人的緊張，達成等待了幾十年的成就。

回頭往南飛的時候，摩根薩洩洪道變得愈來愈小，河流從洩洪道兩端各綿延數里，我想像密西西比河從明尼蘇達州的伊塔斯加流到墨西哥灣，還有所有的控制和其他的洩洪道，像草地上丟著的水管側邊刺出的小洞。我等不及了，想趕快回到家告訴兒子我看到的這一切——所有的毀滅和可能性、自然的美和人類的作品。我最想告訴他們蠟湖水道的消息，我們看見了希望，就在我們下方綻放。

飛行了數英里，我們看到東邊有焚燒的煙霧，是人為控制的放火，細細的煙柱從一塊塊燒黑的農地上升起，不久就從捲雲的開口滲入機艙。愈來愈靠近的時候，我們不禁為煙霧中的緋紅色落日感嘆不已，河流扭曲了、膨脹了、磨亮了，東岸幾棟被吞噬的建築物露出頂部，燒焦的方形土地被西岸細細的火線分開，像是某種平靜的世界末日。黑暗突然來臨，眼前的景物也寂靜下來，我們不發一語，飛回城裡，不真實的黑暗圍住了小小的飛機。夜晚降臨，下方光線的圖案和移動讓我們看清土地的輪廓，以及遠處發出微光的紐奧良，我們的親友在那裡，但也有人已經離開了。

儘管上游一團亂，只要下游的堤防撐得住，控制系統沒問題，我們的家人跟紐奧良就會平安無事。等摩根薩洩洪道打開，河堤降下，城裡的憂慮與威脅將一起消散。後來流入阿查法拉亞河和洩洪道泛濫平原的洪水沒有我們預期的那麼糟，整場苦難一下子就離開了本地人的意識，其他的新聞和危機旋即佔據了我們的報紙封面和晚餐桌。

十月

沒有圍牆的城市

我不知道人怎麼會有那種預感，平常每天早上，我都在圖洛醫院大廳的小攤迅速買杯咖啡，然後直奔父親在五樓的癌症病房，但那天不一樣，有種無法解釋的東西把我留在樓下。或許是一週快結束了，也或許是我需要打破例行作業，那天我也買了一個瑪芬，在大廳裡坐下來，看著別人笨拙地重摺原本丟在椅子上的報紙。第一次，我就是不想上樓，我在樓下比平日多逗留了五到十分鐘。

等到我上到五樓，拿著咖啡和沾滿瑪芬油脂的紙袋，才發現他的房門已完全打開，裡面空無一人。看起來就像犯罪現場——床歪了，床單拖在地上，濺了血的抽吸器放在床邊的桌子上，不知道包了什麼的滅菌包裝紙丟得滿地都是，一眼即知是剛發生過緊急事件的現場。一個護士從我身後出現，告訴我，我來晚了。幾分鐘前，情況變得危急，他出現病危狀況，肺部都是血，他們把他送進加護病房。她叫我收拾他的東西，然後跟上去。

我把他的衣服、筆記型電腦、手機、充電器和眼鏡放進過夜包裡，我知道，時間到了。房間內的電視機聲量過大，螢幕上的《凱莉脫口秀》傳出歡欣的打趣玩笑。我突然頭昏眼花，腦中混亂地想著，在那個可怕的時刻，這個世界是如何照常運作，各個角落都正在發生著各種形形色色的事情。我不知道為什麼電視會轉到那一台，因為我爸在醫院裡只看CNN跟ESPN，而且老天啊，天啊，千萬別讓《凱莉脫口秀》變成他最後看到的東西。

加護病房的大好人來幫我拿我突然增加的行囊，要我穿好消毒衣耐心等待，他們要幫他穩定下來。加護病房讓我有點不知所措。你會感覺到現代醫藥的力量——訓練、科技、金錢、官僚，以及不可避免的結果，那些接滿電線的脆弱身體，藏在保護隱私的窗簾後面。一個多星期以前，父親要去安哥拉的前一天，我在準備ECRG第一次集會，正讀到一句伊比鳩魯說的話：「對抗其他的事物，我們或許能找到安全感，但面對死亡時，人類都住在沒有圍牆的城市裡。」對，我心想，我們盡一切努力，保護自己對抗死亡的想法、死亡的現實，但凡是人必有一死。在接下來的幾次ECRG集會中這點也愈來愈明白，而那也是一個讓大家一直回到我家客廳的主因，我們擠成一團，彼此無所修飾，配上葡萄酒、食物、友誼和閱讀，承認我們無能為力，但藉由連結找到安逸。但在這一刻，在加護病房的樓層，看著人和機器努力不懈，有種類似芭蕾舞的和諧，我只能感受到人類求生存的絕望，只為了在沒有圍牆的城市裡能多留幾分鐘、幾小時、幾天、幾個月。

這一整個星期，我們三個姊妹幾乎都在醫院裡陪父親，索倫一有空也會來。已經持續照護父親兩年的母親這星期感冒了，不能來醫院。但我現在獨自在病房的滑門外，穿著鵝黃色的消毒袍、手套和口罩，身為排在中間的孩子，正急切地考慮情況。兄弟姊妹會從哪裡來？在他們到達前，我能與父親獨處多久？畢竟，在大家庭裡，獨佔父親或母親的機會就像商品。這是最幸運、最稀少的特權。

克雷格護理師年約五十歲，穩定、聲音溫和，白髮剃得很短，像僧侶或年紀漸長的電影明星，他告訴我，他們知道父親簽了DNR（不施行心肺復甦術）同意書。那幾個字母聽來實實在在，一點不抽象，有種使人驚駭、失去方向的力量——願望因此變成了命令。他說，他們會讓父親儘量不覺得痛苦。我很害怕，問他有沒有打足夠的嗎啡。他停了一下，說：「老實說，那其實是為了家屬，而不是病人。」

過了幾個月，我們要在十月的ＥＣＲＧ讀到托爾斯泰的《伊凡．伊列區之死》（*Death of Ivan Ilyich*），喪父之痛才終於變得真實，悲傷滲入日常的憂鬱中，賦予一種更重、更明確的特質。同時，ＥＣＲＧ也變成生活的一部分，一個不可或缺的場合，用來集中我常常亂七八糟的想法和感覺。我很期待每個月的最後一個星期四，在生活的騷動中有個專注的空間，用來質疑和仔細討論重要的想法，擴展自己，同時擁抱大眾，證據則是牆邊的一排空酒瓶。

但有種跟托爾斯泰有關的東西讓當晚產生了動盪。我第一次覺得我們家的沙發可能會被灑上紅葡萄酒，因為對話不夠流暢、帶有侵略性。新來的湯姆是心理學教授，英俊、有刺青、看起來比實際年齡老，他跟凱文是同事，建議我們讀《伊凡．伊列區之死》。一開始他就說，這是唯一一本看完後被他丟到房間另一頭的書。那天晚上，字詞在房間裡飛來飛去，標記出不由衷的言語和挑戰，這在ＥＣＲＧ很少見。我們之前即便不同意別人的看法，也通常帶著尊重，並努力去了解他人的觀點。最年輕的兩位客人是奈特跟他帶來的神祕嘉賓，也是作家兼部落客（他們沒好好拿著酒杯，還常突然做出手勢，所以沙發很危險），我用了「人的境況」這個詞，被他們多所挑剔，認為是個「無意義的片語」。那天晚上，對生產現象很好奇的湯姆認真詢問在場的兩位母親生產的體驗。我張開嘴巴，正要回答的時候，兩名年輕男性從沙發上站起來，說要去門廊上抽菸。我跟另一位母親蘇珊互看了一眼。那個眼神的意思是「喔，他們很快就懂了『人的境況』」。

那天晚上，我承認，讀到羅納德・布萊特（Ronald Blythe）的導讀，我有種毛骨悚然、陰冷的似曾相識感，一直想到父親在加護病房最後那幾個小時。布萊特覺得現代文化不適合處理個人死亡的時刻，認為我們沒有給死亡應有的尊重，等某人的死亡事件結束後才認真起來，焦點也轉到悲傷和儀式上——喪禮、穿著、悼詞和下葬。布萊特描述托爾斯泰在阿斯塔波沃站長小屋裡的臨終看護，托爾斯泰已經指示隨從要問他在接近死亡時對生命的感受是否有變，但最後連他們也太過悲傷，而無法實行他的要求。

托爾斯泰一生都想著死亡，也被死亡籠罩，那重大的一刻終於來到，但就像布萊特所說：

瀕死之人在活人的掌控中，後者通常更忠於臨終時的合宜，而不是臨終時的啟示。知道死者什麼都不知道，什麼都沒感覺，他們會覺得安慰。「他什麼都感受不到。」他們之後這麼對彼此說，忘記除了痛苦和恐懼外還有其他的感覺。

天啊，我心想，問嗎啡的時候，我比較在乎自己，而不是父親嗎？那天晚上，在醫院待了十二個小時後，我蜷起身子縮在家屬大廳一張可怕的制式沙發上，我只希望一切快點結束嗎？克雷格護理師種下了種子；布萊特跟托爾斯泰澆水施肥。但我其實不記得那天有什麼想法。那天早上，獨自陪著父親，我把我想對他說的話都告訴他了。他似乎失去意識，但我覺得他握緊了我的手。近午的陽光灑滿了房間。我不知道。我握著他的手，想留在「那一刻」，儘量不去想怎麼描述陽光照在點滴袋上的模樣。

幾年前，在鱈魚角的二手商店，我買了一九〇六年版的《我的死後生活回憶錄》（*Memoirs of My Dead Life*），愛爾蘭作家喬治．摩爾（George Moore）的論文集，因為書名很棒，用白色浮凸印在灰藍色的書脊上，我也快速掃了令人吃驚的最後一頁。除了女人、文學聲名、飲酒和「真實性」，摩爾也常擔憂他無法專注在眼前的事物上，無法留在當下。書裡的最後一篇是〈我會再起〉（Resurgam），他的弟弟用電報通知他母親快死了。從巴黎返回愛爾蘭舊居時，他希望母親在他到達前就過世，讓他不用感受到面對死亡的終極痛苦。他花了不少時間思索他的童年，思考怎麼描述火車車廂看出去的景色，例如早晨的陽光照在經過的田野上「就像鴿子胸口的羽毛」，或存在的本質「爬上玻璃圓頂的蒼蠅……爬上去又掉下來，然後再爬上去」。他克制不住自己。「文學的骸骨突然發出狗叫聲，讓我想踢自己一腳。」即使在喪禮上（他鬆了一口氣，母親在他到家前幾個小時就過世了），他的想法也游移不定，開始規劃自己廣大的愛爾蘭喪禮與來生，那裡充斥著島上的火葬柴堆、跳舞的女神和爆炸的行星。

就死亡來說，摩爾用有趣的方法逃避，托爾斯泰用痛苦的方法鑽研，但兩人都擔心二十世紀初期的現代人與真實的狀況失去聯繫。什麼是「真實事物」？這就是《伊凡．伊列區之死》痛苦闡述的問題。四十五歲的伊凡．伊列區，本來是預審法官，在這本中篇小說一開始就已經死了，彷彿托爾斯泰要說明死亡儀式有多荒謬虛假，而活著的人仍全神貫注地活著。聽到他的死訊，他的同事覺得有點像專業上的失策，每個人都立刻從自己的利益角度加以判斷——或許有人會升級，或許某人的妹夫可以調到城裡，逃離他的太太。在死者的家裡，有人祕密安排那天晚一點要打撲克牌。寡婦想知道能不能透過死去丈夫的一名同事跟政府多要一點錢。在交流中，她的黑色披巾被鋪張的家具勾住了，男人坐的絨腳墊裡有根壞掉的彈簧在作怪，讓大家有種不好的感覺。

「伊凡・伊列區的人生最簡單，也最平凡——也最嚇人。」托爾斯泰用這句話開始訴說他的人生。排行中間的孩子，家人都是政府官員，伊凡・伊列區夾在「冷酷拘謹」的成功哥哥與丟臉的失敗弟弟中間，大家都想假裝家裡沒有這個弟弟。伊凡・伊列區個性很好親近，努力不懈，對贊同的需求塑造了他的個性，道德、事業、婚姻、室內裝潢的問題，都需要贊同。社交地位良好的人所認定的「正確事物」驅動了他的決定。這也是他飽受折磨的原因，他在夢寐以求的促銷活動中買到窗簾，然後向布商示範新家的窗簾要怎麼掛時，撞到了側腰而病倒。三個月來，沒有明確的診斷結果，他的病情快速惡化。他的病症是持續疼痛，疼痛變成親密的敵人，同時變成他的一部分，也從他身上抽離，像折磨人的動物，有「它自己的」日程，甚至在伊凡・伊列區還能工作時，在法院開庭中開始用「它自己的訴訟程序」來對抗他。

伊列區也很在意醫生對待律師時有時候會出現的緊張，很特殊，特別警惕，醫生和律師都習慣自己的權威範圍，那種緊張在今日或許會更明顯，因為當這兩種專業範圍重疊時，結果通常有很大的殺傷力，價格也很高昂。父親的行事跟伊凡・伊列區一樣——研究不同的療法，憎恨不信任自己的醫生，會詢問別人的意見。伊凡・伊列區的醫生卡在自己的專業面罩裡，就像伊凡・伊列區卡在自己的面罩裡，無法得到信任，無法意見一致，無法伸出援手。身體上的疼痛變得無法忍受，死亡看似必然的結果，他捲進交纏的希望與絕望裡。但他一輩子都「正確」行事，在接近盡頭時，為什麼還要承擔這麼多道德痛苦？

📖

父親病危的前一天晚上，我們短短聊了一下，在最後一場對話裡，我餵他吃東西，並沒想到那會是他最後吃下的固體食物，可怕的滑溜罐頭桃子放在塑膠晚餐盤的格子裡，姊妹在病房裡討論要用抽吸器吸什麼東西，怎麼吸出來。他的身體右側有輕微中風，講話很困難很費力，對一個靠字詞維生的人來說非常挫折，他常說他只要一支筆跟筆記本就能工作，在全家都必須到場的星期天晚餐加盤問大會中，他一再告訴我們，小心用詞，因為那就是我們做人的根據。而那天他結結巴巴地告訴我，他很抱歉，週末無法參加西拉的生日晚餐，希望我們的兒子能了解他身體不舒服。從一開始，父親就毫不含糊地完全接納西拉，把他當成親生骨肉，而不是當成繼孫。甚至可以說父親太寵他了，因為他對外來的人有種特別的鍾愛。在那一次的對話裡，他說的話都很正確，也很真實。

妹妹們回家後，克莉絲汀跟我到醫院對面的酒吧喝酒，我們稱之為真正的「家屬大廳」，因為圖洛醫院裡的家屬大廳不提供飲品。從事政治的克莉絲汀——她會自稱「公僕」——那天跟「免罪後再起」團體會面，他們是服過刑的囚犯，最後證實無罪，現在要面對艱難的挑戰，重回曾經誤判他們罪狀的社會。克莉絲汀穿著合身套裝和跟鞋，令人生畏，她很激動，心不在焉想著那些人遇到的不公平，跟我一起坐在酒吧裡，腦子還在打著政府發給她的黑莓機，召喚城裡和州內的機構攜手合作，來幫助解決免罪者找工作、找房子的特殊難題——即使有些人接受過豐富的訓練，也有證照。她說，他們的故事很驚人。我也在想同一件事。我們兩個很不一樣，這就是最不一樣的地方——碰到這種情況，她看到可能的解決方案，我看到可能拿來寫作的材料。

然後，她臉上浮現若有所思的表情，最近我從其他兄弟姊妹臉上也愈來愈常看到類似的表情，我避開目光，在室內找個地方凝望，彷彿心裡在想我們複雜的父親留下的遺產和即將面對的死亡。她說，「妳知道爸有件事真的做得不錯，教我們看到不公不義要覺得憤怒，不能信任權威。」我想開她玩笑，提醒她，她現在是「一家之主」了。但我同意她說得沒錯，父親擁戴傑佛遜的教條，要他還在青少年期的孩子支持健康的反抗，對我們影響深遠。傑佛遜說：「偶爾一點小小的反抗是好事，在政治世界中需要反抗，就像在真實世界中需要暴風。」

面對死亡的伊凡．伊列區終於明白，必須質疑現狀，才能連結到某種道德真相，在體內扭曲到痛苦難忍的時候，他問自己：「要是我的一生，我有意識的一生，就不是真實事物的話怎麼辦？」

他突然想到之前看似完全無法想像的東西——他沒活過他該有的生活——或許事實上是真的。他想到，這些幾乎無法察覺的、想抗議高層人士覺得好的東西的衝動，這些模糊的衝動一直被他壓抑著，但或許他的衝動才重要，其餘的都不是真實的東西。他的官方職務、他的生活方式、他的家人、社會上和專業中眾人遵守的價值觀——這些或許都不是真實事物。他想幫這些東西找藉口，卻突然發現它們都很脆弱，也沒有什麼好辯解的。

這些東西或許是父親臨死前的折磨——蕾貝佳和瑞秋的自殺、未解決的財務亂局、尚未實現的專業志向——但絕對不包括一輩子沉默地遵從現狀。對他覺得不公平的事情，他到最後一刻仍帶著蔑視，滿心憤怒。在他死前的一個禮拜，父親想最後一次面對或許是他心目中最大的道德曲解，也就是死刑，並最後一次去探訪他愈來愈關心的有罪謀殺犯。我問母親，父親為什麼在這麼虛弱的時候還一定要去死囚室（他剛做了四天的化療），她說，他只想當個律師。那就是他想做的事。她也說，他就是放不下他的客戶隆納德。

父親最後一次去安哥拉前的那個星期，我跟他最後一次在「肪眼屋」的五號桌吃午餐，索倫也在場，談論著他們的死刑工作。父親點了海鮮秋葵濃湯；弟弟跟我分了一塊巨大的三分熟厚切牛排。多年來，我一直想從父與子的角度書寫他們的工作，了解箇中的情況。我也有個理論，因為父親被分派死囚室的客戶時，也是蕾貝佳跟瑞秋離世的時候，他或許一心想多救一條命，像一種徒勞的宇宙會計學，我想知道他對這個理論有什麼看法。

他們一開始就解釋怎麼會被徵召去代表這些囚犯，因為路易斯安那死囚室的憲制危機迅速增長。父親的事業快走到結尾，索倫的事業才剛開始，他們中間隔了幾十年的經驗。在路易斯安那州的定罪後階段有「一片」時間，那時辯護人對死囚室的囚犯沒有法定的權力，索倫在解釋這個程序上的待定狀態時，在我們的盤子之間排列沉重的餐具。沙拉叉是州級審判，晚餐叉是定罪後的上訴，刀子是聯邦法庭，甜點匙是最高法院。在晚餐叉和刀子中間就是那片時間，死囚室的案件愈堆愈多，幾乎有一半的囚犯沒有法律代表，過度熱心的檢察官就會利用這個機會發出死刑執行令。

安哥拉在父親的精神領域中佔了很大一塊，那是道德的試驗場，能測試他的能力、智力和原則。索倫也一樣。他們兩人都差不多六英尺三英寸，褐色的頭髮與褐色的眼睛，偏大的英俊五官，年輕時都喜歡運動，但現在辦公桌坐久了，沒以前那麼結實。我猜訴訟律師在法庭上也靠他們的身高來取勝。在五號桌，他們分坐兩頭，同時展現出經驗，我覺得這種基因跳彈很迷人也很讓人分心，我則邊小口喝著葡萄酒，邊努力跟上。弟弟詳細描述他在法庭上受到的羞辱，因為缺乏經驗而表現不好。父親則說了他如何穩健地讓客戶的案子順利結束。在酒精的催化下，對話愈發有意義，一段段話變成完整的章節，索倫說安哥拉是「盡頭的盡頭的盡頭。沒有人在乎人性最後這一小條捲鬚。這些人在邊緣的邊緣的邊緣。」他們兩人的死因室客戶故事都跟他們融為一體。他們會從小時候講起，再來是中學和（短暫或不存在的）高中生涯，帶你走過犯罪的場景（就是他們被定的罪），有聖馬丁維爾的堤防、東巴頓魯治的餐廳廚房。他們都相信客戶如果沒因為嗑藥而犯錯，或因為環境造成的不幸，或許會成為有生產力的好市民。不光是專業上，兩人在情感上也投資在這種造就人與毀滅人的極端狀態裡。

造就人與毀滅人，或許那是我們都在追尋的問題，美麗的狩獵？這片時間，在廣闊晦澀的法律程序裡，這一個脆弱的時刻把這些人帶進彼此的生命裡，有種隱喻的價值，讓我很有興趣。在「肋眼屋」附庸風雅的拱頂下，即便是最繁忙的午餐時刻也從未給人匆促的感覺，反而比較像舞台的背景幕慢慢升起，我想像外面有各種碎片都打開了，在我們果斷的結構裡出現極限的、不確定的裂縫，你可能會在這裡迷失，或拯救別人的靈魂。

但推動對話的並不是隱喻，而是走叉的生命軌道、被毀滅的生命，和社會想對付這些生命的意圖。隆納德承認嗑藥後瘋狂找錢，殘忍地刺死了八十五歲的卡津長者。那人檢查堤防的水位，再回報給捕捉小龍蝦的兒子，就像他每天下午都會儀式性做的那樣，而隆納德把他刺死，拿走了他的錢。他拿錢買了霹靂古柯鹼，然後去找之前的房東太太，想弄更多錢。她不肯給，他也刺傷了她，在甘蔗田盡頭的車道上開車輾過她。回去放火燒房子的時候，用卸胎棒攻擊她。還好最終她幸運保住了性命。

父親很清楚客戶犯下的罪行，他留下血腥而無法逆轉的損害，需要被收押到監牢裡。但父親說，隆納德的辯護律師連無能都稱不上。他沒傳喚專家證人來證實隆納德生命中足以減輕罪行的因素，儘管他承認犯下一級謀殺的罪行，仍被判死刑，這在路易斯安那州還是首例。直接上訴時又分派到同一位律師，隆納德開始研讀法律，尋求協助。他並不認為自己無罪，只是辯護不得當。他後來又分派到好幾位不稱職的律師，他提出動議，撤銷了每一位律師。隆納德定罪六年後，父親插手了，開始幫他辯護。

父親說，全國各地的死囚室都充斥著像隆納德這樣的案例，毀滅性的童年、貧窮、不連貫的教育、毒癮、歧視窮人的偏差系統。花了近兩個小時講述法律細則和軼事後，父親展示他多年來處理這個案件的道德基礎。他覺得由人來判處別人的死刑，這種最終的判決最能凸顯出人的傲慢。在這個「基督教國家」（他粗厚的手指在空氣中挖出強調的括號），系統充斥著種族和經濟不公平、浪費、功能障礙、無效的辯護律師、心懷惡意的檢察官、有政治渴望的法官、悲傷而四散各地的家庭，但這個系統卻扮演神的角色。

「戒律說『汝不可殺人』，並沒有說『汝不可殺人，除了你們這些在安哥拉的王八蛋愛殺誰就殺誰』。沒有這句話。」

除了道德，還有更基本的道理。他解釋，雖然法律工作很複雜，動機卻很簡單。客戶只想活下去。

「嘿。」他說。「我也想活下去。那個被我客戶刺傷、留在甘蔗田裡等死的女人，奇蹟般地活下來了，她也想活下去。這是我們的自然需求。」

讓他疲累的不知道是病，還是棘手的不公不義，他的反抗變成挫敗，使他稍稍陷進了椅子，西裝外套在肩膀上難看地突起，氣勢消了下去。路邊的人行道上有好幾個街頭藝人，刺耳的單簧管和班卓琴二人組坐在倒過來的五加侖水桶上。

音樂幾乎聽不到，只有幾道高頻的細聲和叮鈴聲傳進了「肋眼屋」隱約的嘈雜聲裡。

「都是徒勞無功，都是失望。」他說。「如此殘破的系統最終仍會獲得勝利。你能追求的理想就那麼多。」他相信，即使努力了那麼多年，客戶仍無法離開，無法改變情況，跟他剛接下案件時一樣，這是律師最不想要的結果。

「爸，那有什麼意義呢？」索倫感覺到父親的疲累，想做個結論。「就無法量化的好處來說，我們做這些傻事有什麼意義？學到了什麼？為你的信念站出來，有意義嗎？」

「意義？做的人才覺得有意義。我覺得我做了好事，所以我變得更好。試圖做好事。除此之外，沒有意義。你可以影響別人，但無法幫他們創造意義。」索倫覺得父親回答得很好，我則不太確定。

索倫抽絲剝繭、充滿活力地訴說最近跟十多歲女兒充滿戲劇性的紛爭，準備為午餐譜下終曲，父親饒富興味地聽著，嘴裡吮著從侍者總管那兒拿來的牙籤，我察覺到時間放過了「肋眼屋」，那裡成為多年來一直凝結不動的地方。大家庭急躁動盪的世代活動和經驗的盈虧，給這裡一股動力。新鮮年輕的危機浮上表面，舊的、灰白的危機扎下了深根。弟弟的聲音蓋過五號桌另一邊的父親聲音。敲打酒杯底部的那隻手變成母親的手。一切都在眼前，但我們在事件中的地位突然承載了必然性的有形重量。

午餐吃了近三個小時後，父親沒力氣了。他結束今天的親子時間，跟僕從取車，準備回到他在阿爾及爾的皮質躺椅上，打電話給醫生來補足他的止痛藥。弟弟拿走帳單，父親讓他請客。

幾個月後，聽錄音帶時，我發覺那段午餐讓我很不滿意。我的訪問技巧很差，在「肋眼屋」裡我太放鬆，而回到了女兒、姊姊和食客的角色，吃喝與閒談超過了盤問。我甚至沒有勇氣提出我的理論，說出蕾貝佳和瑞秋的死催化了父親，讓他想接下無酬的死刑犯工作。我就是沒辦法跟他討論這件事。提起雙胞胎總是有危險——你不知道他會怎麼回應。所以我從不提她們，也順從他的命令，不寫關於她們自殺的事。光想到提出問題，就讓我再度充滿那種小女孩的緊張，每次在父親身邊我都有這種恐懼感，即使他已經是將死之人。我仍害怕報復，害怕得不到疼愛，害怕讓他受更深的傷。所以還是不提比較好。

父親對隆納德的案情一直很悲觀，但事實卻相反，他死後六個月，母親接到他同事的來信。由於父親「不懈的努力」，隆納德離開了死囚室。我覺得這是一場艱難的勝利，隆納德的人生不再是每天二十三個小時待在八乘十英尺的獨居牢房裡，面對致命毒針的威脅，而是活在安哥拉的一般監獄中，帶著內疚活到自然死亡的那天。但對隆納德來說，這是很大的轉變。信裡繼續說，他不只有活命的機會，也立刻加入訓練方案，輔導年紀較輕的罪犯，希望能幫助他們避開他犯下的罪行。同年，他取得教師認證，幫其他犯人準備高中同等學力測驗，也準備實現長久以來的夢想，當一位牧師。如果還在死囚室，這就是遙不可及的願望。申請後過了十八個月，他獲准進入紐奧良浸信會神學院，大多數囚犯要等好幾年才能達成同樣的成績。

母親給我們看了那封信後，我開始跟隆納德通信。他現在過著一般人的生活，可以用一種高度受限的電子郵件系統，叫作JPay。在第一封信裡，他覺得很抱歉，在父親生命的末期佔用他那麼多時間，他本來可以多花一點時間跟家人在一起。他也承認，他的罪行不只害了個人和他們的家庭，更傷害了人性，他願意負全責。認識父親後，他大大鬆了一口氣。終於有個好律師，一個有同情心和信念的人。他說，他已經把父親當成最好的朋友。

有一天，我沒想到隆納德又寫信來。跟平常一樣全用大寫字母，因為他在JPay的使用時間有限，這樣打字可以快一點。因此，在我的螢幕上看到的信件有種電報的急迫感，一封遠道而來的重要急件。他說，父親曾告訴他，他的女兒死去時，體內有古柯鹼跟酒精，跟隆納德犯罪時一樣。父親知道那種組合的毀滅性危害有多大，如果能妥善因應，傷亡或許是可以避免的。我讀了好幾次。天啊，我猜對了。

母親和兄弟們曾跟父親詳細討論過這個案子，我問他們父親是否提過這件事跟雙胞胎自殺之間的關聯，所以他才會努力不懈為隆納德辯護了十年。沒有，從未提過。跟家人提這件事，是不是太痛苦了？他是不是又築起了一道牆，好讓自己能繼續活下去？還是基於同一個理由，我不敢問他的理由——懼怕？

隆納德又來了一封電報，來自俗世之外：父親最後一次去看他的時候，兩人都很驚訝，因為他們被護送到一般的探訪室，進行「可互相接觸的探訪」，而不是用玻璃隔開的小房間。隆納德說他們並沒有申請，而且很少有人得到許可，通常會保留給家屬。死囚室的官僚系統和程序很嚴格，因此隆納德覺得是上帝的恩典。他們兩個第一次也是最後一次擁抱，而不是透過玻璃牆揮手，或是在法庭上握手。

隆納德很驚訝，從上次見面後，父親老了很多。

雖然他們很親近，但最後這幾年，父親從未把他的病情告訴隆納德。他其實比隆納德更接近死亡。那次拜訪後，隆納德聽到父親的死訊，完全不敢相信，難過得不得了。現在我更明白了，父親死前為什麼一定要去安哥拉一趟。隆納德比其他人更了解他，也明白他的動機。那是最後一次讓對方認識自己的機會，或許不完整不深刻，甚至不正確，但對父親來說很重要。身為死刑犯的好友，身為想救人一命的律師，身為失檢的天主教徒（但仍一心捍衛上帝的教誨），身為想為兩個小女兒的死負起責任的父親。身為一個不想生病、不為疾病限制的人。或許在死囚室的探訪室裡，那種親密度讓父親最能了解他，因為在裡面，人生被提煉成只剩下法律和生存、犯罪與贖罪的問題，更有機會矯正一切，尤其是最需要導正問題的人，那些有罪的人。

與死亡的掙扎到了盡頭的時候，伊凡．伊列區跟我父親一樣，在自身社交環境以外的男人身上找到意義和連結。他覺得他的家人、朋友和醫生都放棄他了，他變得易怒難相處。他唯一的安慰來自格拉西姆（Gerasim），健康年輕的農夫僕人，「步伐輕巧有活力，厚重的靴子散發出瀝青的味道，很好聞，還有清新的冬天空氣……穿著乾淨的麻布圍裙和乾淨的棉襯衫，袖子捲起來露出強壯的手臂」。只有把雙腿擱在格拉西姆年輕的肩膀上，伊列區才能消解痛苦，他每次都要擱好幾個小時，有時候掛一整夜。格拉西姆很自然地接受人生的情況。他「是唯一一個不說謊的人；他做的每件事都證明他自己就能明白發生了什麼事，不覺得需要隱瞞，他以單純的心同情他衰弱而形同枯槁的主人。有一次，伊凡·伊列區要把他送走，他停下腳步，說：『每個人總有一天都要死，為什麼我不該幫你？』」

儘管那天晚上的ECRG集會有些難以捉摸，大家一直出去抽菸，對話不太順利——湯姆哀求滿心厭惡的艾倫接納她的中年之美，奈特的年輕朋友質疑我們每個人參加ECRG的意圖——但格拉西姆讓我們又團結起來。崔斯坦趴在地板上講話。幾年前，他的背受了傷，幫忙搬衣櫃的時候，從貨梯井落下了兩層樓，有人忘了把電梯門拉上。他曾告訴我，倒退進入黑暗時，他體驗了一段完全清晰的威利狼（Wile E. Coyote）[2]片段，發現下面空無一物。「格拉西姆是最接近自然的角色。連他身上的味道都很自然。因此，他跟死亡也有最自然的關係。」

有時候我很擔心崔斯坦。他住在裝修了一半的克里奧爾小屋裡，附近的區域重建成中產階級社區，他對世界太敏感，太警覺他人的需求；如果背沒受傷，總有某樣東西讓他病懨懨的。

儘管奈特喋喋不休地談論主僕關係的不平衡，他也承認格拉西姆超越了僕人的角色，把伊凡．伊列區當成同輩。

「就像伊比鳩魯說的：『面對死亡時，人類都住在沒有圍牆的城市裡。』」我坐在崔斯坦旁邊的地板上，很高興能用上我最喜歡的引言。「面對死亡，每個人都一樣脆弱，但格拉西姆多走了一步，提議採取行動。既然面對死亡，我們都無法保護自己，那為什麼不彼此幫助呢？」

「沒錯。」因為年輕人激動不安地佔據了沙發，凱文只得麻木地坐在邊上。「體驗到格拉西姆的直接和慷慨，伊列區才害怕他或許錯了一輩子，現在沒有時間修正被他浪費掉的人生。」

注2 威利狼（Wile E. Coyote）：華納兄弟喜劇卡通《樂一通》的角色，為郊狼的擬人化，總是追著嗶嗶鳥想吃掉對方，卻反被自己造成的突發狀況導致失敗，失敗時通常會從如懸崖等的高處墜落。

艾倫一如以往，用纖細的指頭指著iPad，把我們趕回文字的範疇，建議大家看一下結尾。

伊凡．伊列區的妻子進了房間，「祝賀他接受告解的聖禮，她的衣服、她的形體、臉上的表情、她的聲音——都在對他說：『不是真實事物。你賴以存活的一切，過去和現在，都是謊言，欺騙你，讓你看不到生與死的實情。』」

此時，伊凡．伊列區開始大叫，叫了三天。「『噢！噢！不要！』他的語調不斷變化。他開始大叫：『我不要！我不要！』又繼續發出『噢』的聲音。」他的叫聲真的很嚇人，折磨著屋裡所有的人，但我很欣賞伊凡．伊列區拼搏到最後的反抗。他當然沒錯，有很多東西值得大叫。有時候我也想叫出來，清理我的肺跟靈魂，閃躲面對瀕死時刻的可怕覺察。或許弄點聲音出來會有幫助？

不過，到了最後，來到最後一刻，伊凡．伊列區似乎突破了，看到真相，他最後一次問自己：「到底什麼是真實事物？」在那一刻，在病中，他的手落在哭泣的兒子頭上，他的兒子抓住他的手，親了一下。然後他看到妻子臉上純粹的悲傷，和她臉上尚未拭去的眼淚。他一直專心致志於自己的痛苦，讓他們也很痛苦，最後他清楚看到他們的磨難，想要補償。還有時間。他想說「原諒」，卻因為衰弱無力說成了「遺忘」。沒關係。「突然他都明白了，一直壓制他、不肯離開他的那個東西，突然就消失了——從兩邊、十邊、全部的地方。他覺得很抱歉，必須想辦法不再傷害他們。」那件事，他這一生唯一能為他們做的事，就是死。光來了，慰藉來了。「『死亡結束了。』他對自己說。『再也沒有死亡了。』」

📖

跟克莉絲汀道別，離開酒吧，我走過醫院的急診室入口車道，找到我的車子，我發覺父親死去的建築物或許就是奧圖出生的那一棟。他出生的時候，醫護人員都很感動，我現在仍覺得驚嘆。生產是他們的工作，每天都會看到，但就在午夜前，濕漉漉的兒子蠕動著現身，他們在外科口罩上的眼睛仍散發出柔和的眼神，外邊那座城市異常的混亂在那一刻也溶解了。過了幾個街區，在醫院那一條兩邊種了橡樹的路上，我經過拉法葉一號墓園帶著裂痕的白色灰泥牆。如果從街上認真凝望，可以看到雙胞胎墳墓的尖頂。經過墓地時想到她們，有時候我會覺得心軟，有時候則覺得心腸很硬，幾乎有點怨恨。她們選擇不玩了，但這場遊戲變得更有趣更豐富，超乎她們的想像，結果現在她們只能卡在牆裡。那天晚上，我想到父親，想到他沒剩下多少時間了，很快就會去跟雙胞胎在一起。

那天晚上，經過活人居住的圍城內死人居住的出名圍城，我感受到在無牆城市內市民身分的完整效應。墓地讓我想起某些紐奧良家族必須處理的過時死亡手續，現在又要從頭開始。我們要找到發黃的、一百五十年前發的墓園契據，放在外祖母一直保留的三明治保鮮袋裡，上面有漂亮的十九世紀字跡，由外曾曾祖父簽名，交給城內的管理局（太瘋狂了，這些遺跡還在服務我們），處理訃聞、殯儀館和火化儀式，還有在美國死去必須付出的高額費用。條列出與死亡有關的工作、恐懼，以及對另一邊的疑慮，推著我走過黑暗的城市。在開車回家的路上，我靠著河邊走，還有之前住過的社區與狹窄的街道，經過中央商務區冒出來的高樓，滑回市中心克里奧爾區更有人性感覺的地方，經過十字路口、大道、紅燈綠燈、所有的障礙與許可，我心中納悶，其他的車子會往哪裡去。

十一月
尼尼微

讀一首詩，能讓大家立刻集中注意力，安靜下來，創造出空白的專注空間，就像書頁上的詩句一樣。莎拉要我們為十一月選的詩，花一點點心思來研究重大的問題；你可以光看一行，或看好幾行，然後用詩句當成繩子，把大家圈進來。大家似乎都很欣賞她的組合，以及這些詩帶來的驚喜。那天晚上的氣氛很沉穩，但大家都能投入，覺得既開心又從容。

跟托爾斯泰在十月聚會時引發的感受完全相反，那篇小說同時加重了當天的世代衝突與性別摩擦。那天晚上也有人抱怨說今年的讀物同質性太高；畢竟，困苦不是歐洲白人的專利，但是不論在書架上、文集裡、哲學部門裡和對話中的引述裡，都被他們壟斷了。討論托爾斯泰的那個晚上，莎拉跟平常不一樣，特別獨斷，宣布要為十一月的集會選一些詩。我期待她能提出完全是女性詩人的作品，但她男女都選了，公平的選擇。

莎拉選的每首詩都有常見的「覺察時刻」，透過個人的自我或其他人去體驗。這些詩似乎想把自我固定在宇宙裡，或者像伊莉莎白・碧沙普（Elizabeth Bishop）的〈在等候室〉（In the Waiting Room）那樣「停止／從那一輪掉落的感受／把世界／變成冷冷的、藍黑色的空間」；我們那天晚上讀了這首詩。詩句結合了精確和神祕，是讀書會最理想的文體。要我們付出經過深思的順從，我們也沉迷其中。

我們立刻指出莎拉選的詩都明確處於不同的季節，這是另一個在時間中找到自己定位的方法，不過只是短暫的。季節提供確切的背景資訊，但也可能只是明顯的比喻，指出分階段和循環體驗人生的方式。提醒我們世界在轉動、繞著軌道走，時間的流動有條有理，不可阻擋，除非你住在季節不分明、有時候還難以預測的地方，也就是亞熱帶的南路易斯安那。念大學時我住在麻塞諸塞州，分明的季節讓我稱奇，也很容易預測。葉片變色落下，然後下雪，接著春天爆發出來，帶來細緻的小番紅花，再來是熱死人的夏天。很有趣，氣候的變化會影響到所有人，季節性的設備從地下室和閣樓拉出來，改變了大家的心情。

多年來，初秋與早春都是紐奧良一年中最令人愉悅、大家最期待的天氣，但對我來說卻被污染了。蕾貝佳死在九月，瑞秋是三月，溫度一變化，我就能感受到空氣中接近的悲傷，感覺就像附著在皮膚上，然後才記起她們的忌日。在那段期間，我記得我心想，她們兩個就這麼毀了最好的季節。但時間也蓋過了那個循環，讓悲傷經過微調的物質性鈍化，變成沒那麼痛苦、更籠統的紀念。現在在春天，我的身體會記起懷著小兒子的後期，也仍能喚起那種刺痛，永不安寧的恐懼和擔憂，混合了春天純淨而令人震顫的藍色。我想像有一天，那種感覺也會淡化成單純的回憶，但起碼在與自然持續的對話中，我找回了春天，就像西奧多．羅特克（Theodore Roethke）在〈攤開！攤開！〉（Unfold! Unfold!）裡的詩句：「墓穴說什麼／巢穴都不承認。」巢穴說的才算。

儘管巢穴跟我們密不可分，但並非所有人都同意巢穴具有決定權。我們討論的第一首詩是史蒂芬．多賓斯（Stephen Dobyns）的〈在某處仍在前進〉（Somewhere It Still Moves），塞拉耶佛的春天連結到某種有條件的希望。他的覺察時刻出現在一場文學會議上，在數百年歷史的餐廳裡吃晚餐，趣味十足（「刷白的牆面，天花板上有黑色的粗樑」），讓詩中說話的人和一起吃飯的美國人覺得他們「在歷史裡」。然而，詩馬上離開了餐桌上的愉快氛圍，侍者打著手勢，想讓美國顧客了解他的用意，餐廳裡輕快的噹啷聲，到塞拉耶佛即將被戰爭蹂躪的未來，那時多賓斯會看到報紙上的相片證實「那間餐廳，跟整個街區／都轉化為瓦礫堆，十字路口有好多石頭」。在晚宴上，多賓斯寫道：「侍者與我們一同歡笑。」現在，看到破壞的照片，說話的人悼念起那位侍者：「他現在可能死了。／被狙擊手射中，那時他可能正在過馬路或站／在窗邊。」跨越時間和空間，這首詩用戰爭把我們炸開，再用愛把我們連在一起，但到最後，想起那個晚上，說話的人很有一股要毀滅的衝動，那是人類固有的衝動：

在一個特別的晚上
侍者帶來托盤，盤子上有個紙袋
然後我們笑了。笑聲有一塊仍在行進
遠遠地在黑暗中，箭頭或許在
遠方恆星的閃爍中發光。在某處仍在前進。
我必須有信心。不然，世界上沒有其他東西

有可能實現。我們是愛的生物，也是屠殺的生物。

大聲讀完詩後，有人問為什麼多賓斯想像侍者「可能」在未來死於狙擊手的槍下。他給詩人的服務不夠熱忱嗎？既然我們都一定會死，不就夠了嗎？或許假定的事實太多了。老餐廳的牆壁和櫟木營造出厚重的永久性，持續不變，但在與朋友和歷史聯合的這一刻被炸開了，還有其他用餐的人也死於爆炸——起碼在多賓斯的想像裡——所以侍者也需要吃一顆子彈。在前面，多賓斯提到加夫里洛·普林西普（Gavrilo Princip）框起來的腳印銅版，在普林西普橋附近，以及說話的人和他的朋友「各自把腳放進／這些青銅的紀念品裡」。我想像多賓斯站在腳印上的樣子，那就是普林西普刺殺斐迪南大公（Archduke Franz Ferdinand）的所在之處，點燃了二十世紀的導火線。腳印留在那裡——真實的、詩裡的——是否能讓人感受站在有利位置的震顫，還是這個位置代表了終極的存在情況——人類的大屠殺是所有人的責任，是嗎？換句話說，任何人都可以站進殺手的腳印裡。多賓斯的詩最後提到屠殺，產生了迴響，但像石頭打中了石頭，不像黑暗星空中發出閃光的笑聲之箭，有笑聲，他才能活下去。

《存在主義詞典》中在W下面的條目只有「War」（戰爭）、「Women」（女性）、「Words」（字詞）和「World」（世界）。這是齊克果的「世界」條目：

把手指插進土裡，用味道來辨別在哪裡：我把手指插進存在裡——聞起來沒有味道。我在哪裡？我是誰？我怎麼來的？叫作世界的東西是什麼？世界這個詞是什麼意思？誰把我引誘到這個東西裡，又把我留在這裡？……為什麼沒問我的意見，為什麼我不熟悉這裡的習慣和服裝，但被塞進階級裡，好像我被專門交易靈魂的人綁架而來？我怎麼會對這裡有興趣？那不是自願的關心嗎？如果我被迫參與，導演在哪裡？

（也可參考：存在、現實、時間、超然存在）

齊克果的描述或許也適用於寫詩，問出每一行都有的問題。對於夏天，讓本地市民最為懼怕的季節，莎拉選了紐奧良詩人艾佛瑞特．馬多克斯（Everette Maddox）的〈在街角與自己的對話〉（Conversation with Myself at a Street

Corner）。馬多克斯和自己的對話呼應齊克果對於活著的歪斜厭惡，活著的人都會發現自己在這個可笑的情況裡。

我很高興，我發現自己
在街角發著抖
想穿越夏日
前往圖書館
我想問自己
兩個問題，即：
孩子啊，在你或其他人
生命中的這一刻
或其他時刻
你對什麼有興趣？
我的意思是，
我能察覺到一種

模糊的閃光，繞著
你平日的憔悴
像腳踏車上的反光條。
嗯，嗯哼，既然問了。
我得說命運
對日常活動的影響
我一直能追得上
而我，被打敗了。
反過來說，日常
蹦跳著橫過命運
的臉龐，像庭院裡的松鼠。
我喜歡那個秩序。
我對天堂的看法
跟馬克·吐溫差不多：
我甚至不會留在我

唱歌的地方。怎麼了！
可惡的翅膀！
我們有大眾運輸！
要能聽我的，
我的每個想法都是
現代大宅的染色
玻璃窗戶，我會把
每一道暮光還給我
可愛的寶貝——儘管
她現在一定不在
跟某個該死的腦部外科醫生在一起。
但我要告退了：
光線改變了，
我一定要被街車
的陰影輾過。

在這首詩裡，馬多克斯插進手指的土地是我們的土地，紐奧良的沖積土、街車過時的喧嚷聲、亞熱帶的動植物、熱氣、毀滅性的陰影。他的詩滿是美好與幽默、酒精和渴望，背景是我們成長的街道和酒吧。一九八九年，馬多克斯四十五歲，把自己喝進了墳墓，再過幾個月，史蒂芬·多賓斯在塞拉耶佛體驗歷史，把意義的箭射進宇宙裡。馬多克斯死後，變成本地的代表人物——他在楓葉酒吧的凳子變成固定台座，骨灰埋在後面的院子裡，被修長的常春藤和菸蒂圍繞，在墓誌銘下，他一團亂。原來，他酗酒的時間和地點跟我們的成長過程相符。我是否曾站在他身邊，想得到女酒保的注意，而他在杯墊上寫情詩給她，而詩句都消失在他的順風威士忌裡？在一首詩裡，他甚至提到兩邊都是橡樹的州街，我們家住過州街的「樸素宅第」，前方樓梯的平台上有染色玻璃窗戶，我們八個孩子每天朝著下斜的前門直衝蹦跳，一不小心就可能弄破玻璃。父親常大吼，要是我們打破了窗戶，就「繼續跑，別回來！」馬多克斯描述的染色玻璃窗戶呼應我混亂的成長過程：很珍貴、很崇高、常受到孩子的活動威脅。

州街的現代大宅是父親的驕傲，白色柱子和突出的高天花板，但有重重的貸款壓力，他用貸款來提供我們需要的東西（食物、衣服、教育、精神科治療）跟我們不需要的東西（在高級的戴蒙尼克牛排館用餐、布克兄弟的時裝、國外遊學）。就像馬多克斯的現代大宅，我們在州街的房子投射出父親的渴望，我們住在裡面時都很不穩定，該他付帳單時我們都搬出去了。每個月他都會如舉行儀式般把雜貨店紙袋放在躺椅旁邊，花兩三個小時打開信封跟支票簿，吼叫詛咒，簽名付款。有很長一段時間，他付錢養家，養這棟大房子。蕾貝佳死後，她的精神治療帳單仍一直寄來，每個月一次提醒我們這筆昂貴的失敗，各方面的高成本。母親說他後來應該太氣了，不肯付款，於是對方找了代收機構，隨著時間過去，財務損失也跟著膨脹。他也因此一直付到離開人世的時候。每次寫支票時，他有什麼感覺？簽下戲劇性十足、筆畫崎嶇的簽名，認證他的難過或憤怒。有時是補償，有時是放棄。

然後夏天變成秋天，夜晚變成白天，詩裡的一天早晚跟季節一樣有深度。傍晚開啟了蒼穹和神祕、性愛與危險，而清晨開展了可能性與啟示，修正和搞砸的新機會。早課是傳統的祈禱，通常由天主教的某些修道院教團在清晨進行，結束一晚的守夜，用祈禱開始一天。早課的英文matin來自拉丁文的Matuta，是代表早晨的希臘女神琉喀忒亞（Leucothea）。早課也傳授不同的「課程」，教導經文與聖人和殉道者的生平，但露伊絲・葛綠珂（Louise Glück）在她的詩〈早課〉（Matins）的頭尾都加上了問題，模仿人生。詩的開頭是：

> 你想知道我怎麼消磨時間？
> 我走過前面的草坪，假裝
> 在除草。

當然，她不是在除草，而是在尋找。她的尋覓模仿祈禱者的堅持、規律和姿勢。葛綠珂的問題一開始看似私人，彷彿在指控，在揭露尋覓的本質時——尋找勇氣，尋找證據——有點軟化了。時間過去，樹木改變顏色，「幾隻深色的鳥表演／牠們宵禁的音樂」，最後聲音似乎更打開了，更加哀愁。

但中間的一句——「夏天結束了，已經。」——則是我念念不忘的。「生病的樹」和「深色的鳥」。父親在躺椅裡，帶著他的維生素飲料和氧氣筒，對我說：「就是太快了。」去世前的幾星期，父親在五號桌告訴我，沒有人真的了解他。我們站在墳墓旁，和一小群打扮講究、空著手的人。我希望他能更敞開心胸，問對的問題，也讓我們可以問對的問題。但我真的想要什麼？父親的功能跟詩的功能不一樣。父親（我父親）安穩坐在桌旁、在躺椅裡、在辦公室裡，帶著他受傷、帶著重擔的權威。詩人則在寬大的差距裡，在街角發抖，在地上潦草寫字，發出聲明和美麗。在詩的結尾，她問：

你要看我的手嗎？
跟在第一個音符一樣空空如也。
難道重點一直都是
沒有符號也要繼續？

那天晚上的ECRG成員意見一致，覺得最後一個問題的答案很有可能是肯定的。

在另一首詩〈怎麼去喜歡〉（How to Like It）裡，是秋天了，又是史蒂芬．多賓斯，再度質疑什麼讓人生「有可能」。這是多賓斯另一首看似有關中年的詩，也是ECRG常討論的主題，因為這個年齡層悸動的舉棋不定和急迫的懷疑主宰了大多數成員，在沒有圍牆的城市裡佔據了最高、最揮霍的塔樓。你仍可以爬上樓梯，織錦依然明亮，但掛毯在該磨損的地方有點舊了。被四季漸漸減損的美國繞，你可以享受全景以及街上和廣場的活動，就算你知道總有一天一定要離開這座城。那是多賓斯詩中說話的人很熟悉的時間：

這是秋天的開始。傍晚的
風聞起來像以後要走的路，
樹葉吹過草地的聲音
像血液裡不安的感覺，
想上車，一直開下去。
男人和狗走下前方的台階。

莎拉發現最後三首詩都提到草地或庭院，彷彿是家庭和宇宙之間的某種精神緩衝。除了在命運庭院裡嬉鬧的松鼠，狗應該是大家最喜歡的動物。每個人都愛那隻狗。宛若詩中說話的人，跟我們很多人一樣，迷迷糊糊懸掛在年輕世代和老年之間、過去和現在之間、思維和行動之間，狗跳來跳去，想法很瘋狂：

狗說，來啊，選幾個女孩，

撕掉她們的衣服。來啊，到處挖洞吧。

我們很想知道，詩裡的狗是肉體的慾望嗎？狗是我們動態的內在同伴，承諾要行動，卻跟會思考的自我脫節——人——因著恐懼和猶豫而動彈不得，凝望著「一片片的雲／穿過月球表面」，幻想要逃離？狗是人，還是狗？那隻狗想出去！他的提議一開始充滿活力、魯莽、帶著慾望（「喝個爛醉」和「踢翻所有的垃圾桶」，去餐廳「聞／別人的腿」和「用漢堡塞飽肚子」），然後變得比較受控、比較居家（靠著「壁爐，用尾巴蓋住鼻子」）。與其整夜開車，前往不同的城市，或去餐廳聞陌生人的腿，他們回去散步，回到前門，而男人在納悶，「怎麼會想要這麼多東西／卻仍什麼都不想要？」

我們覺得，我們再一次面對慾望固有的不可能。到最後，人覺得很矛盾，但他仍有胃口，狗建議他們一起做一個有史以來最大的三明治。最後，男人的妻子

發現他站在冰箱前，呆呆看著裡面

彷彿看進了有答案的地方——
告訴你，你為什麼要一大早起來
為什麼晚上能睡得著，
回答接下來有什麼，你會不會喜歡那東西。

就像在葛綠珂的詩裡，問題沒有答案，除非詩裡提出了回應，彷彿在說，當面對人生的謎團時，我們只能渴望，並賦予慾望形體，透過塑形與其他人連結，減少我們集體的孤立。

最後我們來到無可避免的冬天和死亡。「詩裡有這種知識，我們活著，我們也知道我們會死，」詩人瑪麗．豪威（Marie Howe）說。「活著最神祕的一面或許就是那樣——而詩知道。」莎拉為冬季選了豪威的詩〈活人的行事〉（What the Living Do）。這首詩寫給豪威的弟弟強尼，他在二十八歲時去世。失去手足會讓人貼近死亡。那種嚴酷留下了標記。長大後，跟手足在一起，你會留著小孩子的習性，離不開童年的行為和關聯模式，所有的玩笑和手勢、情感和憎恨。失去手足也有類似的效果，他們令人難以安寧的不滿足會永遠留在你的內心。

豪威的弟弟在一九八九年去世。馬多克斯在一九八九年去世。多賓斯在一九八九年去世。莎拉選的三首詩都跟這一年有關，我不知道該怎麼說，但這些都連接到二十世紀末那個特定的時刻。在我心中，它們縫成一個箭頭，指著我的一九八九年，我那時住在真正的圍城——西恩納——裡，那時候我很年輕，用披薩混日子，跟附近駐紮的義大利傘兵約會，體驗數百年的精緻文化。我愛義大利中部交戰中世紀城鎮的故事，把生病的驢子射到別人的牆上，推倒代表優勢的挺聳高塔，劫掠鎮上守護神的聖物盒。柏林圍牆在一九八九年倒下，對比歷史上關於牆的規則：我們要保存的，和我們要毀滅的。

此外，質疑一九八九那一年的時候，我記起我忘記的事情，也或許我把它埋起來了。那一年，瑞秋第一次自殺未遂，手段並不激烈，只吞了泰諾止痛藥，母親來托斯卡尼看我時，告訴我這件事，那時從我住處的陽台上可以看到佛羅倫斯的聖神廣場。我離家很遠，在另一塊大陸上，住在香水廣告的場景裡，放眼望去都是鵝卵石跟高雅的拱門，就連傘兵在週末也會打領巾。突然之間，過了這麼多年，我已經認定的雙胞胎故事似乎變得更複雜。瑞秋是開門的人，然後蕾貝佳第一個通過？那時，我不太在意瑞秋的自殺，覺得只是青少女尋求注意的方法，但她的意圖迷失在蕾貝佳更具戲劇性的墮落裡。過了十一年，那道漣漪撞上了岸。

豪威的〈活人的行事〉把私人的損失加進我們對人類是季節生物的討論裡，還有我們在內心戲裡暗指季節的方式。她對強尼悲嘆公寓裡塞住的廚房水槽和壞掉的暖氣，在冷颼颼的劍橋來回奔波，灑了咖啡又掉了雜貨，買了髮梳。這些「活人的行事」因強尼的缺席變得更尖銳，因為他再也無法做這些事，詩中說話的人感受到悲劇平面在瑣事平面上的壓力。停好車，她想起他所謂的「那種渴望」：「我們要春天來到，要冬天離開。我們要／打電話給誰或不打給誰，一封信，一個吻——我們要的愈來愈多，愈來愈多。」

豪威的詩描述我們體驗人生的方法，或許很顯著，或許很平凡。長長的詩句和對句似乎反映內心彎彎曲曲的軌道，一天中必然的軌道。困在物質世界令人沮喪的損壞（堵塞、掉落、跌倒、灑出）和慾望無窮無盡的棘輪效應（「那種渴望」）之間，我們仍會很驚訝，我們能接受不完美的自己，在重大的損失後能夠活下來。

但有時候，走路時，我在窗戶的玻璃上瞥見自己，
比如街角錄音帶店的窗戶，我充滿深刻的珍愛感受

愛我飛起的頭髮、龜裂的臉龐和未扣上的外套，我啞口無言：
我活著。我記得你。

莎拉為我們選的詩有雙重目的，要求知，也要為人所知。餐廳、十字路口、花園、錄影帶店的窗戶——那晚ECRG討論了所有能遇見自己的地方，那些出乎意料之外的相遇，幫我們過完一天又一天。這些詩都在仰望——天上的星、彩色玻璃窗戶、鳥兒、月亮，在〈活人的行事〉，也仰望「任性的藍天」——同時忙著走路、把手指插進存在裡、尋找某樣東西，記憶或認同，就是某個東西。或許那個動作連接到詩的對話語調，需要解釋，也需要參與，不論對象是「你」還是你自己。這些對話跟季節一樣，都有可能讓我們一直留在我們平淡的位置上，即使對話中也說到，一切的基礎都非常偉大。我們不斷與活人和死者對話，就達成了目的。

📖

十一月的ＥＣＲＧ過後，在與母親每週的早餐聚會中，我告訴她莎拉選的詩，在讀詩時帶入季節真的很有幫助。她面露喜色，談起她有多愛季節，想到一年又一年的變化，等待和期待，慶祝氣氛愈來愈濃厚，這能讓她滿心歡喜，忘記眼前發出熱氣的墨西哥煎蛋。她又說，她很愛禮儀年的美與秩序，將臨期、常年期和大齋期。

狂熱的早餐服務圍繞著我們：咖啡續杯、圍裙裡掏出的超辣辣醬、放下的帳單與用手捧起的錢。我問她儀式的結構是不是這些年她在家駕馭混亂的方法，因為父親老在工作，她於是透過星期天的彌撒、點起將臨期的蠟燭、慶祝三個聖誕節（聖尼古拉斯的盛宴、十二月二十五日，然後是主顯節），來帶給我們秩序和意義，主顯節後再來就是嘉年華會，接著是大齋期和沒完沒了的聖週，以及光榮的復活節。要靠自己帶大八個孩子，儀式結構看來是最主要的因素。

不是，不一定，她其實沒想過到底是什麼。她告訴我，她在成長過程中，很早就知道那是她想要的東西。

「在五〇年代，我還很年輕，父親節的時候，我去朋友家，他們家的餐桌上有個蛋糕，外形像領帶。我覺得很特別。原來會有人做那種蛋糕，那讓我記憶深刻。我知道那就是我要的，找到紀念的方法，好好慶祝。」

「慶祝什麼？」

「慶祝我們活著。」

她一生中最重大的啟示，跟領帶蛋糕有關？那甚至不是一種精神頓悟，既愚蠢又世俗。我推推盤子上的玉米粥，覺得臉都皺起來了，不敢相信她的話。她應該看到我的表情了。

「妳知道的，在我小時候，我們家很古板，很……保守。」她很小心地選詞，除了正確，也不希望冒犯到死者。「沒有真的慶祝。就一件事，那個蛋糕，對我來說好特別。」

然後在一九六四年，她從大學畢業，跟父親訂了婚，到奧克拉荷馬的阿納達科當了九個月志工，輔導來自不同部落的小孩，這些小孩的祖先踏著淚之路西進。她住在很大的公寓裡，屋頂可以看到北美大平原，在滿天星星的晚上與室友討論未來，第一次嘗到獨立的滋味；過了四十八年，父親過世了，她才又再度體驗獨立。在這期間，她規劃未來，滿心期待婚姻生活，找到一本書《禮儀年與我們的孩子》（*The Year and Our Children*），談到慶祝天主教禮儀年的各種方法，以及培養「家庭的靈性」。她跟父親虔信天主教，也決定要個大家庭（一打小孩！），他知道她要創造出慶祝、儀式、在月曆上加入喜樂的家庭文化。每次過年時，她試過書上的各種建議：聖尼古拉斯布偶戲、每年製作將臨期的花環、主題節的晚餐。儘管都由她發起，但她認為能每年持續，都是父親的功勞。她認為他堅守傳統，因為他害怕概念和宿存的空虛。他的格言是「一切都要過度」，充滿幹勁地慶祝節日，把復活節的籃子裝到滿出來，買最大的火雞，他似乎比較在意世俗的場面，而不是靈性的儀式。

就算我不是虔誠的天主教徒，還是會舉行慶祝儀式。我猜，想培養出家庭靈性的渴望也是ECRG的一個促成因素。到了十一月，每月的ECRG聚會也成為兒子們的一種童年家居節奏，儘管他們並未真正加入。母親下班後開始在砧板上排乳酪，孩子們知道當晚要舉辦ECRG，非常興奮，準備在大人們講話和翻動紙張、喝開酒瓶時，打劫桌上莎拉帶來的甜點。我們跟我們的爸媽一樣，透過儀式和傳統來塑造家庭的體驗。就像那個領帶蛋糕，可以塑形成任何想要的模樣。

早餐結束後，我跟母親開車去拉法葉一號墓園，不幸的是，能在那兒緬懷的事物太多了。我們帶花來紀念蕾貝佳的生日。雙胞胎的生日分別是十一月十九日和二十日，分別在午夜前後。她們來到世上，讓一切更複雜，有不同的生日和慶祝儀式，競爭者各自的空間。母親說蕾貝佳一直很嫉妒瑞秋可以比她早一天在床上吃生日早餐。她們雖然很愛彼此，卻一直有種緊張感，要有獨立的生活和身分，念不同的學校，交不同的朋友，留不一樣的髮型，有不同的衣著。不過到了最後，雙胞胎的連結勝過了一切。

前一天是瑞秋的生日，奧圖要去看牙醫，診所就在拉法葉一號墓園附近，所以我們進去致意，我知道第二天要陪母親來，就把墳墓清理了一下。幾個星期前是諸聖節，留下了不少死掉或乾掉的葉子，需要清掃。諸聖節本是全城崇敬死者的日子，是很重要的社交場合，墓園擠滿了小販，活人留下鮮花和蠟燭給死去的人，在放滿裝飾、剛刷白的墳墓之間望彌撒。但在我的經歷中，這古老的克里奧爾傳統日漸式微，許多墳墓已經數代無人聞問，死者遭到遺忘，切斷記憶的家譜。諸聖節只剩下幾根起源的蠟燭，到處放了必要的菊花或塑膠花束，用新的關注照亮了，老化的大理石正面，還有一兩次彌撒，也或許會有幾個帶著泥刀和水桶的保護主義者，想修復遭到破壞的地窖。諸聖節那天，我帶母親去苗圃細心挑選要給我們家逝者的菊花植物——蕾貝佳是尖尖的紫色花朵，瑞秋是比較小的黃褐色花朵，但數量比較多，父親則是金色有粗毛的花朵，像獅子一樣，正好十朵，母親說這代表我們家的十個人。

過了幾個星期，到了瑞秋的生日，植物已經變得很單薄，我跟奧圖到普利坦尼亞街入口，我把它們丟進有凹痕的金屬垃圾桶裡。從墳墓底座掃走誤入歧途的木蘭花葉子，他則在窄窄的通道上奔跑，在地窖和比較大的陵墓間跑來跑去，查看日期、某些居民的奇特出生地，以及刻入大理石板的古老姓名。在隔壁一排的墳墓上，他看到他自己的名字從十九世紀的名字中跳出來。他很驚訝，我建議我們可以去車上拿紙跟鉛筆，把它拓下來。蕾貝佳跟瑞秋死後，母親跟我曾帶著鉛筆和描圖紙，在墓園裡閒晃，把她喜歡和可能會想作為我們墓碑模板的裝飾拓在紙上，直到她終於把雙胞胎的名字刻上去。垂柳、花圈、打褶的甕、綿羊，這些古老的符號，意義都差不多。把紙貼在冰冷、有點顆粒的大理石上（開始「粉化」的徵兆，大理石舊了就會這樣），奧圖小心地擦著鉛筆的筆芯，他名字沉重的描線和圓圈在模糊的石墨雲中浮現出來，在紙上複製了兩百年前的雕刻師作品。我很想知道他在想什麼。我在他心中留下了什麼記憶？這個地方、這個家庭，給他留下了什麼銘記？

多年來，我在小孩面前都稱蕾貝佳和瑞秋是我「死去的妹妹」或「你們死去的阿姨」，用恐懼給所有人重擔，也很神祕。他們問起時，我總簡短回答她們生了重病，有時候則說她們死於憂傷。我告訴自己，要等他們夠大了才會明白，這似乎不太對。我知道，等我告訴他們真相，我也要冒險，他們心目中的母親可能會變成另一個人，更軟弱無助，我們整個家也會變得不一樣。我不想在我們共同的回憶中放入自殘的情緒。我們還活著的幾個兄弟姊妹都有種恐懼，就怕我們的孩子只記得年輕美麗、已經下葬的雙胞胎留下的迷思，而不是她們真實的人生——充滿生氣和愛，但亂七八糟，又非常非常悲傷。但有一天，跟兒子聊天時，我說雙胞胎是「你們沒見過的阿姨」，大家的重擔瞬間消失。用不同的方法指稱雙胞胎，就讓我們放下重擔，不再在意她們的死，也揭開她們活過的日子，和她們或許有機會嘗試的事物。雙胞胎對孩子們來說不是真人，對我們來說也愈來愈不真實，但有時候看到有陣子沒見過的照片，有點笨拙、不提防的表情或手勢，比對著相機展示的笑容更能抓住她們真實的模樣，我又會跳回她們曾經存在的真相。她們本來在這裡。她們曾飽受鍾愛。

為了雙胞胎的生日，母親帶了切花，她們各自的骨灰罈像哨兵一樣放在墳墓兩邊。在兩個花瓶裡分配百合花跟百合水仙時，母親跟我開玩笑說要平均分配。我們採取平日在墳墓旁的姿勢，低著頭，握著手，流著眼淚和深深嘆氣，想忽視附近拖著腳參觀的團體。我們念了主禱文。母親祈求上帝原諒蕾貝佳和瑞秋，然後求上帝原諒我們每個人。

多年來，原諒一直是給母親指引的主要推動力，尤其是最近這一陣子，因為父親的死讓她想到很多問題，關於他們的婚姻，關於他瞞著她的事情，以及她自己該扮演的角色。有一次我問到父親喝酒的事情，她說她一直不讓自己去找出那些徵兆。她忙著把心都放在小孩跟教學上，甚至沒時間去留心或思索。連水槽清潔劑後面那瓶琴酒都不知道？不知道，她笑了。她很不會做家務，只好請人來幫忙，或把工作交給孩子們。此外，他們也沒有時間好好溝通。她隔絕在家，他一直在工作、出差、去遊民收容所當志工，有時候趁著週末，一天就在堤防上騎腳踏車騎四十英里。他們剛結婚就設定了這個模式。她說，現在回想起來，他大學畢業、結婚、念法學院、白天當書記晚上上課、生了八個小孩、一直賺錢養家。她很崇拜、很欣賞，給他自己的空間。過了四十多年，在他的喪禮上，她從未去過的餐廳來了兩個侍者總管（不是一個，是兩個），告訴大家這幾十年來，他對他們來說有多重要。他是怎麼填滿她給他的空間的？她永遠得不到答案了。

我們第一次開車去安哥拉跟隆納德碰面時，她對原諒的忠誠度才在我心中成形。跟我一樣，自他從死囚室釋放出來，回到普通監獄裡，母親就一直跟他通信。在路上，我們一直在講父親的事，談他對隆納德的忠誠，她擔心我們的下一代或許不會珍惜人類生活的奇妙謎團，和我們在這個星球上的生存奇蹟，因為他們花太多時間在他們的小螢幕上。忍耐著過了安全檢查，跟其他犯人的親朋好友搭上巴士，我們來到主要的訪客用餐區。這個地方感覺很像學校的園遊會：經營貨攤的不同團體把手寫招牌放在海報板上，西裔美國人俱樂部、文學藝術俱樂部、亞洲俱樂部、不喝酒俱樂部、羊毛和皮質藝品，例如西洋棋組跟皮帶，皆可出售、小孩的遊樂區、用鄉村風味圖畫當背景的畫像區。

現在是參訪的尖峰時間。等待隆納德的時候，有個認真翻閱可蘭經的男人幫我們找到桌子，他販售被子，為監獄的安養院募款，告訴我們他在不對的時候出現在不對的地方，結果來到安哥拉，他在裡面勤奮工作，讓自己過得更好，等他出獄後，他計畫要盡快離開路易斯安那，回到德克薩斯的老家。儘管犯人都穿著各式各樣的藍色平織衫，當隆納德終於走出等待區後，我們還是一下子就看到他了。他有傳統的卡津健壯體格，但頭髮和眼睛都是淺色，臉色紅潤。他的金屬框眼鏡和塞進褲子裡的無領襯衫給他一種神職人員的感覺。他有點緊張不安，解釋說他離開死囚室後，我們是他唯一的訪客，他以前沒進過這棟建築物。他環目四顧，我跟母親說要請他吃午餐，把各家俱樂部影印出來的菜單排在他面前。

隆納德猶豫不決，不太想點餐，最後選了價格最便宜的餐點，西裔美國人俱樂部的囚犯塔可餅跟文學藝術俱樂部的無酒精飲料。我們極力嚙合雙方迥然不同的世界，但當母親問起他在神學院的課程，所有的侷促不安一掃而空。從他的信看來，課程似乎很嚴峻，他很樂意分享。母親之前念過基督教文化，沒有多久，他們就聊到喀爾文教派和宿命論，以及上帝是否為我們制定了計畫。隆納德認為有，確實每個人、每條路都有明確的計畫。母親的想法比較廣泛，認為上帝知道人性對善惡的潛能。我先去買塔可餅，穿過為了避免犯人碰到現金而相當周密的點餐系統，拿到一式三份的票券，在貨攤和收銀員之間的大廳來回走了好幾趟。

既然隆納德正在研究聖經，他問我們最喜歡哪些篇章。我不知道，便提起了《傳道書》，說我看人講過，對這本書的起源有些疑問。隆納德停下來想了一下，說聖經絕對是上帝幾千年來流傳下來的真言，再停頓一下，讓我們接受他的立場。可以想見的是，他最喜歡的書是《約伯記》，母親說：「她爸爸也最喜歡《約伯記》！」我們三個人發出禮貌而心照不宣的笑聲。約伯的苦難太多了——強盜殺了他的家畜和僕人，吃晚餐時暴風打在他們的房子上，他的孩子都快死了，全身的皮膚都爛了，無情的朋友給他建議——一切都只是上帝與魔鬼之間的遊戲，測試人類信念的耐久性。這場悲劇非常荒謬，要尋找答案，必須與所有人切斷關係。最後，約伯承認，人無法認識神，人連自己都不認識。

吃著囚犯塔可餅，母親說她最喜歡的是《約拿書》，舊約裡比較短的一本。上帝派虔誠的好人約拿去告訴尼尼微的人，祂要毀滅這座城，因為他們有罪。約拿想逃避上帝的要求，便搭船去他施。母親說接下來的情節讓大家都把自己歸類成約拿的同類。上帝讓船隻碰到暴風雨，因為約拿告訴船員他要逃離上帝的命令，他們為了保命，把他丟下船。但上帝也派來巨大的海中生物吞下約拿，他最後進了鯨魚的肚子，伸手不見五指，體驗到聖經上才有的絕望。大水環繞我，你的波浪洪濤都漫過我身與我的靈魂，深淵圍住我，海草纏繞我的頭。大家都知道，三天後約拿出來了，變了一個人，充滿決心地前往尼尼微，當地的國王也聽進去他的警告。國王的反應就像巴斯卡的賭注，他說，上帝不一定會懲罰我們，但我們不該冒險，命令大家穿上粗布衣，全身塗滿灰，連家裡的動物也塗上灰，開始齋戒。約拿離開尼尼微，在小屋裡暫住，觀察上帝的行動。他發現，在他付出這麼多努力後，上帝原諒了尼尼微有罪的居民，他覺得很生氣。

這是母親很愛重述的一段，搭配她興奮卻不失平靜的教師聲音和謹慎的手勢。上帝安排一棵蓖麻在一夜之間長大，當他在太陽中等待時可以躲在陰影下，約拿覺得很感激。然後，隔天晚上，上帝派一隻小蟲把蓖麻弄死，約拿又生起氣來。到了結尾，上帝告訴約拿，這棵蓖麻一夜發生，你因失去它而發怒，而你要我毀滅整座城，其中有六十萬悔改的人和他們的牲畜？

我問她，最後約拿是否止息了對上帝的怒氣，也原諒尼尼微的人，她說，沒有答案。上帝只問了關於牲畜的問題，讓讀者自行想像他或她要怎麼回覆。隆納德點頭表示同意，一絲不苟地吃著難以控制的塔可餅。母親喜愛上帝表現出來的小心眼，故事也展現出上帝的幽默感，溫和地教導約拿原諒的真諦，告誡我們把眼光放遠，不要只看我們對世界的憤怒、受挫的任務、真正的和感覺到的不公不義，認同所有人都應該得到原諒和救贖。祂透過小小的、有限的蓖麻跟蟲給我們教導。

母親總因為小東西而興高采烈。父親去世後不久，在一次春季的早餐聚會上，她很興奮地講述過去一個星期中最棒的事情。她把椅子搬到前面的門廊，覺得椅背的織物有點奇怪，結果她找到了一個蝶蛹，她知道裡面有帝王蝶，因為她以前帶學生養過。那個星期，她每天早上第一件事就是檢查椅背上的蝶蛹，感覺裡面愈來愈硬，直到蛹的顏色變深成一種乳狀的黑色和橘色。某天早上，蝶蛹裂開了，裡面空無一物，椅子下的混凝土門廊上有幾滴血。她很開心，解釋說蝴蝶在翅膀成形時會往裡面充血。她不需要看到那隻帝王蝶，或觀摩它試著展開翅膀和頭幾次不穩定的振翅；看到那幾滴血就夠了。我發覺她真的活得很詩意，欣賞有限的世界，敬畏無限的世界。那就是母親保持平衡並享有性靈快樂的關鍵。我一直很欣羨她的信念，能夠原諒一切。我恐怕比較像父親，在小屋裡生氣，不開心地監視那座城，憤恨凡事不順從自己的心願。但對母親來說，我們都是尼尼微的居民，值得原諒，該穿上粗布衣，用灰塗抹家裡的動物，希望我們能得到上帝的慈悲。

吃完了囚犯塔可餅，喝掉雪碧，我把保麗龍餐盤排好，準備丟進垃圾桶，垃圾桶裡幾百份共享餐點的殘餘物已經滿到外面。在咖啡廳裡，周遭的雙親、孩子、手足、朋友、愛人都準備結束拜訪，表現出幾乎讓人無法忍受的親密度，靠上桌子握著手，站著擁抱不肯放開。我們知道很多人都來自紐奧良，這座城佔了不少安哥拉的人口。我們知道這裡有很多人造成別人強烈的痛苦和失落，或者自己也是受害者。隆納德想跟我們合照，在探訪時間快結束時，我們跟其他人在背景前跟其他人一起排好。背景是一幅很漂亮的畫，大約八英尺見方，看起來是秋天的景色，有亮綠色的樹木和溫暖的金色草地，是轉變中的景色。中間有條灰色的河，消失在朦朧的樹木和彎曲的河岸之間。站過去拍照時，我們面露微笑，我心想畫家應該也是囚犯吧，憑著記憶畫出他去過的地方，也或許，是完全按著他的渴望畫出來。

十二月

分享麵包

來到年底，廚房裡的土星酒吧月曆翻到最後一頁，那本月曆直率的實用設計已經幾十年沒變。每年一月的第一個星期，我把買月曆的兩塊錢放在吧台上，帶回每年看起來都一樣的月曆，帶環的星球有點傾斜，但在聖克勞德街地址和電話上方置中，白底上的紅框藍字一直都是那樣，只有日期、年份、世紀改了。十二月能堅持到最後——其他的月份都撕掉了，或許三月或八月還剩了一點，在釘書針下留下了些許殘跡。月曆和牆壁之間塞著克里斯給人不祥感受的馬雅曆新年明信片，明信片在那裡放了一整年。收到明信片後不久，父親就過世了。

在克里斯放了一年的明信片旁邊是最近收到的耶誕卡，我弟弟的客戶寄來的，放在淡黃綠色的信封裡，上面蓋了「死囚室」，字上面一樣有晃動的墨水。他希望愛、和平與耶穌的喜樂充滿我們的心和我們的家。他的案件跟大多數死刑案一樣，要繼續在系統中傾軋。隆納德很幸運，父親和同事的投入有了成果。

父親走後，假期變得令人憂慮。他是真正的大家長，意思是他如果不在，家中的關係不如以前圓滿，角色也變了。在大家庭裡長大，有時候會忘了這股情結會變得多濃厚，又是如何在暗地裡左右你。為了回復穩定，我們花太多時間在一起，寬容的假期飲酒呈現出新的層次。我們兄弟姊妹都已步入中年，遇到的問題變得更奇特，小孩的問題也更複雜。現在到了十二月，有滿滿的家庭和社會義務，預先安排好的贈與和一年一度的儀式，大多我都挺喜歡的，尤其現在我有了自己的孩子。此外我就是很想念父親，他熱愛耶誕節，在這個時刻特別准許自己放肆地享樂和寵愛家人，也特別地慷慨。

因為民用曆跟天主教禮儀年的配合，結束年度的慶祝活動跟一月慶祝主顯節一樣：基督的誕生。但在十二月，重點依然在人類的誕生奇蹟（除了處女生子這部分），就跟其他人類的誕生一樣。從小到大，在耶誕節的早上，母親都會讀耶穌誕生的故事給我們聽，現在我們的孩子也加入聽眾的行列。她讓我們專心思考那一刻，思考可能的謙卑誕生，透過愛與原諒來拯救世人，在一個鋪滿了稻草的馬廄裡，旁邊有動物和天使，然後我們才會打開禮物，吃一頓太過豐盛的早餐，接著用一整天，從放縱中恢復各方面過度擴張的自我。年紀愈長，那個時刻更加珍貴，因為你必須在心中保護它，因為你知道在那個嬰兒誕生後，人類以他的名義掀開了數千年的血戰與偏執。但這一年年頭和年末都有好消息，即使中間無可避免地夾了苦難。

十二月的ECRG讀書會有種假期優惠的感覺，負責帶領的麥可L.是新成員，三十出頭，作家兼歌手，他的樂團做的音樂很陰鬱，帶著緊張，沒有出口。我們一起教書，他總穿著黑T恤和牛仔褲，課程以東歐文學為主，我真沒想到他居然來自加州的聖荷西。麥可L.選了巴西作家克拉麗斯·利斯佩克托（Clarice Lispector）的記事，在一九六〇年代末和一九七〇年代初出版。記事（crônica）是巴西新聞業特有的文學形式，就像一般的報紙或雜誌專欄，但長短都有，反映現實或用哲學主題，由當時最著名的作家寫成，風格跟內容都完全不受限。對美國的報紙讀者來說，利斯佩克托私密奇異的文章出現在每天的報紙上，感覺有點瘋狂。很難想像一大早醒來，用全新的頭腦接受新的一天，閱讀著本地的政治、足球比數、鞋子特賣會，然後看到下面的文章：

我在憤怒中醒來。對我的人生非常不滿意。大多數人死了也沒發現，或者過著騙子的生活。愛不會給予，只會要求。對我們展現愛意的人期待我們起碼要滿足他們的某些需求。說謊會帶來自責，不說謊則是這個世界不值得擁有的禮物。我甚至無法像那個半癱的小女孩一樣，要報復時就摔爛器皿。我沒有癱瘓。儘管內心深處有個聲音說，我們都半癱了。死了也沒有解釋。最糟糕的是，活著也沒有解釋。

利斯佩克托的記事標題為〈憤怒的一天〉（Dies Irae），一九六七年十月十四日，巴西人在咖啡廳、公車站和自家廚房，都能看到這篇記事，接下來還有一千多個字，在你小口喝著咖啡時，燒穿了日報的紙張，燒黑了這一天的中心。

眾人認為利斯佩克托是二十世紀巴西最偉大的一位作家，身為一位文學人物，她的傳記有時候蓋過了她的寫作，因為她的生平非常有趣、具有啟發意義，但也非常痛苦。一九二〇年，她在烏克蘭出生，過了幾個月，猶太裔父母因當地的戰爭而開始逃難，飄蕩了好幾年，活在貧困和反猶太的迫害中，母親遭俄羅斯士兵輪姦，染上梅毒，最後導致她「半癱」。他們最後在巴西東北方的勒西菲落腳，才華橫溢的父親當起街頭小販掙扎過活，生病的母親躺在陽台上的搖籃裡，宛若悲傷的雕像，她在克拉麗斯九歲時去世了。利斯佩克托再也沒回過自己的出生地，葡萄牙語一直是她的「母語」。這些地理源頭混亂無比，身分和歸屬變成她的主題。利斯佩克托常聲稱她「屬於巴西」，同時堅持她卓越的「相異」，很多評論家則覺得她受東歐猶太人的神祕主義傳統影響很深。她的生命和寫作似乎都牽涉到邊緣的緊張，又有一般概念的全盤感受。身分是另一個她想終結以成就某種神性或諒解的東西，但身為人類，我們當然也有同樣的需要，才能保持神智正常跟人性。那麼，個人要接納哪些界限？人類又要超越哪些界限？

利斯佩克托的第一本小說《接近狂野之心》（*Near to the Wild Heart*）在講一位年輕女性在精神上關於婚姻成規的掙扎，在她二十多歲時出版，那時她剛嫁給一位外交官。這本書立刻被譽為現代巴西文學最重要的一部作品，通常得到這樣的讚譽後，也會引發一連串的文學比較。被比作沙特時，利斯佩克托反駁，「我嘔吐的東西跟沙特不一樣，因為小時候，我就不能喝奶，被逼著喝下，我會吐出來。他們把檸檬汁滴進我嘴裡。我想說，我懂噁心的感覺，全身全心都能感受。但不是沙特那一派。」她認為，「存在」並不高於「本質」。不需要透過行動來創造意義，因為我們天生、實質上就是意義。利斯佩克托的傳記作者班傑明．莫瑟爾（Benjamin Moser）指出，她的哲學學習主要受到斯賓諾莎（Spinoza）的影響，斯賓諾莎相信，我們是自然的生物，屬於上帝，靠著神性與萬物連結。活著，就是穿過那種神性。

利斯佩克托被比作維吉尼亞．吳爾芙的時候，她也拒絕了，不是因為文學或哲學的緣故，而是因著道德理由。吳爾芙自殺而死，她不肯原諒她，說：「我們可怕的義務就是走到最後。」儘管生於痛苦，自己也受了不少苦，但在另一篇記事中，利斯佩克托說她「非常看重生命」，不會自殺。

她對生命的愛愈來愈有挑戰性。把她跟瑣事平面繫在一起的東西消失了——當她離婚後不再是外交官妻子，也離開了井然有序的生活，當她年紀漸長不再有年輕時的迷人美貌後——她愈來愈常留在悲劇平面上。她個人的怪癖變得更突出，彷彿作品裡出名的古怪和困難都集中在她身上。誇張的妝容、讓女主人痛苦的社交焦慮、失眠、半夜打電話給朋友。香菸和安眠藥是她的兩種癮頭，某天晚上更讓她的公寓失火，她的睡袍融化黏在腿上，在身上留下大面積的痛苦燒傷，寫作的手也永久變形，還好臉沒事。接下來她住院住了好幾個月，拆掉指頭間的縫線時，她沒錯過尖叫的機會，厲聲叫了許久，不光是因為痛，也是「為了過去和現在，甚至也為了未來」。那不是伊凡．伊列區臨死時受到啟發的痛苦尖叫，而是為了她對此似乎與生俱來的意識。

利斯佩克托很關心永恆的神祕世界，但也很虛榮、在乎外表，因此到了快辭世時，她雇用了專業的化妝師，每個月到她家幫她畫上半永久的化妝品。絕對不要低估女性虛榮的力量——他得到指示，就算她因為吃安眠藥而昏了過去，他也要幫她化妝。他抱怨，她在昏迷的時候，最難上睫毛膏。化妝是最常見的一種身分界限，代表著社交自我的短暫、物質和反身性。一名五十多歲的美女朋友有一次告訴我，變老最糟糕的事情就是再沒有人會盯著妳看。妳花了半輩子的時間習慣別人的凝視，藉此確立身分，但原本覺得習以為常的凝視消失了，妳被移出肉體慾望的大網路。

幾年前在法國區，某個難得微風陣陣的夏日午後，我正在「海圖室酒吧」喝酒，通往街道的門都開著，桌子和空調都蔓延到酷熱的人行道上。短裙和洋裝被風吹起，女士們來不及壓住，讓男人頻頻轉頭，感覺很好笑，又有點無助。如此肉慾的東西讓整條查崔街彷彿著了火，形形色色的人展露肌膚和赤裸裸的窺視。

我發覺，當整條街的男人在打量妳的臉、胸部和臀部，妳或許覺得受到威脅，或許覺得得到肯定，而妳只是正在全世界的街邊飛快得到評價的幾百萬人之一，而這個世界永遠少不了更年輕的女性、更美麗的女性，而她們也會老，因為總有一天，我們都會變成灰色，默默無名融入灰色的街道，然後呢？利斯佩克托用斯賓諾莎的想法推崇自然，但她驚人的美貌卻讓問題變得複雜，她因此要承受自然的背叛，被冷漠地取回一切。不過另一方面，有個朋友在五十一歲生日時，卻告訴我忽視才是老化最讓人解放的地方。再也不用擔心別人的眼光，妳可以把注意力放在自己身上。

利斯佩克托活得不算長（她在五十七歲生日前夕去世），死前才開始寫記事，有些還是躺在病床上口述的。記事帶著開放而無懼的脆弱，因為作者已經放棄了世俗。她充滿雄心、難懂的小說和短篇故事雖然很出名，也有幾篇記事她自稱自己看不懂，但仍有許多讀者卻因此更欣賞她的作品，記事格式通俗好讀，像寫給大眾的書信，包括：簡短的敘事、記憶、軼事、哲學短文。麥可L.選的幾篇甚至全文只有兩句，例如〈禮物〉（The Gift）：

或許愛就是把個人的孤獨給別人？因為那是我們最不可能拿出來的東西。

或〈尋找〉（Searching）：

貓咪在晚上慟叫不已，以至於我鮮少對生物感受到那麼強的同情。聽來宛若哀傷，對人和動物來說皆是如此。但有沒有可能是懊悔，或者是「尋找」，也就是「尋覓」？因為活著的生物都在尋找某個東西，或某個人。

尋找。再度出現。在每次ECRG的聚會上，酒瓶的瓶塞拔出，找到書頁上的引言，調整閱讀的眼鏡，尋找再度確定地位。說教的君主、哲學家、自殺的人、游泳的人、律師、歌手、旅行推銷員、詩人，都在尋尋覓覓。利斯佩克托指出，尋找是動物的自然狀態。在一直危害自然狀態的世界裡，尋找變得更不容易，即使尋找已經變成我們日常生活中的固定機能：我們現在有「搜尋引擎」，能在龐大的人類知識和資訊中潛行。但同樣的技術雖然有幫助，也擴張了我們的世界，卻也大量受到利用，賣東西給我們，用自我的迷戀讓我們目眩。真正的尋找反而被關閉了。

但什麼是「真正的尋找」？幾乎每次讀書會都有人問這個問題，煩惱的等級或許不一樣，可能是假裝，可能溫和，可能劇烈。「重點是什麼？」我們想達成什麼？十二月的那個晚上，問題急速地出現在討論中，大家都安靜下來，等著答案浮現到思緒的表面。

好的，麥可L.最後說，他只知道討論藝術或文學和在做愛時，是他最快樂的時候。我非常同意。那就是尋找，不分動物跟人。交往得順利，有適合的對象，都是與他人連結的方法，也決定了我們在世上的目的，是透過消融自我來提升自我。在麥可L.的快樂方程式裡，我還要加上與小孩和家人共度的時間。

利斯佩克托主張，她在生命裡有「三種體驗」：「我生來要愛別人，我生來要寫作，我生來要養育小孩。」她覺得當母親勝過另外兩種體驗，但也是最艱難、最令人憂慮、最難以掌控的，也具有最深的道德共鳴。「生小孩後，每個女人都會用手摀住喉嚨，因為知道她的孩子會跟耶穌一樣墜落，背上十字架，而且被壓倒。」

有時候，這種持續的恐懼會讓我有上面的感覺，我在行事曆上寫下上面這句話，旁邊則是要做的家務跟提醒事項。母親跟我去安哥拉探訪隆納德的時候，穿越冬日可怕的沼澤和休耕的農地，煉油廠令人困惑的系統讓每條地平線都失去了活力，我利用把她困在高速公路上的機會，問她我在早餐聚會時忘記問的問題，這些問題已經累積不少了。我讀利斯佩克托的句子給她聽，問她是否感受到同樣令人不得安寧的憂慮，生下注定要受苦和死去的生物，還生了八個。

她堅持要開車，看著她的側臉，我立刻後悔自己問了問題。她說，不會，絕對不會。她記得很清楚，第一次帶蕾貝佳和瑞秋去檢查，她抱著嬰兒走過檢驗室的門時，小兒科醫生說：「妳抱著妳的寶石。」母親的眼睛湧上了淚水，她閉上了嘴巴，雙手穩定地放在方向盤上。「你們總給我正面的感受，我不會去想負面的事。孩子都應該得到愛，完整的愛，儘管我們不知道他們長大後變成什麼樣。就像上帝把我們帶到世界上來，祂知道有些人會有悲慘的下場。祂公平地愛每一個人。」

我們轉上66號公路，在前往安哥拉的路上，這一段最有鄉村風味，電影般的草原上有裂縫很大、歪斜的小屋，被鏽蝕鎖在上一個世紀的拖拉機。母親似乎結束了對話，悲傷地指著孤獨路的路標，另一個則是貓島野生動物保護區，裡面有巨大的千年柏樹，樹葉都掉光了，下次來的時候一定要去看看。我還在思索。我為什麼沒遺傳到母親的積極？可以靠意志力養成嗎？我為什麼老在尋找麻煩、問題和威脅？儘管付出無條件的愛，她還是失去了最小的兩個女兒，但她的信念並未動搖——她仍會追溯那苦惱艱難的日子、扶養兩個小寶貝的日子。來到安哥拉的訪客大樓，母親——我認識的母親中最有母性的母親——興高采烈地，即使在接受檢查時仍有聊天的心情。來訪的也有許多長途跋涉的母親，有些人知道她們的兒子會死在安哥拉，但母親在被關進夾板箱裡讓緝毒犬檢查時，她仍心情很好，穿越金屬探測器後，她被要求回車上穿毛衣，因為她的長袖白襯衫太透明了，警衛幫她搜身、檢查文件，她也跟我們一樣不受信任。

但母親的積極不表示沒有痛苦。她跟利斯佩克托都知道，人一定會墜落。利斯佩克托的長子有精神分裂症，她無助地看著出色而早熟的他不斷退步，最後尖叫到發瘋。目睹蘇珊為了長子的毒癮而痛苦，也看著爸媽與雙胞胎格鬥了十多年，要當母親時我很小心，知道不管多努力，有時候基因、化學作用或演化就是能輕易抵銷妳的母愛。妳只能努力去愛，盡妳的全力。既然我自己的生產經驗總會讓我聯想到卡崔娜颶風的毀滅力量，因此說到養育兒女，我的態度自然就像回應災難的官僚語言，類似陸軍工兵部隊發言人在記者會上的說法：「管理期望」和「減輕危害」。

這種把生命當成一連串緩和手段和冥想的想法，也是莎拉特別有興趣的東西，所以她後來選了季節的詩給我們讀，尤其是依莉莎白．碧沙普有冬天感覺的〈在等候室〉。詩中說話的人快要七歲了，突然對「自我」有了頓悟，發現自己是人，是女的，跟其他女性人類一樣活在地球上，是獨立個體，但仍屬於群體。她在牙醫診所的等候室裡，周圍是「防水套鞋和外套、燈和雜誌」。莎拉覺得，特別是那一行，還有整首詩，都和一個突破的時刻有關，要突破那些不讓我們接觸形而上的元素，而形而上的世界就是自然世界。那次集會後過了幾個月，莎拉說她差點把碧沙普的那一句刺在手腕上，但她無法決定字體。碧沙普住在巴西，曾跟利斯佩克托有過短暫的友誼，要跟她做朋友其實很難，利斯佩克托甚至還翻譯了她的一些短篇故事，不過她也曾怒氣沖沖地寫信給羅伯特．羅威爾（Robert Lowell），說利斯佩克托結合了「俄羅斯人極度的懶惰和巴西人的習性，確實很難超越」。

在十二月的ECRG，我們花了不少時間討論利斯佩克托的記事〈分享麵包〉（Sharing Bread），這篇也講到未經調停的存在突然出現，也是當晚我最喜歡的讀物：

星期六，我們被迫接受晚餐的邀請。但我們每個人都很看重星期六的晚上，不想浪費在我們覺得挺無聊的夫妻身上。我們每個人都曾體驗過快樂，也曾被貼上慾望的標記。至於我，我什麼都想要。

利斯佩克托用了兩段的篇幅繼續講她跟其他賓客有多不想到場，在客廳裡拖延時間，不覺得餓，也沒有期待。「等著晚餐上桌，我們無精打采地喝酒，向憎恨舉杯。」等進了餐廳，他們不禁驚嘆：

桌上鄭重放了豐富的食物。白色的桌布上堆了一束束的玉米。還有紅色的蘋果、巨大的黃色胡蘿蔔、表皮快爆開的圓形番茄、多汁的綠色節瓜、有害而兇殘的鳳梨、平靜的金黃色柳橙、像刺蝟一樣有刺的醃漬小黃瓜、含水量高而外表緊實的小黃瓜、中空的紅色甜椒讓我們眼睛一亮——它們都纏繞在濕潤的玉米鬚裡，像描了唇線的嘴唇染了深紅色。一串串葡萄。最紫的深色葡萄焦慮地等著被壓碎的時刻。它們不在乎誰來壓碎它們——就像舊時歲月裡在家中的情婦。番茄不為誰而圓：為了氣氛，圓形的氣氛。任何人都可以在星期六現身。柳橙會讓最早到的人在舌頭上嘗到甜味。在每位多餘賓客的盤子旁邊，幫陌生人洗腳的女人放了——她不加以選擇，她也不愛我們——一捆小麥、一束火辣的小蘿蔔或一片帶著發亮種子的紅西瓜。綠檸檬的西班牙酸性打破了一切。在陶土罐裡有牛奶，彷彿由山羊越過岩漠運送而來。努力壓榨過的葡萄酒幾乎是黑色的，在陶碗裡顫動。一切都清掉了邪惡的人類慾望。一切都是原狀，不是我們期待的模樣。初始的模樣，原封不動。就像自然的田野。就像一座山。就像男人跟女人，但不是滿心貪婪的我們。就像星期六。初始的模樣。一開始就是這樣。

我大聲讀出這一段（我克制不住自己），麥可L.說他選這篇記事，因為感覺是充滿希望、精緻地使用語言來描述在某些方面超越語言的體驗。我很驚訝，他會祈願有希望。在他的人生和寫作和音樂中，麥可L.傾向指出令他飽受困擾和多餘之物，我沒想到他會被這篇充滿動感的富饒所吸引。不過，這可能又是我個人的盲點。即使很欽佩他的作品，我仍時常錯過了藏於他艱苦表現中的柔軟，此外，他也應該對生命有愛，才能創作。利斯佩克托一定也愛著生命。我們在她的寫作中捕捉到感官和精神的豐富。她對如基督般的女主人有種好奇的矛盾心理，幾乎可說是殘忍了，她如斯賓諾莎一樣交融了本質和存在。

「真有一張桌子嗎？是比喻？還是兩者皆是？」

「牛奶和葡萄酒——同時醉酒和滋養——理想的狀態。」

「我們一天到晚都在抱怨，這裡又有這麼豐富的東西，就在眼前。」

「我們的期望貶低了我們和我們體驗世界的方法。被期望蒙蔽了，就會錯過太多東西。」

「越過慾望是一種自由，一種超越。」

「超越」讓我再次翻查《存在主義詞典》，我發現西蒙・波娃說過：「其他人的存在讓人被撕離了他的內在，讓他去滿足存在的真相，透過超越讓自己完整，透過逃離迎向目標，透過冒險精神」（也可參考：美國主義、存在）。儘管缺乏目標和缺乏冒險精神給予利斯佩克托那頓餐點的超然體驗，引言卻是命中了ＥＣＲＧ的核心：在自己身上尋找意義時，要進入無牆的城市得到大眾的接納和救濟，因此不能少了別人。利斯佩克托更進一步——不光透過其他人，還透過其他動植物及所有大自然的禮物，她才能化解自己，進入神性的狀態。在記事的最後，她說：

我們進食。像一群蝗蟲，慢慢蓋住了大地。如培養存在的人一樣全神貫注，栽種收穫，活著、死去和進食。我誠實吃著，就像一個不辜負食物的人。我吃的是食物，不是食物的名字。上帝絕對不屬於祂的名稱。直率、滿足而樸素，食物說：吃吧，吃吧，跟同伴分享。這裡的一切都屬於我。這是天父的餐桌。我吃著，毫無愛意。我吃著，感覺不到同情。我也不讓步給希望。吃的時候不流露出一絲悔意。我完全該擁有那些食物。因為我不能一直照顧我弟弟，也不能照顧我自己。哎呀，我再也不愛自己了。我無意鍛造人生，因為存在已經存在。就像我們踩踏的大地。沒有一個與愛有關的字。寂靜無聲。但你的滿足跟我的很像。我們很強壯，我們吃個不停。麵包就是陌生人之間的愛。

十二月舉辦ＥＣＲＧ那天早上，我幾乎都在買東西，想呼應〈分享麵包〉裡壯觀的餐桌。但在典型的美國超市裡要全部找齊卻幾乎辦不到，水果上通常有小小的貼紙，印出企業的標誌、條碼和（最讓人沮喪的）網站。我想找個「有害而兇殘」的鳳梨，但超市就像利斯佩克托寫信給朋友時描述的瑞士：「這裡沒有魔鬼。」鳳梨都是戴上項圈和貼好標籤的連鎖企業產物。番茄顏色蒼白平淡，不然就是售價過高的有機品，葡萄乾乾淨淨的，無法刺激感官。我錯了，我不該抱著期望去超市，因為這裡沒有期待和慾望，只有利斯佩克托才會在晚宴上得到如此奇特的體驗。即使是他們的女主人，在里約熱內盧逛市場的時候，或許也不期待為賓客創造出形而上的體驗。我修修補補出說服力不高的模仿，但在願意欣賞的朋友間可以過得去，其他人帶來的東西讓宴席更優質更有生氣——葡萄酒、義大利烘焙坊的迷你卡諾里捲、克麗絲婷的燉菜、艾倫的迷迭香餅乾、莎拉精心上了糖霜的布朗尼。兒子要求晚一點再去睡覺，以便多次侵入難得的假日寶藏桌。在講話的同時，桌上的食物漸漸變少，但真正的豐足持續到深夜，我們一起來到年末。

過了六個月，我終於在墨西哥中部的大型室內市場裡找到凶殘的鳳梨，那兒有幾百座辛勤堆起的水果蔬菜金字塔，叫賣聲連續不斷，音調優美。有個攤位最上面擺了一排兇猛有刺的鳳梨，宛若天然的城垛。我立刻認出來那就是記事裡的鳳梨。我選了一個最邪惡的，帶回去給布萊德跟兒子們，鳳梨修長的頂部在購物袋佔據了太多空間，威脅到過熟的芒果和薄皮的番茄。

找到兇猛鳳梨後的第二天，我們一起去五百年古鎮聖米格爾德阿連德爬山，到瞭望塔的路程又長又陡，那兒的老石屋立基在古老的石頭山坡上，能眺望湖泊、小丘以及郊區突兀的新社區，下山時穿過無人照看的美景，走下蜿蜒且可俯瞰風景的巷道和樓梯，兩邊掛著常春藤，地上則是會讓人扭傷腳踝的鵝卵石。我感到很心煩，因為在瞭望塔旁邊的小店裡，奧圖選了某種「極端」奇多玉米棒當零食，他的手指和嘴巴變成了救生衣的亮橘色。更令人煩心的是我讓他選了這種零食，卻沒有能幫他清理的工具。轉過樓梯，屋頂和牆壁間露出一大塊天空，我看到幾隻雪鷺飛撲俯衝。再往下走，到了樓梯的平台，有棵大樹從下面的小廣場冒出來，上面停了幾十隻雪鷺，樹枝上結了許多鳥巢。在路易斯安那南部我們常看到雪鷺，但這個景象我還是第一次看到，就在小鎮中心，在樹頂上有這麼多鳥巢。而我也認出鳥巢明顯的氣味。兩年前，墨西哥灣發生漏油事故時，我跟生物學家和攝影師朋友上船，用一圈裝了土的水柵來保護鳥兒築巢的平坦堰洲島，我說，水上那片油有種熱熱的、讓人窒息的味道。一位生物學家糾正我——那是鳥兒的味道。「我很愛那種氣味。」她說。「表示牠們在築巢。」

接近廣場時，我們看到走道上有彎曲的紅色欄杆，下面的街道灑滿了、堆起了、蓋滿了白色的鳥糞。樹上粗礪的叫聲連續不斷，很吵，令人印象深刻，我們繼續走下樓梯，鳥叫聲混合了教堂傳來的彌撒聲，很熟悉的低沉音調，喬羅聖十字教堂於十七世紀時在山邊蓋起。旁邊的庭院裡立起巨大的木頭聖十字架，上面畫了耶穌受難的符號，還有羅馬士兵用來決定分配耶穌衣物的三個骰子、燃燒的心和長矛。教堂正面和雪鷺群一樣高，厚重的木門打開就能看到雪鷺。前方的小石頭陽台上有幾張長凳，幾名老婦人看著在教堂裡坐不住的小孩，一對年輕人背對著教堂坐在地上，開著筆記型電腦，專心參與不同類型的集會。教堂也有無線網路嗎？

我站在陽台上，心漲得滿滿的，眼睛因情緒而刺痛。整個世界無聲地靠著存在深深地連結在一起。那是利斯佩克托的時刻，感受了一整年的劇烈，累積了失去、閱讀、思考、談話、聆聽，以及ECRG給的禮物。在喬羅的這些徵兆與活動排列出一個出乎意料的時刻。每一個徵兆都很重要，每一個都要納入野生的和諧裡。

這一區的人要清掉鳥群應該不難，我納悶他們有沒有想過這件事，尤其是車子還停在樹下的人（那台車可能壞了？），他的車從引擎蓋到後車廂都蓋滿了鳥糞。但現在他們願意忍耐嘈雜聲、鳥糞和氣味，這特殊的情景是他們的回報，一大群美麗的雪鷺。在安靜的時刻，或許在接受聖餐後跪下來，教區居民會聽到身後的鳥兒嗎？神父在賜福祈禱時舉起雙臂，從門框裡看出去，會看到鳥兒成對吵吵鬧鬧地弄亂牠們的巢穴嗎？

我們逗留了一會兒，驚嘆了一下，奧圖跟我走入教堂放了十字架的庭院裡，十字架上繫了很久以前節慶時的剪紙裝飾，已經褪色了，旁邊還放了一排九重葛盆栽，布萊德跟西拉則在陰涼的陽台和門廊間遊蕩。他們向我們示意該走了，我跪下來，把口水吐在大拇指上，想從奧圖臉上抹掉可怕的橘色，搞得他呲牙咧嘴。我們繼續往下走，避開白鷺教堂下蓋了鳥糞的小路，這並不難，因為可以走的路，有很多條。

跨年夜

坦克對雞隻

在二〇一二年的最後一天，前一天晚上的派對留下了第二天的宿醉，這大約是我人生第一百次沒有通過免費酒吧的測試。我對自己很失望，似乎這一年結束的方法跟開始時一樣，籠罩在一團遲鈍的困惑裡。我什麼時候才能了解自己的極限？學到即使有無限量的供應品，我也不必一直消耗？為了提高生產力，我開車前往下游，穿過下九區，越過曾遭受破壞、非常危險的工業運河（現在已經修好，恢復原本的功能），到聖伯納教區買煙火，因為煙火跟很多東西在紐奧良教區都不合法，但依舊無所不在。小時候，父親每年會穿越教區邊緣兩次去買煙火，一次是新年，一次是七月四日，他會帶著大紙袋回來，裡面裝滿令人興奮的可怕小包裝，等著爆開。我跟小時候一樣，仍會因為煙火而非常興奮，城外開始出現條紋帳篷時，我真的很高興自己已經長大了，有車有錢有熱情。現在換我帶著裝滿好玩東西的袋子回家，下午開始分發黑蛇鞭炮跟煙霧彈，等太陽下山就可以大鬧一番。

到家的時候，我先跟兒子們說我要安靜一下，我關上臥室門，起碼要讀點書，試著解救一點點靈魂，因為我又傷害了自己的身體。羅伊斯（Josiah Royce）的《流亡者文集》（*Fugitive Essays*）已經靜靜在床邊的桌上躺了好幾天，我以為我已經打開來看了。這本書是上星期買的，那時剛吃了一頓不甚愉快的假日午餐。

每年到了耶誕節，姊妹跟我會帶瑞秋的兒子去法國區鋪了白色桌布的高級餐廳吃午餐。我們的父親對他來說是不完美的父親形象，有時候太放縱，有時候則過於嚴格。他心中最穩定、最持久的父親是瑞秋自殺前分手的那個男朋友，從他還是學步時期開始就幫忙養育他，慷慨而仁慈，從未離開過他的生活。當他被十來個養育者帶大——阿姨、舅舅、外祖父母——他一定覺得他的成長過程充滿意見和評斷，沒有真正的主權。

舉辦阿姨午餐那天，我遲到了，而且心情煩躁，因為城裡正在進行愚蠢的橄欖球季後賽，一堆愚蠢的遊客，讓交通十分混亂。我們分到的桌子不好，靠近服務區，在大多數餐廳裡都是緊張的核心，是煩擾的作業區與沒耐心的用餐區會合之處。我坐下來的時候，氣氛已經很緊繃了，桌上有杯微溫的英人牌琴酒馬丁尼。顯然剛才她們在討論很沉重的責任。父親去世後過了幾個月，就是外甥的高中畢業典禮，我覺得我們的關心都太專橫了。他為學業和工作所苦，我們全都急著糾正他。等餐點上桌，小小的爭論毫不費力地升級，就在不知不覺中，外甥大動作地離開餐廳，其他穿著講究的用餐者都忍不住轉頭觀看。

跟外甥一樣，我受不了家人在假期間的壓迫，每次拉張椅子坐下，就發動了一輩子的牽扯。但我的離場比較低調。我丟下一點付帳單的錢，其他人仍坐在那裡，還在吃主菜，還在懇求我不要走。我獨自一人走在法國區，我不想去酒吧，不想買東西，也已經厭倦了假日的大吃大喝。我去了附近的舊書店，有巴黎風格的高天花板和書架，需要上軌道滑梯去拿書。年輕的時候，這家店有種不受時間影響的永恆感受，但那天下午，我覺得自己已經變老了，世界上的快速變化讓我不知所措，看著柏木櫃子和書架，羊皮紙、皮質、厚紙板精裝書和紙漿平裝書，都感覺珍貴到令人心痛，只要劃一根火柴，就能完全消失，成為地獄的燃料。

在狹窄樓梯的最上面，我在哲學區尋找給ＥＣＲＧ的讀物，羅伊斯的文集就是在這時看到的，我從沒聽過這個美國哲學家的名字，但我猜我應該聽過，因為他的書佔了不少書架的空間。那本書印製於一九二〇年，黑色書皮上浮凸起褪色的細細金字書名。目錄裡的章節令人無法抗拒，例如〈誠摯的衰敗〉、〈懷疑與工作〉、〈悲觀主義的實用意義〉。我隨意翻到一篇，〈如果喬治．艾略特是宗教教師〉，寫於一八八一年，內文如下：

我想證實，喬治．艾略特努力用自然真相來表達宗教的意識，而不是超自然的真相，基本上也是當時哲學運動的結果……她學習的體系很多，也表示讚賞，但她不接受任何體系的統治。她聽到了體系的說法，再回歸真實的人類生活以了解理論是否有效……因此在她的作品裡，分析的見解結合了有深度的感情。

我把書拿去收銀台，在喝下馬丁尼後難得一見的理性消費。

過了一個星期，跨年夜的下午，我躺在床上，因缺乏睡眠和一點點的自我厭惡而感到頹喪，我選了一篇比較短的〈懷疑與工作〉來讀。書頁的邊緣毛毛的，是上個世紀初的刀裁法。空白處很大，但字體有點擠。羅伊斯先討論個人認知的基本問題，從哲學角度開始，例如色盲，再到心理角度，例如公開自我「跟鬼一樣的」投射，以及為什麼自我認知會把最簡單的人類互動也變得複雜。羅伊斯認為，我們與生俱來的無數不完美結合我們對定罪的傾向，才是真正的問題。「暴露在最大的觀察錯誤中，面對記憶最大的缺憾，熱情與偏見難以捉摸的牴觸，被無數模糊的關聯圍繞而居於弱勢，我們是會思考的生物，瞬間的意識狀態構成有意思的混亂，並花時間對宇宙做出種種斷言。」

這種懷疑論不是第一次出現，人類已經思索了好幾千年，但顯然我們常常需要被提醒。尤其是現在，科技讓這個「有意思的混亂」爆發出來，將這些混亂徹底翻轉、置於企業擁有的平台之上。要看清事實已經變得困難，如今聲明和定罪、事實和分析、假消息和行銷已匯成一大條資訊洪流，在我們每次打開上網裝置時，就對準了我們的意識。因此，要放棄自己的意見嗎？放棄宗教的確定，屈服於虛無主義？放棄社群媒體？不，羅伊斯從十九世紀就拿著鋼筆告誡我們，我們是積極的存在，只需要努力就好，找到正確的方式。然後他制定出他心目中最誠實的尋找起點。

我承認，尋找真相，就假定了前提是真相值得追尋，也假定了能了解世界的本質是件好事。但我仍謹守我的規則，比方說，懷疑你的一切，開始尋找真相，不去想那些已經證明為真的評論。如果不能懷疑一切，盡可能去懷疑能懷疑的東西。不要因為懷疑是好的結局而去懷疑，要因為懷疑是好的起點而開始懷疑。不要為了消遣而懷疑，把懷疑當成義務。懷疑時不要只看表面，要透徹。不要輕率地懷疑，而是要給予最深的誠心（或許也是最讓人難過的）。懷疑的心理要像你要接受外科手術，因為對思考的健康來說，懷疑非常重要。因此，你才能期望自己獲得值得擁有的信念。然後，沒錯，你再也不需要懷疑了，把你喜歡的都視為理所當然。但接下來你對世界有什麼想像，又有誰在乎呢？

這一段讓我很振奮，反覆讀了好幾次。但我不認為我能下定決心，去費力懷疑一切。就第一步來說，要調查細節，感覺會讓所有的事情都脫軌，我有時間嗎？我躺在床上，想到二〇一二年的結尾變得這麼糟的的因素：我無法放開幼稚的手足爭執、陷入僵局的國會，將讓美國的財政一落千丈、耶誕節前幾天在康乃狄克州的紐敦，有二十名一年級的學生遭人屠殺、我家的一年級生用樂高堆出對抗殭屍的要塞，把他的人偶變成軍人、過於誇張的馬雅啟示錄，我們認識的人逃到鄉間以策安全，就怕古老的毀滅預言會成真。

我覺得我可以在頭痛和朦朧中結束這一年，再度承諾我要努力懷疑。懷疑是世界的請帖，對其他人展開心胸，功效就像閱讀和對話。羅伊斯的引言就像路標，告訴我ECRG走對了路。經過一整年的每月集會和一箱箱的葡萄酒，我們建立了創造懷疑的完美機制，要繼續尋找——一群願意為彼此投入的人。這一年來，有人想要明確的答案或團體治療，慢慢離開了。在十二月的集會，留下來的十二個人決定要繼續ECRG，而且很高興能保留接受鼓勵或挑戰的機會，不論自己心有矛盾還是心存疑惑。我們繼續挑戰我們的頭腦，感受到思索了數千年的虛無有多重。我們會繼續下去，彼此扶持，在無牆城市更黑暗的區域裡提供糧食與安逸。ECRG成立的時候，我十分悲傷，十分不確定，但現在讀書會對我來說簡直是奇蹟。所有的字詞和想法，書面的口頭的，滋養出愈來愈深的感受，了解活著、失去所愛的人、透過失落來思考和感受，各有什麼意義。

在夜晚來臨前，我用香檳和朋友的陪伴克服了宿醉，但我喝得不多，不想在二〇一三年的第一天就傷害自己。我們在家對面的空地燃起營火，鄰居、朋友、

ECRG成員都來了。存在主義的水電工帶著妻兒一起來，我們彼此都很熟悉，他時而與大家聊天，時而自己站在空地邊緣，思索晦澀的形而上問題，同時看著小孩不讓他們跑到街上。凱斯跟妮娜連袂而來，他們復合了，雖然不容易，卻充滿愛意，妮娜帶來黏滑的藍莓甜點，凱斯對她百依百順。沒有人打聽內情，大家都很尊重伴侶關係的特殊神祕感。崔斯坦帶來一瓶頗能引發快感的白蘭地，我們輪流喝酒暖身。

自黃昏後，附近爆炸聲不斷，大家都不記得之前曾在一天內就看到這麼多煙火。彷彿大家想擦掉二〇一二的痕跡，用最多的煙霧、光亮和噪音把二〇一二趕走。布萊德說他想起墨西哥的喬盧拉，我們去過幾次，拜訪當地的朋友。在喬盧拉，一年四季，白天晚上，都有人放煙火，當地的許多教堂也會舉行遊行和慶典。傳說裡，西班牙殖民者科爾特斯（Cortés）想用教堂取代他們的三百六十五座廟（代表一年三百六十五天），懲罰同情阿茲特克人的人，但他只建了五十座，對小鎮來說已經很多了。在十六世紀晚期，西班牙人在小鎮的古老金字塔頂上蓋了會堂，有效地把當地的神和天主教聖人合在一起。有時候，在我們面對主要廣場的公寓裡，感覺像受到圍攻，黃昏時就聽到燒灼的嘶嘶聲和不規律的爆炸聲。我們最後問了喬盧拉人：「為什麼要放煙火？一直放？」他解釋：「我們想讓聖人注意到我們。」

有一刻，我想用同樣的理由來解釋父親對煙火的熱愛——他想要得到什麼的注意力？宇宙嗎？鄰居嗎？他帶煙火回家後，太陽要等很久才下山，我們拿著點燃的竹枝在車道盡頭等待，有人會把竹枝咬在嘴裡，就像克林伊斯威特，接著開始喧鬧的、有硫磺味的煙火秀，樸實的大宅街區就只有我們在放煙火。我們八個孩子都在外面，在袋子裡翻找最愛的煙火。羅馬蠟燭、沖天炮、鞭炮環，每年都有新奇的款式令我們讚嘆，例如釘在電線桿上的轉輪，會爆出小小的中國式燈籠，每年也有一些令人失望的啞炮，不像包裝上那麼繽紛燦爛。母親會跟蕾貝佳和瑞秋坐在門廊上——她們總是最小的孩子，總是離我們很遠——保護她們不要捲入大孩子的活動，在發出閃光的黑暗與煙霧中特別混亂。父親或許搬了椅子坐在草地上指揮我們，或許自己到路中間點燃光榮花朵噴泉，我們則幫忙注意來車。

跟我一樣，他或許就愛短暫的、帶著危險的樂趣，不完全無害的奇觀。不論如何，在那幾個小時，他讓我們全心注意引線、火花、高潮。讓我們一直抬頭看著夜空，期待藍色綠色紅色的閃爍噴發，或低頭看人行道上的明亮變化。讓我們聆聽轟隆隆的聲音和炸開的空氣。全家人在一起，不去想未來，非常快樂。到了早上，草地上丟滿燒黑的紙，混凝土上散落著黑色的星星。我們受命帶著掃把畚箕出去，用手撿起草地上的殘餘物。

在那個跨年夜，整區轟炸個不停，布萊德跟其他的父親繼承傳統，實驗哪一種戶外家具最適合放沖天炮。他們把遊樂場壞掉滑梯的滑道搬到空地後面，倒過來放，在傾斜的邊緣上排了好幾排，一起射出去，就像從城堡擋牆上一起發出的火箭，帶著煙的骨架在密西西比河旁邊的微風中飄蕩。比較重的炮火，像黑貓的高塔、戰爭之星和火爆節慶則從空地中間發射。我們給孩子們走私的煙火，小小的紙板坦克，搖晃的塑膠輪子，點燃後火炮微弱地噴出，還有小小的紙板雞，從後方射出燃燒的「雞蛋」。我們用雞對抗坦克，兩邊都來自遙遠的中國，在那裡印上手繪老明信片帶著鄉愁的色澤——輕柔的土耳其藍、橘黃色、淡黃綠色和灰粉紅色。無用的火花對抗顛簸躊躇的動作，在人行道上勢均力敵，沒有贏家也沒有輸家。在煙霧和寒冷中，我們遵循箱子上的指示：皆在成人監督下使用，為我們傻氣的小規模戰鬥找到堅硬的平面，點燃引線，然後拋開。

致謝

首先要感謝過去、現在和未來一起陪我通過黑暗森林的人，你們讓這本書能夠存在——布萊德、克里斯、蘇珊、艾倫、崔斯坦、凱文、莎拉、奈特、麥可L.、克麗絲婷、麥可D.、凱斯、妮娜、湯姆和凱爾。尤其要感謝蘇珊，孜孜不倦做出不可或缺的筆記。

感謝多年來那些機智又慷慨的讀者——琵雅・愛爾哈德特，這本書各方面都靠她；麥可・傑佛瑞・李、克里斯・錢伯斯、馬克・連恩、肖娜・福斯、克里斯・連恩、莎拉・斯洛特、對我的逗號方式使用過度有興趣的約翰・吉斯雷森，特別感謝蘿拉・諾頓和安迪・楊讓我跟上進度。這些年來，艾德・史考格、艾莉莎・波內、羅傑・霍吉、賈瑞特・羅夫史泰德、喬・龍格、大衛・拉特利奇和史考特・麥克羅德都把書中內容分享給讀者，讓我一路上看到光明和希望。也要感謝茱莉亞・萊達，給我改變一生的機會，也是我一輩子的好友，還有米契爾・瓦瑞斯科的引領，讓我的事業更遼闊。

下列機構給了我非常寶貴的支持：紐奧良創意藝術中心、紐奧良創意藝術中心協會、榨機街天線、雷格岱基金會、肋眼屋（索倫，謝謝你）和市郊酒館（凱特，謝謝妳）。

我非常感謝我最棒的經紀人艾瑪．派瑞，為這本書冒了不少險，還有我傑出的編輯班．喬治，他無懈可擊的智力、精力和信念讓艾瑪的冒險更有力量。我很敬佩勤勉的貝西．優瑞格和黛寶拉．賈伯斯，她們改了好多錯。非常非常感謝Little, Brown and Janklow & Nesbit出版社的每一位同仁，他們做了幾千個決定，採取幾千次行動，這本書才能問世。

最後一如以往，謝謝我的家人、我的最愛——布萊德、西拉和奧圖。

附錄

引用的作品

一月：凡事都是虛空

《存在主義詞典》（*A Concise Dictionary of Existentialism*），Edited by Ralph B. Winn. New York: Wisdom Library, 1960.

伊比鳩魯《給梅奴伊克歐斯的信》（*Letter to Menoeceus*）。

詹姆斯．喬伊斯《都柏林人》（*Dubliners*），New York: Random House (Modern Library Edition), 1993.

欽定本聖經（King James Bible），《傳道書》（*Ecclesiastes*）。

二月：石造的世界

西蒙．波娃《根據皮洛士和西內亞斯的含糊道德觀選集》（*Selections from*

'Towards a Morals of Ambiguity, According to Pyrrhus and Cinéas'），Jay Miskowiec翻譯，Social Text 17（Autumn 1987）: 135–142.

塔杜施・博羅夫斯基《各位先生女士，煤氣室這邊走》（*This Way for the Gas, Ladies and Gentlemen*），New York: Penguin, 1976.

喬治・柯特金《存在主義的美國》（*Existential America*），Baltimore: Johns Hopkins University Press, 2003.

莎士比亞《李爾王》（*King Lear*）

三月：鯨魚的肚子

《一八八二年路易斯安那州衛生局的年度報告》

亞瑟・柯斯勒《創造的行為》（*The Act of Creation*），New York: Macmillan, 1964.

四月：最後的受難

喬治・巴代伊《情色論》（*Erotism: Death and Sensuality*），San Francisco:

City Lights, 1986.

露伊絲・葛綠珂《七個時代》（*The Seven Ages*），New York: HarperCollins, 2001.

薇薇安・戈爾尼克《狂熱的情感》（*Fierce Attachments*），New York: Farrar, Straus & Giroux, 1987.

欽定本聖經《約翰福音》（*Gospel According to John*）

恰克・帕拉尼克《鬥陣俱樂部》（*Fight Club*），New York: W. W. Norton, 1996.

謝爾・希爾弗斯坦《愛心樹》（*Giving Tree*），New York: Harper & Row, 1964.

五月：黑暗森林

但丁《地獄》（*The Inferno*）

《扭轉時光機》（*Hot Tub Time Machine*），電影，2010。

六月：水上的聲音

約翰・齊佛《約翰・齊佛的信件》（*The Letters of John Cheever*），Edited by Benjamin Cheever. New York: Simon & Schuster, 1988.

約翰・齊佛《約翰・齊佛的故事》（*The Stories of John Cheever*），New York: Alfred A. Knopf, 1978.

七月：我們當中最有活力的

阿倫・克萊森《雅克・布雷爾：波希米亞的人生》（*Jacques Brel: La Vie Bohème*），New Malden, Surrey, England: Chrome Dreams, 2010.

八月：形而上的宿醉

金斯利・艾米斯《日常飲酒：精練的金斯利・艾米斯》（*Everyday Drinking: The Distilled Kingsley Amis*），New York: Bloomsbury USA, 1994.

卡夫卡《變形記、在流放地和其他故事》（*The Metamorphosis, In the Penal Colony, and Other Stories*），New York: Schocken Books, 1948.

九月；圍城

沃克·柏西〈紐奧良吾愛〉（New Orleans Mon Amour），原本於一九六八年九月出版於《哈潑》（*Harper's*）雜誌，重版於《陌生地的路標：文集》（*Signposts in a Strange Land: Essays*），New York: Picador, 2000.

十月：沒有圍牆的城市

喬治·摩爾《我的死後生活回憶錄》（*Memoirs of My Dead Life*），New York: D. Appleton, 1906.

托爾斯泰《伊凡·伊列區之死》（*Death of Ivan Ilyich*），羅納德·布萊特導讀，New York: Bantam Classic, 1981.

十一月：尼尼微

依莉莎白·碧沙普《詩作全集》（*The Complete Poems, 1927–1979*），New York: Farrar, Straus & Giroux, 1983.

史蒂芬·多賓斯《速度：新詩作與特選詩作》（*Velocities: New and Selected*

Poems, 1966–1992），New York: Penguin, 1994.

露伊絲·葛綠珂《野鳶尾》（*The Wild Iris*），New York: Ecco, 1993.

瑪麗·豪威《活人的行事：詩集》（*What the Living Do: Poems*），New York: W. W. Norton, 1998.

欽定本聖經《約拿書》（*Book of Jonah*）

艾佛瑞特·馬多克斯《希望還沒結束，再會：艾佛瑞特·馬多克斯詩作選集》（*I Hope It's Not Over, and Good-by: Selected Poems of Everette Maddox*），New Orleans: University of New Orleans Press, 2009.

西奧多·羅特克《西奧多·羅特克詩集》（*The Collected Poems of Theodore Roethke*），Seattle: University of Washington Press, 1982.

十二月：分享麵包

克拉麗斯·利斯佩克托《精選記事：文集》（*Selected Crônicas: Essays*），New York: New Directions, 1996.

班傑明·莫瑟爾《為什麼選這個世界：克拉麗斯·利斯佩克托的傳記》

（*Why This World: A Biography of Clarice Lispector*），New York: Oxford University Press, 2012.

跨年夜：坦克對雞隻

羅伊斯《流亡者文集》（*Fugitive Essays*），Cambridge, MA: Harvard University Press, 1925.

拯救悲傷的一年：追憶後治癒，我這樣找回了我自己

The Futilitarians: Our Year of Thinking, Drinking, Grieving, and Reading

作　　者：安妮．吉斯雷森（Anne Gisleson）
譯　　者：嚴麗娟
責任編輯：張之寧
封面設計：走路花工作室
內頁設計：家思編輯排版工作室
行銷企畫：辛政遠、楊惠潔
總 編 輯：姚蜀芸
副 社 長：黃錫鉉
總 經 理：吳濱伶
發 行 人：何飛鵬
出　　版：創意市集
發　　行：英屬蓋曼群島商家庭傳媒股份有限公司城邦分公司
香港發行所：城邦（香港）出版集團有限公司
香港灣仔駱克道193號東超商業中心1樓
電話：(852) 25086231
傳真：(852) 25789337
E-mail：hkcite@biznetvigator.com
馬新發行所：城邦（馬新）出版集團
Cite (M) Sdn Bhd
41, Jalan Radin Anum, Bandar Baru Sri Petaling,
57000 Kuala Lumpur, Malaysia.
電話：(603) 90578822
傳真：(603) 90576622
E-mail：cite@cite.com.my
展售門市：台北市民生東路二段141號7樓
製版印刷：凱林彩印股份有限公司
初版一刷：2020年3月
I S B N：978-957-9199-85-8
定　　價：380元

拯救悲傷的一年：追憶後治癒，我這樣找回了我自己 / 安妮．吉斯雷森（Anne Gisleson）作；嚴麗娟譯. -- 初版. -- 臺北市：創意市集出版：家庭傳媒城邦分公司發行, 2020.03
面；　公分
譯自：The Futilitarians : our year of thinking, drinking, grieving, and reading
ISBN 978-957-9199-85-8（平裝）
1. 吉斯雷森（Gisleson, Anne）　2.傳記　3.閱讀治療
785.28　　109001108

若書籍外觀有破損、缺頁、裝訂錯誤等不完整現象，想要換書、退書，或您有大量購書的需求服務，都請與客服中心聯繫。

客戶服務中心
地　　址：10483 台北市中山區民生東路二段 141 號 2F
服務電話：（02）2500-7718、（02）2500-7719
服務時間：週一至週五 9：30～18：00
24 小時傳真專線：（02）2500-1990～3
E-mail：service@readingclub.com.tw